受験ジャーナル 特別企画 4 公務員試験 6

面接完全攻略ブック

JN017285

巻頭企画
合格・内定をつかむ！ 面接回答のま〔…〕

【表紙デザイン】アルビレオ　【表紙イラスト】北村みなみ　【本文デザイン】中濱健治

合格・内定をつかむ！

面接回答のまとめ方

Navigator 寺本康之 Yasuyuki Teramoto

全国各地の大学生協講座，東京法経学院，スタディング等で講師を務める。
著書に『寺本康之の小論文バイブル』『寺本康之のザ・ベスト ハイパーシリーズ』
（ともにエクシア出版），『わが子に公務員をすすめたい親の本』（実務教育出版）などがある。
ツボを押さえた親身の指導で数多くの公務員志望者を合格・内定に導いている。
最新刊『2025年度版 公務員試験 寺本康之の面接回答大全』（実務教育出版）が好評発売中。

「回答フレーム」を使えば，説得力のある回答がサクサクまとまる！

▶ 回答フレームの重要性

これからの時期，限られた時間の中で効率良く面接対策を進めていかなければなりません。対策方法の詳細は本誌をよく読んでいただくとして，面接対策を進めていくと，多くの受験者が「質問に対する答え方がわからない」「回答づくりのアプローチの仕方がわからない」という悩みを抱えます。こんなときに有効なのが，回答のまとめ方のテンプレートである「**回答フレーム**」です。

私が回答フレームの使用を推奨する理由は，**①話のまとまりがよくなる，②論理的に話しやすくなる，③聞きやすくなる，という3つのメリットがある**ためです。つまり，あらかじめテンプレート化された回答フレームを使うことで，話しやすく，かつ聞き手にとっても聞きやすい回答となるのです。

▶ 回答フレームの例

回答フレームは下の図のようなイメージです。話したい内容をこれらの枠に流し込んでいきます。ここでは，4つある回答フレームのうちの一つである「エピソード型」を紹介します。

⚫ エピソード型

① 結論

② エピソード

③ 結果（成果）

> エピソード型は，経験＝エピソードにボリュームを置いて回答する際に使います。

> 回答フレームはこのほかに
> ・比較型
> ・理由・根拠型
> ・意見提示型
> の合計4つがあります。

▶ 回答フレームに当てはめる素材について

回答フレームに当てはめる素材として大切になるのが，**経験**です。経験はコンピテンシー型面接の格好の素材になります。「コンピテンシー」とは，行動に表れる能力や特性のことです。コンピテンシー型面接では，その経験に対して，「そのときどうしましたか？」「どう工夫しましたか？」「なぜそのようなことをしたのですか？」など，「行動」を中心にどんどん突っ込まれます。

経験というと，「華々しい成果を伴っていないといけないのでは？」と考える受験者が多いのですが，そんなことはありません。実際は，**学業やサークル活動，部活動，アルバイト，ボランティア（社会人であれば職務経験）などについて，深掘りに耐えられるようにすれば十分**です。それぞれの活動でどんな苦労をし，それをどんな工夫でどう乗り越えたのか，そして何を得たのか……。内容は一人一人異なるはずです。それを言葉でしっかりと相手に伝えられるよう，回答で差別化していくことが大切です。

▶ 汎用性のある項目から用意する

回答を用意する際には，汎用性を意識するように心掛けましょう。汎用性とは，「**使い回し度**」のことです。要するに，**どの面接でも使い回しができる項目から考えるようにしましょう**。時間がない中で対策をしていく必要がありますので，**タイパを意識することが鉄則**です。汎用性のある項目とは，具体的には，**①ガクチカ，②自己PR，③長所・短所**などが挙げられます。これらは，ほとんどの面接カードに掲載されている項目ですから，真っ先に回答を用意しておくべきです。

▶ 回答は「大→小」という順番で用意する

回答を考える際には，「**大は小を兼ねる**」の発想を持ちましょう。「大は小を兼ねる」とは，**①「話す用の回答」**と**②「面接カードに書く用の回答」の大小関係を意識する**ということです。このちょっとした工夫により，効率良く面接対策を進めることができます。

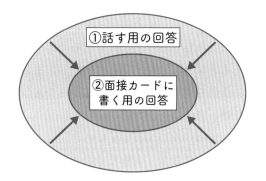

上の図のように，普通，分量の多さは①＞②となります。そこで，**まず①を用意することから始めましょう**。そして，①を用意し終えた段階で，これをベースにして②を考えていくのが効率的です。**①の分量を調整すれば②に落とし込むことができる**からです。

面接カードは受験先によって異なります。そうすると，「自己PR」という項目が複数の面接カードにあったとしても，それぞれスペースの大きさは異なるのです。100字しか書けない面接カードもあれば，200字書ける面接カードもあるわけですね。そうしたときに，あらかじめ①を300字で用意しておけば，それを100字用，200字用に要約することが可能になります。なお，300字というのはだいたい１分以内で話し終える程度の分量です。

▶ 突っ込まれるより突っ込ませる

面接で突っ込まれることを怖がる人がいます。しかし，面接は会話である以上，必ずといってよいほど突っ込まれます。そのため，突っ込まれることを恐れないための準備が必要となります。

まず，先に述べた**「話す用の回答」と「面接カードに書く用の回答」を用意した段階で，突っ込まれるところはだいたい予想できます。**そこで，皆さんが最低限やるべきことは，その予想にしたがって，回答をさらに用意していくことです。つまり，**「こう突っ込まれたらこう切り返す」というシミュレーションを繰り返し行うことが大切**なのです。

たとえば，次の回答を見たとき，皆さんはどこを突っ込みたくなりますか？

私は，人々の生活の基盤づくりや人の一生にかかわることができる点に魅力を感じ，公務員をめざすことにしました。

おそらく多くの人が「人々の生活の基盤づくりって何？」「人の一生にかかわるって具体的には？」と思ったのではないでしょうか？

そうなると，これらの回答はあらかじめ用意しておかなければなりませんね。このようなシミュレーションを繰り返していくと，次第に，突っ込まれるというよりも，**突っ込ませるという感覚に変わってきます。**「ここを突っ込ませるためには○○と発言したほうがいいな」と思えるようになったとき，あなたは面接をコントロールする側に回ったといっていいでしょう。

書籍紹介 『2025年度版 公務員試験 寺本康之の面接回答大全』
寺本康之著 ◎ 実務教育出版 ［定価 1,540円（税込み）］

113の 質問を網羅

本書は，回答フレームを使い分けて，たくさんの質問に対する回答例を掲載しています。

たとえば，第2章では，ガクチカや志望動機，やってみたい仕事，自己PRなどの定番項目について，複数のフレームを使った回答例を用意。いろいろな回答パターンを見ることで，回答フレームへの当てはめ方が学べるようになっています。

また，第3章では，直近の試験で実際に問われた事項を分析し，113の質問にまとめました。内訳は，「志望動機に関すること」20問，「仕事に関すること」18問，「あなたの行動について」6問，「あなたのことについて」41問，「社会事情について」28問。これらの質問に対して，それぞれに合った回答フレームを使って回答例を紹介しています。なかには，「なぜ工学部／教育学部なのに行政事務を受験しようと思ったのですか？」といったやや個別具体的な質問も含んでおり，かゆいところに手が届く一冊となっています。さらに，「社会事情について」では，少子化，高齢社会，SDGs，デジタル社会，観光の振興など，最新事項をふんだんに盛り込みましたので，時事的な質問にも対応できます。

ここでは，『面接回答大全』に掲載されている質問＆回答例に加えて，その後に予想される深掘り質問を紹介します。フレームの種類にも着目して読んでみてください。

例① 志望動機に関すること

なぜ国家公務員ではなく 地方公務員を受験しようと 思ったのですか？

KEYWORD
地方
国家

＊ 質問の意図 ＊

国家公務員と地方公務員の役割の違いを理解しているかを確認するための質問です。一般論でもかまいませんが，できればオリジナリティのある回答を用意するようにしましょう。

＋ 回答例 ＋ ┃ 比較型

その地域のことを第一に考えて仕事ができる点に魅力を感じたからです。もちろん，国家公務員でも地域活性化にかかわることはできますが，その地域だけのことを考えて仕事をするというよりは，**まず日本としてとらえ，その中で地域全体の魅力を高めていくことに主眼が置かれている**と感じました。❶

私は**大学のゼミナールで地域活性化について扱い**❷，その中で，地域を活性化するためには時間をかけてその地域の住民と協働していくことが大切だと学びました。そこで，私は長い目で当該地域の住民と向き合い続けられる地方公務員のほうに魅力を感じました。

❶ ここをさらに突っ込まれたら，説明会などの印象を語れるといいね。

❷ 学問的な視点を入れると，公務員になってからの活かし方も聞かれるので，その点も用意しておこう。

💡 Point

上の回答例では「地域に対するかかわり方」を軸に，当該地域のことを第一に考えるのが地方公務員，日本の発展を考えていく中で地域と向き合うのが国家公務員という形で比較しています。比較の軸を自分なりに作り，自分の言葉で丁寧に表現することが重要です。

❓ 予想される深掘り質問

「大学のゼミナールで扱った地域活性化について教えてください」という質問が予想されます。「〇〇県内の中山間地域において，地域の持続可能性を高めるための取組みを提案しました。私たちの班では，地元住民からのヒアリングをもとに，農業資源を活用した滞在型のグリーンツーリズムの企画を行いました」などと答えましょう。工夫した点や大変だった点など，経験を細かく整理しておくことが大切です。

例 2 あなたの行動について

上司の意見とあなたの意見が対立したら，どのように行動しますか？

KEYWORD

対人関係

＊ 質問の意図 ＊

　意見対立に関する質問は，おおむねその人のバランス感覚を見るために用意されています。ここで NG なのは，「イエスマン」です。つまり，「上司のほうが目上なのだから，単純に自分が折れてしまい，上司の意見に従えばいい」といった安易な行動を取る人は求められていません。まずは自分の意見をしっかりと上司に伝えることから始めるのがベストです。

＋ 回答例 ＋ 　理由・根拠型

　基本的には，経験豊富な上司の意見を尊重します。しかし，私はただ従うのではなく，まず自分の意見を伝えることが大切だと思います。なぜなら，自分の意見に至らない点がある場合，どこを改善すればよいのかをしっかりと把握しないと，同じことを繰り返してしまう可能性があるからです。

　意見対立の場面にこそ，学ぶべき点が多いことを意識して，前向きに行動していきたいと考えます。

💡 Point

　意見対立は，上司や同僚，住民など，さまざまな場面で生じますので，各方面との関係で回答を準備しておくことが必要です。上司との意見対立の場面では，単に「上司の意見に従う」「自分の意見を貫き通す」という単純な二者択一で考えないことがポイントです。回答例にあるように「上司の意見を尊重する」という表現に変えたり，しっかりと自分の意見が言える人であることをアピールしたりするなど，バランス感覚を示すのが大切です。

❓ 予想される深掘り質問

　「上司の意見を尊重する」と回答した場合，「もし上司の言っていることが間違っていたらどうしますか？」という深掘り質問が考えられます。この場合は，上司の誤りを指摘する必要がありますが，表現にはくれぐれも注意しましょう。たとえば，「ハッキリと間違っている伝えます」と答えるよりは，「根拠をしっかりと示したうえで，失礼のない言い回しで誤りを指摘させていただきます」と答えたほうが，相手の気持ちを考えている姿勢が伝わりますね。

例**3** 社会事情について

少子化の問題に行政としては どのように対応していけばよいと 思いますか？

KEYWORD

少子化

子ども

❋ 質問の意図 ❋

少子化に対する考えを聞くことで，社会問題への理解力を測っています。

＋ 回答例 ＋ 意見提示型

最近，〇〇市では，小学校の統廃合が続いており，少子化の影響を肌で感じることが多くなってきました。そのような中で，私はこれまで以上に**子育てのしやすい環境を整備し，それを市の内外に伝えていくことが課題**❶となると考えます。

そこで，行政としては，妊娠・出産に対する不安や悩みに対応する窓口の設置，出産前に出産や育児について学べる教室の開設，育児用品の貸与制度など，切れ目のない支援体制を築いていくべきだと思います。そして，このような取組みを行っていることを，内外にいる若者向けに PR することで，UI ターンの機運を作り出していくべきだと考えます。

❶
ここの課題をどう設定するかで，解決策は異なってくるね。今回は「環境整備→市の内外に伝える」という流れの構築を課題としてみたよ。子どもを産み育てる若い世代の流出を防ぎ，流入を促すことが大切と考えたためだ。

💡 **Point**

回答例のように，受験先の状況を踏まえ，それに対して自分が感じたことを盛り込むと，少子化を自分事として捉えている姿勢が伝わり，好印象です。

取組みは複数挙げると，幅広い視野を持っていることをアピールできます。受験先の自治体で行っているオリジナルな取組みがあれば，それを自分の意見として捉え直して述べるのもありです。

🔍 **予想される深掘り質問**

「子どもたちに対する支援として今後行ったほうがよいことはありますか？」という質問が考えられます。少子化を解決する取組みとは異なる方向からの深掘り質問です。これに対しては，「一人一人の子どもたちが健やかに成長できるよう，子どもの居場所づくりに今後より一層力を入れていくべきだと考えます。特に学童保育の待機児童を減らすための取組みは急務だと思います」など，現在問題となっている場面を具体的に示しながら答えましょう。

受験ジャーナル 年間発行予定

■令和6年度試験に向けた『受験ジャーナル』は，定期号6冊，特別企画5冊，別冊1冊を発行します。
■年間の発行予定は下表をご参照ください（6年2月時点での予定です。記事の内容は変更することもあります）。

定期号	発売予定	特集等
6年度試験対応 Vol. 1	既刊	特集1：第一志望に受かる！ タイプ別学習プラン 特集2：判断推理の合格戦略 徹底分析：国家総合職，東京都，特別区
6年度試験対応 Vol. 2	既刊	巻頭企画：1年目職員座談会［渋谷区］ 特集1：数的推理の合格戦略 特集2：国家総合職教養区分にチャレンジ！ 地方上級データバンク①：東日本 徹底分析：国家一般職
6年度試験対応 Vol. 3	既刊	特集1：残り5か月絶対やることチェック！ 特集2：早めの面接対策 地方上級データバンク②：西日本 徹底分析：国家専門職，裁判所
6年度試験対応 Vol. 4	既刊	特集1：これが地方上級だ！ 徹底分析&再現問題 短期集中ゼミ：また出る過去問① 厳選！ 要点チェックカード［教養］
6年度試験対応 Vol. 5	6年 3月1日	特集1：時事の一問一答&予想問題 特集2：構成メモで書くカンタン論文術 短期集中ゼミ：また出る過去問② 厳選！ 要点チェックカード［専門］
6年度試験対応 Vol. 6	6年 4月1日	巻頭企画：直前期のスペシャル強化策 特集1：これが市役所試験だ！ 徹底分析&再現問題 特集2：全772市事務系試験データ 短期集中ゼミ：また出る過去問③ 5年度市役所事務系試験実施結果

特別企画	発売予定	内容等
特別企画1 学習スタートブック 6年度試験対応	既刊	巻頭企画：合格体験記から学ぼう PART1：なるほど！ 公務員試験Q&A PART2：合格者に聞け！ 学習プラン&体験記 PART3：教養試験 合格勉強法&オススメ本 PART4：専門試験 合格勉強法&オススメ本 PART5：論文&面接試験の基礎知識 PART6：国家公務員試験ガイダンス PART7：地方公務員試験ガイダンス
特別企画2 公務員の仕事入門ブック 6年度試験対応	既刊	巻頭企画：見たい！ 知りたい！ 公務員の仕事場訪問 PART1：国家公務員の仕事ガイド PART2：地方公務員の仕事ガイド PART3：スペシャリストの仕事ガイド
特別企画3 6年度 直前対策ブック	既刊	巻頭企画：直前期の攻略ポイント PART1：丸ごと覚える最重要定番データ スペシャル企画：国家公務員 基礎能力試験が変わる！ PART2：最新白書 早わかり解説&要点チェック PART3：新法・改正法 法律時事ニュース PART4：教養試験の「出る文」チェック PART5：専門試験の「出る文」チェック 判断推理・数的推理の要点整理カード
特別企画4 6年度 面接完全攻略ブック	既刊	巻頭企画：合格・内定をつかむ！ 面接回答のまとめ方 PART1：個別面接シミュレーション PART2：面接対策直前講義 PART3：面接カードのまとめ方 PART4：合格者の面接再現&面接体験記 PART5：個別面接データバンク PART6：集団討論・グループワーク PART7：官庁訪問
特別企画5 6年度 直前予想問題	6年 3月下旬	地方上級 教養試験 予想問題　市役所 教養試験 予想問題 地方上級 専門試験 予想問題　市役所 専門試験 予想問題

別冊	発売予定	内容等
6年度 国立大学法人等職員 採用試験攻略ブック	既刊	PART1：「これが私の仕事です」　PART2：こんな試験が行われる！ PART3：過去問を解いてみよう！　PART4：6年度予想問題

PART 1

個別面接
シミュレーション
〜模擬面接に学べ！〜

編集部で本番さながらに実施した「模擬面接」の模様を忠実に再現した，「個別面接シミュレーション」3人分を掲載。まずは面接の雰囲気を味わってほしい。面接官の質問の意図を考えたり，コメント欄の指摘にも注意しながら何度も読んでみよう。

N・Mさん
A大学言語文化学部4年

国家一般職行政
（文部科学省）志望

（N・Mさん，ドアをノックし「はい，どうぞ」の声に「失礼いたします」と言って入室し一礼。椅子の横に歩み寄り）　**01**

Nさん　N・Mと申します。よろしくお願いいたします。（一礼）

面接官A　どうぞお掛けください。

Nさん　失礼いたします。（着席）

面接官A　この会場に来るのにどのぐらい時間がかかりましたか。　**02**

Nさん　電車で30分ほどでした。

面接官A　場所はすぐわかりましたか。

Nさん　はい，わかりました。

面接官A　そうですか。それではこれから20分程度面接を行います。リラックスしてお答えください。さっそくですが，最初に1分間程度で自己PRをお願いします。　**03**

Nさん　はい。私の強みは好奇心が旺盛であることだと思っております。理由としては，幼少期からさまざまな習い事を続けてきたこと，高校生時代に文系，理系にとらわれず科目選択をして学習を進めてきたこと，大学生になってからもさまざまな言語を学習していることがその根拠です。志望しております文部科学省や国家公務員の所掌業務は幅が広いと思いますので，好奇心が旺盛であるという私の強みを活かして活躍できると考えております。（両手を重ねて膝の上に置き，落ち着いた滑らかな口調で）　**04**

面接官A　お友だちもあなたのことを「好奇心旺盛だね」と言っていますか。　**05**

Nさん　そうですね。私がさまざまな委員会活動をしておりましたので，「いろいろなことに興味があるんだね」と声をかけてもらっています。　**06**

ここをCHECK!!

01　入室の際の段取りは，待機室での説明に従う。一般的には「ノック→挨拶→椅子横に進む→受験番号と氏名を名乗る→指示を待つ」という流れ。「お掛けください」と促されてから着席。

02　冒頭の質問は，緊張を和らげようとしてくれるアイスブレイキング。必ず答えられる質問なので，素直に応答し，落ち着きを取り戻そう。

03　最初に自己紹介や自己PRを求められることがあるので，自分をアピールするキーワードやエピソードなどを盛り込み，簡潔に述べられるよう準備しておこう。1分間は300字程度が目安だ。

04　自己紹介・自己PRでは，「明るく・さわやか・ハキハキ」とした態度を心掛けよう。

05　ここから実質的な質疑

が始まる。質問は，直前の自己紹介・自己PRや面接カードの記載内容を糸口にして投げかけられることが多い。

06 ▶ 友人や第三者による人物評価は，定番の質問項目だ。

07 ▶ 「委員会」の深掘り質問の始まり。貢献したことについて，具体的かつ詳細に聞かれる。

08 ▶ 積極性を確認する質問。

09 ▶ 面接官は，組織で仕事をするうえで欠かせない協調性を見ている。工夫したことや，頑張ったことなどを準備しておくとよい。

10 ▶ 具体性を持って，明確に質問に答えることができており，好印象。国家公務員にとって，国際社会を意識することは重要だ。

11 ▶ 志望職種と現場との関連性についての深掘り質問。教育現場との違いを意識できており，かつ，独善的になっていない回答で評価は高い。

✏️ N・Mさんの**面接カード**（抜粋）

> よく書けています

志望動機・理由

誰もが生きやすい社会，具体的には個人が必要とする教育を満足に受けることができる環境がある社会，人々が文化的背景の違いを超えて共生できる環境がある社会を構築する人材になりたいという思いがあり，国の社会システムの策定・運営に携わる国家公務員を志望しました。

採用されたらやってみたい仕事

留学や国際交流の促進です。高校生の頃に台湾の協定校との交流を行ったことや，大学生でイタリアに留学した経験を活かせると考えています。

専攻した分野・得意とする分野

第二言語習得理論に関するゼミに所属しており，人々が言語を身につける仕組みや，効果的な指導法，言語習得がもたらす心理的影響など，言語教育に関わる幅広いテーマについて学んでいます。

最近関心を持った事柄

リカレント教育に関する話題です。産業構造の変化や社会問題に対応するためにリカレント教育が重要視されている一方で，日本ではリカレント教育の普及が進まないという課題があるため，企業や大学が協力し，解決する必要があると考えています。

面接官A どんな委員会活動ですか。

07

Nさん 中学校時代には整備委員会という学校内の美化を進める委員会に所属しておりましたし，合唱コンクールの実行委員会も担当しておりました。また，図書委員会といって図書館の利用を快適にする委員会にも所属しておりました。

面接官A 自分から立候補したんですか。

08

Nさん はい。

面接官A みんなをまとめるのに苦労したというエピソードがあったら，一つ教えてください。

09

Nさん 合唱コンクールの実行委員がかなり難しかったなと感じております。まず曲目を決める段階から仕事が始まりまして，クラスの意見とほかのクラスが歌いたい曲が重なったときとか，クラス全員が練習に取り組む環境を作り上げることが難しかったです。

面接官A そういう経験を重ねながら，Nさんが国家公務員をめざそうと思ったのはいつ頃ですか。

Nさん 公務員になりたいと具体的に考えたのは大学時代です。私は大学時代にイタリアに留学しておりまして，そこでさまざまな年齢層とか国籍の方とかかわる体験を得たことで，日本国内に目を向けた際に，誰もが生きやすい社会をつくりたいなと思うようになり，国家公務員を考えるようになりました。

10

面接官A 教育現場とか研究職をめざそうとは思わなかったんですか。

Nさん 教育現場も考えたのですが，教育現場ですと，生徒という限られた枠の中でしか自分が思う教育を進めることができないと思いまして，国全体の教育政策にかかわる仕事をしたいと考えました。

11

面接官A　文部科学省でどんなことをやってみたいとお考えですか。

Nさん　国際交流の推進をしたいと考えております。具体的に申し上げますと，ヨーロッパに留学した際に，EU内では国籍にかかわらずスムーズに留学できるエラスムスという制度がございまして，学生時代から国際交流ができる環境があって，視野の広い学生が成長しているなと思いました。それで，日本でもそのような取組みを行って，グローバル化が進んだ世界に貢献できる広い視野を持った人材の育成に力を入れたいと考えました。　**12**

面接官A　面接カードによると，Nさんは数か国語ができるそうですが，外務省などは視野に入らなかったですか。

Nさん　外務省も考えましたが，自分としては国際的に貢献できる人材の育成のほうに力を入れたいと思いましたので，文科省を志望いたしました。　**13**

面接官A　国際的に貢献できる人材の育成となると，日本のことも深く知らなければいけないと思いますが，その点は大丈夫ですか。　**14**

Nさん　もちろん日本にかかわる知識を深めることも重要だと思いますので，日本の伝統文化などに触れる機会をつくる必要があると考えております。　**15**

面接官A　わかりました。私からは以上とします。

面接官B　次に私からお聞きします。面接カードによると，日本ではリカレント教育（社会人になってからの学び直し）の普及が進んでいないことに関心があるようですが，日本でリカレント教育が進まないのは

なぜだとお考えですか。　**16**

Nさん　企業と大学と個人の3つに原因があると思います。まず企業は，企業で働く人材が流失してしまい，労働力不足が生じるので，リカレント教育にあまり前向きではない企業もあると思います。また，大学はリカレント教育のためのコースを開講すると，現状でも膨大な業務を抱えている教員の負担がさらに増えてしまいます。個人に関しては，働きながらリカレント教育を受けるとなると，時間の捻出が厳しいので，企業，大学，個人ともニーズに合っていないというのが現状かと思います。

面接官B　そのような問題点をどう解決していけばいいのか，また，そのことが文科省の仕事に結びつくのかどうか，そこのお考えを聞かせてください。

Nさん　企業と大学と個人の考えていることが共有されていないと思いますので，解決策の第一歩として，リカレント教育に関して，企業，大学，各個人それぞれの考えを調査し，企業には今後の産業構造の変化に対応するためリカレント教育が重要であるということを理解してもらう。そして自治体がリカレント教育を行う大学を指定し，リカレント教育によってどれだけ効果が上がるかをモデルケースとして数字などで根拠を示す必要があると思います。そして文部科学省は大学にかかわる政策も行っていますので，文科省の政策として取り組むことができるのではないかと考えております。

面接官B　企業と大学と個人をつなぐ役割を，Nさんが担っていきたいということですか。

Nさん　はい。企業と結びつけると文部科学省の所掌範囲を逸脱するのではないかと思われるかもしれませんが，経済産業省など企業とのかかわりがある省と協力して業務を進めていくことができるのではないかと思います。　**17**

面接官B　リカレント教育が普及すると，どのような社会的課題が解決されるとお考えですか。

Nさん　主要なモデルとしては，デジタル人材が育成されると思いますので，国内

12 具体的な仕事を明確にイメージしておくことが大切。それにより，自身の仕事に対する心構えが明確になる。

13 ほかの省庁との関連性を意識した質問に明確に答えている。

14 国際貢献できる人材をどのように育成するかを深掘りする質問。

15 質問している面接官を見て回答し，視線を泳がせないこと。また，回答を考えるとき，斜め上を見るのは控えよう。真摯な態度が削がれてしまう。受験者の一挙一動をすべての面接官が見ていることを忘れずに。

16 面接カードからキーワードをピックアップしての質問。以降の深掘り質問に対しても慌てず，具体的な根拠を示し，論理的に回答することが重要だ。

17 志望する組織の役割や限界（他機関などとの連携の重要性）なども整理しておこう。

18 施策は課題の解決のために実施される。「ダイバーシティやインクルージョンのさらなる醸成」なども挙げたいところ。

19 受験先の組織や職務分掌を調べておくことは重要。

20 職務に対する明確なイメージや，熱意を確認する質問。

21 コミュニケーション能力を問う質問。円滑なコミュニケーションは，すべての職務に欠かせないため，よく問われる。

22 やや意地悪な質問にも前向きに回答しており，高評価。

23 すべての面接官の質問が終わっても，再質問される場合があるので，最後まで気を抜かずに対応しよう。

のさらなるデジタル化が進み，それによって行政サービスがさらに効率化していくと考えております。**18**

面接官B 私からは以上です。

面接官C 続いて私のほうからお聞きします。Nさんは現在の文部科学行政に課題があるからグローバルな人材育成が必要だというお考えだと思いますが，Nさんが考える課題とはなんですか。

Nさん 英語教育に課題があると思っております。英語教育を受けても，実際に英語を使える人材が少ないと感じていますので，英語教育から改善をしていくこと。また，グローバルな視野を持つ学生が少ないと感じていますので，その辺りで政策を打つことができると考えております。

面接官C 守備範囲が広い文科行政の中のどこにターゲットを絞ってそれを進めていくべきだと思いますか。**19**

Nさん 私は初等教育に重点を置くべきだと考えております。中学生から英語の授業が本格化するので，その前に世界に視野を広げるきっかけをつくっていく必要があると考えております。

面接官C 初等教育の主要な課題は基本的に基礎教育だと考えられますが，国際的な視野を持つグローバルな人材の教育が，基礎教育の中で行われるべきだとお考えなんですか。**20**

Nさん 私はそう考えております。その根拠といたしまして，初等教育の時点は，間違った社会的な偏見とかが醸成される前だと思いますので，その段階で広い視野を持つ土台をつくっていく必要があると思います。

面接官C なるほど。実際にはいろいろ難しい問題があると思いますが，Nさんの志はよくわかりました。話を変えましょう。新しい組織に入るときとか友人とかかわるときに，Nさんが心掛けていることはありますか。**21**

Nさん 相手の話をよく聞くということです。異なる考えを持つ人の集まりだと思いますので，相手がどのようなことを考えているのか，よく耳を傾けるように意識しています。

面接官C 失敗したことはないですか。

Nさん あります。相手の話を聞いて，わかったつもりになって行動したときに，相手がしてほしかったことと私がしたことがズレてしまったことがあります。

面接官C いつ頃の経験ですか。

Nさん 中学校時代です。

面接官C かなり前のことですね。それ以来失敗してないんですか。

Nさん 失敗していないということはないのですが，大きく後悔した経験はそのときで，そこから少しずつ気をつけるといいますか，必ず相手に確認を取るなどして改善してきました。**22**

面接官C 中学時代にうまくコミュニケーションできなかったその友だちとは，どんな仲直りの仕方をしたんですか。

Nさん まずは私が謝罪をして，和解をして，今では将来のことも含めてさまざまな話をする友だちになりました。

面接官C それはよかったですね。私からは以上です。

面接官A 最後にもう一点，少し気になった点をお聞きします。**23**

志望動機として，面接カードに「満足な教育を受ける環境の構築」「文化的な背景

の違いを超えて共生できる環境の構築」と書いてありますが、子どもの貧困ということが世界的な問題になっています。子どもの貧困がある中でどういう環境を整えられるとお考えですか。Nさんなりの思いを聞かせてください。

Nさん 「子どもの貧困」というのは、私自身あまり考えたことがなかったんですが、学校教育の中でいじめとかで学校から取り残されている子たちがいると思いますので、学校教育と併せて、フリースクールのような形で学ぶ機会を確保できる環境を整える必要があるのではないかと思います。

面接官A そういう心の問題ではなく、親の経済的なことが原因で国際的なグローバルな視野が持てない子どもたちに対しては、どのようなアプローチができると思いますか。

Nさん 現在の文部科学省の政策は留学の支援も充実しておりますが、自費の負担を軽減して留学できるとかいうことは、あまり周知されていないなと思っております

ので、その辺りの情報発信を学校を通して行ったり、SNS などを活用して広く周知していく必要があるのではないかと思っております。 **24**

面接官A はい、わかりました。以上で面接を終了いたします。気をつけてお帰りください。

Nさん ありがとうございました。(椅子の横に立って一礼。ドアの前で振り返り)失礼いたします。(一礼して退室) **25**

24▶「親の経済状況が教育格差を生む状況は、国が都道府県等と連携して取り組む課題」との認識が欲しい。子どもの貧困率についてはOECDにおける日本の順位などもチェック。

25▶終了の挨拶は、心を込めて丁寧にしよう。ドアの前の挨拶も忘れずに。

■ 面接官の講評

　落ち着いた態度、穏やかで親しみやすい雰囲気に好感を持った。発言も、自己 PR をはじめ一貫性があった。さまざまな言語の習得など、積極性をアピールするエピソードも適切だった。

　学生時代に海外留学を体験してさまざまな国籍や年齢層の人とかかわった経験を、公務員の志望動機として挙げたことも、面接官を納得させた。

　キーとなる良いフレーズが複数出てきたので、それを有機的に結びつける工夫ができれば、さらにすばらしかった。

面接の評価

	面接官A	面接官B	面接官C
表現力	B	D	B
社会性	C	B	A
積極性	B	C	B
堅実性	B	B	A
態　度	B	C	A
総　合	**B**	**C**	**A**

※評価は A 〜 E の 5 段階。総合評価において E は不合格。

👤💬受験者の感想

　できる限りの準備を進めて臨みましたが、実際の面接に近い環境で面接を受けるのは初めてだったので緊張し、入室時の声が小さめになってしまったり、表情がこわばったりしてしまいました。面接本番も、まったく緊張しないということはないと思いますが、これ

からも練習を積んで、明るい表情で話すことができるよう、意識したいです。

　面接を受ける前は、予想していなかった質問をされた場合にどのように答えようかと不安でした。現時点で準備していたものを基礎として、臨機応変に対応できた部分もありましたが、深掘りが足りていない部分もあったので、今後も準備を進めていきたいです。

Y・Mさん
B大学文学部

埼玉県一般行政志望

ここをCHECK!!

01 緊張で声が小さくなりがち。ブース形式の大きな面接会場の場合もあるので，はっきり聞こえるよう，声の大きさに注意。また，緊張すると，面接官の質問も聞き取りづらくなるので，深呼吸を。

02 アイスブレイキングの質問での自然な笑顔は，面接官に好印象を与える。「明るく・さわやか・ハキハキ」とした態度は，面接全体を通して高評価となる。

（Y・Mさん，ドアをノックし「はい，どうぞ」の声に「失礼します」と言って入室。椅子の横に歩み寄り一礼）

Yさん Y・Mと申します。よろしくお願いいたします。 **01**

面接官A どうぞお掛けください。

Yさん ありがとうございます。（着席）

面接官A ここまで来るのに時間はどのぐらいかかりましたか。

Yさん 板橋区（東京）から地下鉄を利用しまして，1時間ほどで到着しました。

面接官A 場所はすぐわかりましたか。

Yさん はい，わかりました。 **02**

面接官A これから20分程度面接を行います。いつものYさんが出るようにリラックスしてお話しください。

Yさん はい。よろしくお願いします。

面接官A まず，1分間程度で自己PRをお願いします。

Yさん （大きな声で）私の強みは巻き込み力です。その強みによって仲間と協力して課題解決ができます。この強みを板橋区が管理しているスポーツ施設で発揮しました。そこは館内の英語表示が少なく，外国人のお客様には利用方法がわからないという課題と，英語が話せるスタッフが少なく，外国人のお客様へのルールの伝達が難

しいという2つの課題がありました。そこで私が取り組んだのは，館内の英語表示と英語質問回答集の作成です。スタッフで，英語にしたい質問の収集係や英語翻訳，パネル作成係などの役割分担をしました。その取組みによって館内全体の英語表記が進み，お客様やスタッフに満足していただくことができました。この巻き込み力を活かして，埼玉県民の方々や仕事仲間と協力して，県政の課題などに取り組んでいきたい

✎ Y・Mさんの**面接カード**(抜粋)

採用されたらやってみたい仕事

・スポーツを通じた地域の活性化
・大規模スポーツ大会の招致

> もう少し
> 具体例を
> 挙げてもよいです

専攻した分野・得意とする分野

イギリス文化を専攻しています。

最近関心を持った事柄

・chatGPT の行政利用

今までに，最も力を入れて取り組んだこと

　区が運営するスポーツ施設のアルバイトで館内の英語表記に力を入れて取り組みました。そこでは，館内表示が日本語のみで利用方法が分からない課題と英語が話せるスタッフが少ないという二つの課題がありました。その問題に対し，利用案内の翻訳や英語質問回答集の作成をしました。その結果，お客様やスタッフから感謝され，外国人のお客様に「また行きたい」と言って頂けました。

と考えております。以上です。(非常にハキハキとした口調)

03

面接官A なるほど。そもそもなぜ板橋区が運営するスポーツ施設でアルバイトを始めたんですか。

Yさん 私はもともと公務員に興味があったのと，中学生のときに剣道部に所属していたのですが，板橋区内のスポーツ施設で大会や練習などを行っていたこともあって，自分もそこの施設で働いて区民の方々のお手伝いをしたいと思ってアルバイトを始めました。

面接官A そこで何年ぐらい働いているんですか。

04

Yさん 2年働いております。

面接官A スタッフは何人ぐらいいらっしゃるんですか。

Yさん 50人います。

面接官A その中で「英語表記にしてみよう」と言ったのはYさんだけだったんですか。

Yさん はい，そうです。

面接官A 何人ぐらいが協力してくれたんですか。

Yさん 大学生が多くて，10人ぐらいが協力してくれました。

面接官A 週に何回ぐらいそこにアルバイトに行ってるんですか。

Yさん 今は就職活動中なので週に2日程度なのですが，1，2年生のときは週4日程度勤務していました。

面接官A 公務員に興味を持ったのはいつ頃ですか。

05

Yさん 公務員に興味を持ったのは大学3年生のときです。

面接官A 何かきっかけがあったんですか。

Yさん 学校のキャリアセンターで公務員についての説明会があって，そこで興味を持ちました。

面接官A どんな説明会でしたか。

Yさん まず地方自治体の説明会がありまして，人事担当の方から「民間企業と違い，県民や国民の方に奉仕できるところが魅力だ」という説明を受けました。

面接官A その中で，なぜ埼玉県を志望なさってるんでしょうか。

06

Yさん 私が住んでいるのは板橋区でして，すぐ隣が埼玉県で，よく買い物や，私はスポーツを見るのが好きで，さいたまスポーツアリーナなどに行ったことがあるので，埼玉県を志望しました。

面接官A 埼玉県には買い物とかスポーツ観戦に行っていたということですか。

Yさん はい。

面接官A 埼玉県の良さを3つ挙げてください，と言われたらなんでしょうか。

03 自己紹介や自己PRの最後は，「以上です」と明確に伝えよう。また，全体に声が小さいと，自信がないと評価される。過度な自信はマイナスだが，おどおどしているように取られると損。

04 「スポーツ施設でのアルバイト」の深掘り質問の始まり。仕事の成果や工夫，社会性を確認している。

05 接続語がなく，いきなり次の質問に飛ぶこともあるので注意が必要だ。

06 公務員志望に至った道筋を尋ねつつ，志望動機を確認している。なお，併願先を聞かれた場合，第一志望は今受けている団体として臨むことが心構えとしても当然であり，はっきり断言することが適切。

07 自治体研究を深めて臨むことが大切。回答に詰まった場合,「考えさせてください」と断るのは良いが,考える時間は長くて20秒,できれば10秒以内がベストだ。志望自治体の魅力やオススメスポットなどは,即答できるようにしたい。

08 挑戦したい仕事がスポーツ行政であれば,受け手である住民の視点で整理しておくことも必要。たとえば,スポーツを「する・見る・支える」立場,年代別や介護予防の観点などだ。

09 希望しない部署へ配属された場合の質問は,定番。

10 働くうえで重要な「コミュニケーション」に言及したのは高評価。

11 具体的な自治体研究は重要だ。HPやネット上の情報だけでなく,自ら現地へ赴いた実感を取り入れた回答は説得力が高い。

Yさん (即座に)1つ目は利便性の良さです。2つ目は豊かな自然があるところです。3つ目は……東京と違い,開拓されてない土地があって,まだ発展の余地があるところが魅力的です。

面接官A 埼玉県でYさんが好きな場所を3つ挙げてください,と言われたらどこですか。

Yさん 好きな場所は,まずは都心部である浦和と,もう一つは川越と,もう一つは……(少し考えて)戸田,戸田です。
07

面接官A スポーツを通じて,埼玉県でどんなことをやりたいと思っていますか。

Yさん 埼玉県の課題として,人口が減少していることが挙げられていて,首都圏に勤務されている方が多くて,ライフスタイルの変化とかで地域のつながりとかが希薄化しているので,スポーツを通じて地域のつながりを強くしていきたいと考えております。

面接官A 高齢者とか,身体が不自由でスポーツができない方には,どんなアプローチができますか。

Yさん そういう方々に対しては……。地域のスポーツ施設などを活用して,身近に感じてもらえるように取り組みたいと思います。
08

面接官A 私からは以上です。

面接官B それでは私のほうからいくつか質問します。スポーツを通じて埼玉県の住民や地域の活性化に取り組みたいということですが,もしスポーツではない部署に配属されたらどうしますか。

Yさん (即座にきっぱりと)スポーツじゃないところに配属されたとしても,新たな経験ができると思って前向きに取り組みます。
09

面接官B どのように前向きに取り組みますか。もう少し具体的に。

Yさん コミュニケーションを取ることが好きなので,県民の方や同じ職場の方のお話を聞いて,自分がすべき解決課題を見つけて取り組んでいきたいと考えております。
10

面接官B なるほど。ところで,埼玉県のスポーツ行政で気に入っているところ,逆に,こうすればいいのではないかと思う課題があったら教えてください。

Yさん はい。埼玉県は,さいたまスーパーアリーナや埼玉スタジアムなど,国際大会が開かれる大きな会場がありまして,そこに外国人のお客さんとかも集まり,経済的効果も見込まれるところが魅力的な面だと思います。もう一ついい点は,新幹線が大宮から東北地方に行ったりして,観光地への牽引地として使われているところがいいと思います。
11

面接官B わかりました。私からは以上です。

面接官C それでは私のほうから少し質問します。なぜ埼玉県を志望するのか，埼玉県の職員として何をしたいのかという辺りを，もう少し詳しく教えてください。 **12**

Yさん はい。埼玉県の課題として私が考えますのは，県南の浦和とかでは人口が過密で，小学校とか医療機関とかが間に合っていないという状況があります。その反面，県北とか圏央道周辺は人口が集まりにくい面と高齢化の比率が非常に高いという面があり，住民の移動とか移住とかが必要だと考えております。過疎，過密ではなく，ちょうどいい状態に持っていけるような取組みの仕事をしたいと考えております。

面接官C それをスポーツ行政を通じてやろうとするのはなぜですか。

Yさん 埼玉県は自然豊かなところですので，ハイキングですとか山登りですとか，地域の特性を活かしたスポーツを用いて魅力的なまちにし，そこに住んでいただけるようにしたいと考えました。

面接官C 先ほど言われた人口の定着，定住化の問題と，今おっしゃったスポーツの振興とは，どう結びつくんですか。

Yさん 直接的には結びつかないんですけれども，間接的には魅力を高めるという面で結びつくと思います。 **13**

面接官C そうですか。スポーツ行政の目的はなんだとお考えですか。

Yさん スポーツ行政の目的は，健康の増進と地域の活性化だと思います。

面接官C わかりました。少し話を変えましょう。剣道をずっと続けてきたそうですが，今もなさってるんですか。

Yさん （パッと表情が明るくなって）はい！　今も続けております。

面接官C 段位はお持ちなんですか。

Yさん 段位は今，3段です。

面接官C ほう，強いんですね（笑）。稽古はどのくらいなさってるんですか。 **14**

Yさん 今はもう引退してしまったんで

すけれど，週3日続けておりました。

面接官C 剣道は個人スポーツのように思われていますが，そうでもないような話を聞いたことがあります。

Yさん そうですね。団体戦もございますので，どういう戦略で戦っていくかとかもチームで相談したり，負けそうになったときも，どうやってチームを立て直していくか，といったことをチームでよく考えました。

面接官C チームをつくっていくときの勘どころといいますか，Yさんが経験したことを具体的にお話しいただけますか。 **15**

Yさん チームをつくる勘どころといいますと，稽古は防具をつけて夏も冬もはだしでやるので，そこがすごくつらいなと思うところなんですけれども，稽古が終わったあと，お互いに良かったところとかを言い合って，向上しているなという気持ちをお互い共感し合いながら，継続して続けるところだと思います。

面接官C チームを強化するための努力は必要ですか。それとも稽古をしているうちに自然に強化できるんですか。 **16**

Yさん 実際の競技は個人なので，自分の実力が向上していることは稽古で感じることもあるんですけれども，やっぱり他者からの目線がすごく大事で，打ち方とか声がちゃんと出ているかとかは他者から見ないとわからないので，そこが大事だと思い

12 ▶ 県庁と市役所，県庁と国などの違いを明確にすることは，志望動機に直結するので，とても大切だ。特に併願している場合は，各受験先でやりたい仕事について，混同しないよう，論理立てて整理しておこう。

13 ▶ 人口の捉え方として，「季節人口」や「関係人口」も意識しながら，「自治体の応援団」の裾野を広げる視点を持とう。

14 ▶ 得意分野や自身の強みに関する質問には，積極的に答えよう。明るく前向きな受け答えは好印象。

15 ▶ チームが一丸となり目標を達成した経験や，そこに至るまでの工夫，苦労などを具体的に話すことで，評価が高まる。

16 ▶ チーム力についてさらに深掘りをすることで，受験者の人物像を明確にする意図がある。

⑰▶ 具体的なエピソード
は，自己PRにつながる。
話を作る必要はない。失敗
を通じての学び，自身の成
長，チームの成果に結びつ
いた工夫などを話せば，積
極性や社会性の評価につな
がる。

⑱▶ 持論を一方的に押しつ
けるのではなく，「歩み寄
り」の結論とした姿勢は高
評価。

⑲▶ 最後にもう一度，県を
志望する動機や熱意を確
認したり，逆質問を促した
りする場合もある。面接官
に質問したいことがない場
合には，「特にありません。
県職員として頑張りたいと
思います」など，決意表明
でもよい。

ます。

[面接官C] ご自身の経験として，コミュニ
ケーションがうまく取れないなとか，失敗
したな，苦労したなという思い出は何かな
いですか。　　　　　　　　　　　　⑰

[Yさん] 苦労したこととしては，練習内
容で対立してしまったことがあって，私は
一つ一つの道筋とか太刀筋をきれいにする
ことを重要視していたんですが，周りの人
は体力づくりが大事だから試合を何回も続
けていこうという考えで，そこで対立して
しまいました。

[面接官C] どうしましたか。

[Yさん] 試合数を重ねて体力をつけるこ
とも確かに大事だと思うんですけれど，道
筋とか太刀筋とかが上手になっていない
と，何回試合をしてもうまく判定が入らな
かったりするので，太刀筋を大事にしてい
くことが大切だとしっかり訴えました。

[面接官C] 結果は？

[Yさん] お互い歩み寄って，半分半分で
やることになりました。　　　　　　⑱

[面接官C] 足して2で割ったわけですね
（笑）。私の質問はここまでにします。

[面接官A] それでは以上で面接を終了しま
す。気をつけてお帰りください。　　⑲

[Yさん]（椅子の横に立ち）ありがとう
ございました（一礼。椅子を元の位置に戻
し，ドアの前で振り返って）失礼いたしま
す。（一礼して退室）

■ 面接官の講評

面接の評価			
	面接官A	面接官B	面接官C
表現力	C	C	C
社会性	B	B	B
積極性	B	B	B
堅実性	C	B	B
態　度	C	C	C
総　合	**C**	**B**	**B**

※評価はA〜Eの5段階。総合評価においてEは不合格。

大きな声で明るくハキハキとした受け答えをしてお
り，特に得意分野を語るときの生き生きとした表情に
好感を持った。エピソードの披露も内容が具体的で，
良い自己PRだった。

ただ，苦手分野の受け答えがややぎこちなかった。
質問に対して即座に答えていたが，一呼吸置き，落ち
着いて答えるようにしてほしい。苦手分野の質問でも，
7割程度は答えられるように心掛けたい。

💬受験者の感想

面接官からも指摘があったように，得意な分野（ア
ルバイト，ガクチカ）は，すらすら話すことができま
したが，苦手な分野（埼玉県について）はうまく話せ
ませんでした。アルバイトで英語表記を頑張った点と，

部活の練習内容で対立したことについては，うまく話
せたと思います。

今後，面接対接として，ガクチカの見直しをしたい
です。面接カードをほかの人に見てもらって，そこで
考えてもらった質問を，県のHPや計画を見て肉付け
していきたいです。

03 個別面接シミュレーション

T・Yさん
C大学
現代コミュニケーション学部

N町事務職志望

（T・Yさん，ドアをノックし「はい，どうぞ」の声に「失礼いたします」と言って入室。椅子の横に歩み寄り）**01**

Tさん T・Yと申します。よろしくお願いいたします。（一礼）

面接官A どうぞお掛けください。

Tさん 失礼します。（着席）

面接官A 今日はこの会場に来るまで，どのぐらい時間がかかりましたか。**02**

Tさん S県I市から自転車と新幹線を使い，約3時間かけてやってまいりました。

面接官A それは大変でしたね。朝何時に家を出たんですか。

Tさん 朝5時半に家を出ました。

面接官A そして新幹線の駅まで自転車ですか。

Tさん そうです。

面接官A それではこれから20分程度面接を行います。リラックスして，普段のTさんが出せるようにお話しください。

Tさん はい。

面接官A まずは1分間程度で自己PRをお願いします。

Tさん はい。私は人前で緊張してしまうコンプレックスを克服するために，大学生活でゼミ長やグループ長を積極的に引き

受けてきました。具体的には，金融機関主催のイベントがあったんですけれども，その際に大学を代表してPRをいたしました。私はゼミ長だったんですけれども，周りの先生やグループの仲間が支えてくれたからこそできたことだと思っております。そして私がN町役場の職員になれたならば，人々が支え合えるような町づくりに貢献したいと思っております。以上です。（ゆっくりと落ち着いた口調で）**03**

面接官A 人前で緊張することがコンプレックスだったそうですが，「よし，大学でそのコンプレックスを克服しよう」と決めた理由はなんですか。**04**

Tさん 私は山梨県のN町役場の職員をめざしているのですが，地域の方と密接にかかわりたいと思っておりますので，その際に緊張してしまうと，周囲の方も緊張してしまうと思ったので，自分が緊張しないように，自らゼミ長を積極的に引き受けてきた次第でございます。**05**

面接官A 面接カードを拝見すると，大学1年生のときにN町を訪れたそうですね。そのころはコロナが蔓延（まん）して大変な時期ですから，ゼミ長に立候補するといっても大変だったんじゃないですか。

Tさん すごい大変でした。大学の授業

ここをCHECK!!

01 大勢の受験者がいる場合，順番によっては長く待つこともある。肩の力を抜いてリラックスしよう。

02 緊張でガチガチになっているときこそ，アイスブレイキング質問には努めて明るく答えよう。そうすることで，落ち着きを取り戻せるだけでなく，印象も良くなる。

03 自己紹介・自己PRは，「以上です」と締めくくると面接官が次の質問に移りやすい。

04 コンプレックスの克服を前面に押し出し自己PRは，面接官の興味を喚起した。

05 コンプレックスの克服を，公務員志願者としてのコミュニケーションの重要性につなげた回答は良い。

面接カードは，敬体（です・ます調）で書くのが一般的です。

✏️ T・Yさんの**面接カード**（抜粋）

今までに最も力を入れて取り組んだこと

印象に残る体験の一つに学祭のゼミ模擬店がある。担当学生は6人，しかし主要メンバーは私を含む2人で，あとは他ゼミからの助っ人だった。初日は悪天候により売上が伸びず，これでは赤字になると判断し，翌日は早朝より準備に専念した。その結果，売上は回復し，チームの雰囲気も好転した。リーダーとしての的確な状況判断と率先した行動が好結果に繋がった。この経験は，今後自分に任されるどんな仕事にも通ずるものだと痛感した。

趣味，特技

私は12kmのランニングを日課としている。日々の出来事を整理したり，目標設定をしたりする時間となっている。体調管理の目的もあるが，自身と向き合う機会でもあり，貴重なルーティンだ。

自己PR

人前で緊張することがコンプレックスの私は，大学生活でそれを克服しようと決めた。ゼミ長やグループ長を積極的に引き受けてきた。金融機関主催の大規模イベントでは，大学を代表して活動報告を行った。時に迷い，適切な指示が出せないこともあるが，その度に，先生の指導や仲間の支えで乗り越えてきた。判ったことは，リーダーは一人で全てを行うのではなく，皆の協力を得て課題解決に当たるということだ。人々が支え合えるような町づくりに貢献したい。

---

06 会話の癖になっている言葉遣いに注意。「すごい大変」⇒「すごく大変」，「やっぱ」⇒「やはり」など。

07 面接官は，自身の勤める自治体に愛着を持っている受験者に好感を抱く。はっきりと言い切ったことは高評価。

はリモートが少しあったんですけれど，対面の授業もありまして，その際にグループで討論することもあったので，意を決して積極的に発表したり，グループ長を担うようにいたしました。　**06**

面接官A コンプレックスを克服する前のTさんは，人前に出るとどんな感じだったんですか。

Tさん 高校生までの私は，人前では消極的だったと思っております。

面接官A 具体的にどう消極的だったんで

すか。

Tさん 具体的には，グループワークがあったときに，私はグループ長をやることがなく，意見もなかなか出せませんでした。周りのフォローがあったときには意見を言っていましたけれども，自らは発表できないという状態でした。

面接官A 今では積極的に発表するようになったんですか。

Tさん はい，そうです。

面接官A 面接カードによると，そのきっかけを与えてくれたのがN町だと考えていいわけですか。

Tさん そうです。　**07**

面接官A 面接カードでは "N町愛" をいろいろ語っていただいていますが，具体的に1分間程度で，ご自身の口で "N町愛" を語っていただけますか。

Tさん はい。私はN町の自然が大好きです。大学1年生のときに訪れた際に，偶然通った洞門や横を流れる富士川，そして雄大な自然に魅了されました。その後，道の駅や図書館の方との触れ合いを重ねるごとに，N町が私にとっての大切な場所へと変化していきました。その後もN町をたび

たび訪れ、地域の方との触れ合いもあって、N町役場の職員になりたいと思うようになりました。N町役場の職員になりましたら、地域住民の方と密接にかかわることができるので、私は強くN町役場の職員になりたいと思っております。以上です。

面接官A お友だちと一緒にN町に来たりすることもありますか。

Tさん はい。　08

面接官A お友だちはどのように言っていましたか。

Tさん 私の友だちも自然が大好きでございまして、N町には富士川や湖や山がありますので、何度も訪れたいと言ってくれております。

面接官A 何人ぐらいでN町を訪れたんですか。

Tさん 親友がいまして、その親友と2人で行くことが多いです。

面接官A その親友の方は、TさんがN町役場の職員になりたいということをご存知なんですか。

Tさん はい、知っております。

面接官A どんなふうに言っていますか。

Tさん とても応援してくれていて、私がN町役場の職員になったら一緒に何か活動とかを行いたいと言っています。

面接官A その親友とは、旅行のほかにどんなことを一緒にやってるんですか。　09

Tさん その友だちは昆虫が好きなので、私もついて行って、カブトムシ捕りや、さまざまな動物の観察などをしております。

面接官A その親友とはどのぐらいのお付き合いなんですか。

Tさん 高校1年生のときに部活で知り合いました。

面接官A 面接カードに「12kmのランニングを日課としている」と書いてありますが、毎日12km走ってるんですか。

Tさん 毎日ではなく、土日、週末に行っております。　10

面接官A 私からは以上です。

面接官B では、私のほうからいくつかお聞きします。Tさんはゼミでの取組みとして、「観光専攻のゼミでは、観光による地域活性化をテーマに、一過性に終わらない大河ドラマの観光活用に取り組んでいる」と面接カードに書かれていますが、どういう活動なのか、もう少し具体的に教えてください。　11

Tさん 私たちの観光専攻のゼミでは、昨年のNHK大河ドラマ「どうする家康」に関し、家康ゆかりの地以外の方々にもPRするために、家康の年表や周辺の観光マップを作成いたしました。

面接官B 面接カードには「町内のサイクリングロードを整備し、世界中のサイクリストをN町に呼びたい」とあります。お客様をお招きすることで地元にお金が落ちるかもしれませんが、たとえば外国から来られた方が自分のペットボトルを投げ捨てたりして、住民の方から苦情が来たりすることもありえると思います。そういうマイナスの要素も認識したうえでの施策なんですか。　12

Tさん その対応としては、他国の言語がわかる方を任期付きで配置して、その方から呼びかけを行っていただくというのが私の考えでございます。

面接官B 人を雇うとなるとお金がかかりますが、そのお金はどこから持ってくるんですか。

08 社会性や協調性を確認するため、友人との関係を聞いている。「はい」と返事だけで終わらせず、一緒に訪れた友人の様子を簡潔に述べたほうがよい。

09 面接官は、友人との関係性を質問することで、対人能力やストレス耐性などを見ている。

10 土日・週末であれば、「日課」は不適切。

11 面接官は、大学での専攻が自治体活性化につながる可能性を見て取り、興味を示している。

12 住民目線での施策展開が重要なので、その視点を持つことができているか確認する質問。

⑬ 資金調達は，どの自治体でも重要な課題。ガバメント・クラウドファンディングと一口に言っても，イニシャルコスト（初期費用）からランニングコストまで，トータルで考えておくことが重要だ。

⑭ 身振りは言葉と連動して自然に出てくる程度であればOK。不足する言葉を補うための身振りにならないよう気をつけよう（熱意は伝わっても，論理性の評価が下がる場合がある）。

⑮ やや厳しめの質問は，ストレス耐性や志望の本気度を見ている。志望動機は，論文試験でも重要となる項目なので深く考え，早めに整理しておくことが重要。

⑯ 民間と公務員の仕事の違いを理解しておこう。

⑰ 対人関係にやや不安が残ったのか，面接官が協調性について掘り下げている。

Tさん クラウドファンディングを私は考えております。 **⑬**

面接官B 住民の方から新たなお金を徴収しないことを条件に，観光政策を前面に出していくと考えていいわけですね。

Tさん はい，そうでございます。

面接官B 私からは以上です。

面接官C 私から少しお聞きします。N町に住んでいただくことと，N町の町役場の職員になることとは，かなりの違いがあります。今までのお話でN町の住民になりたい理由はよくわかりましたが，N町の役場の職員になりたいという理由が今一つよくわかりません。なぜ町役場なんですか。

Tさん 町役場でしかできない仕事があると思うんです。民間の企業ですと，自社の利益のために働くのだと思いますが，役場は住民の方々のために支援をしているところだと思いますので，私はN町の役場の職員になりたいと思っております。（手のジェスチャーも交えて説明） **⑭**

面接官C でも，N町に入ってくるお金は住民の方々に納めていただく税金です。意地の悪いとらえ方をすれば，「お金の心配をしなくても済むから町役場だ」と聞こえてしまいます。そうではないんでしょう？ **⑮**

Tさん はい，そうではないです。

面接官C なぜ町役場なんですか。

Tさん N町役場を志望した理由は，先ほど申し上げたとおり，自然が好きということもあるんですけれども，N町の特産品でありますタケノコやお茶を活用して，管理栄養士の方や料理の専門家の方に献立を考えていただき，N町オリジナルの食のイベントを開いて，町外からのリピーターが増えるということを考えております。

面接官C それは商社の仕事ではないですか？ それが町役場の仕事ですか？

Tさん 町役場は町民から税金をいただいていますが，それを活用して，町の未来のために利益を出していくというものでございまして，その利益がN町の未来を担うことになると思っております。 **⑯**

面接官C そうですか。話題を変えます。面接カードに，今まで最も力を入れて取り組んだこととして「学園祭のゼミ模擬店」と書いてあります。ゼミは何人ぐらいいらっしゃるんですか。

Tさん ゼミは私を含めて2人です。

面接官C あ，2人だけですか。そのもう1人のゼミの方と仲たがいをしたことはありますか。

Tさん したことないです。

面接官C 大学生になってから友人と仲たがいしたことはありますか。

Tさん ないです。

面接官C 仲たがいしないコツは何かありますか。 **⑰**

Tさん 自分が言われてイヤなことは人

にも言わないということを，私は心に決めておりまして，ゼミ生に何かを指示するときも，こう言ったら大丈夫かなと考えながら指示をしております。

面接官C そうですか。ものごとを進めていこうとするときは，言わなければいけないこともあると思いますが，我慢してしまうんですか。

Tさん その際には言葉を変えて言うようにしております。

面接官C わかりました。私からは以上です。

面接官A 私のほうから最後に一つだけお聞きします。

N町の高齢化率は何％ですか。　**18**

Tさん （即座に）42.2％です。　**19**

面接官A それをどう考えますか。

Tさん 全国平均が約28％ですので，かなり高齢化が進んでおります。少子高齢化対策を迅速に行わなければならないなと思っております。

面接官A たとえば，町おこし協力隊はどのように活用できると思いますか。

Tさん 私が味わったN町の魅力をPRしまして，N町に貢献いただける方を募りたいと思っております。　**20**

面接官A わかりました。

以上で面接を終了いたします。3時間かかるそうですから，気をつけてお帰りください。

Tさん はい，ありがとうございました。（立って丁寧に一礼。ドアの前で振り返り）失礼します。（一礼して退室）

18 自治体愛を全面的に押し出す受験者に対して，統計的なデータを問うことで，住民や自治体が置かれている現状把握の深さを確かめている。

19 即答は好ましい。

20 統計から見える課題と，それに対する解決策を考えておくことが大切だ。

■ 面接官の講評

「N町の高齢化率は？」と聞かれ，即答できたのはすばらしかった。人前に出ると緊張するというコンプレックスを，ゼミ長に立候補するなど，さまざまな努力で克服してきたという自己PRも良かった。

友人とともにN町を訪れ，自然の素晴らしさに感動し，それが志望動機につながったというエピソードは，面接官にとってはうれしい話だ。

ただ，人口減少，高齢化，経済縮小などさまざまな課題を抱える地方町村にとって，その解決策を観光だけに絞りすぎたきらいがある。そのほかの解決策も用意しておきたい。

面接の評価

	面接官A	面接官B	面接官C
表現力	C	C	C
社会性	C	B	C
積極性	B	B	C
堅実性	C	C	B
態度	C	C	B
総合	**C**	**C**	**C**

※評価はA〜Eの5段階。総合評価においてEは不合格。

💬 受験者の感想

面接の最初は，特に緊張していて滑舌が悪く，適切にしゃべることができないことがありました。それから，「なぜ，町役場の職員でなければならないのか？」という質問に明確に答えることができず，何回も聞き返されてしまいました。

また，ゼミでの活動についても苦戦しました。今後は，ゼミでの活動を整理し，明確に答えられるようにしたいです。「一過性に終わらない大河ドラマの観光活用」の今後の見通しが曖昧だったため，答える際にも曖昧な答えになってしまいました。

今後は，「なぜ，町役場の職員でなければならないのか？」を明確に答えられるようにしていこうと思いました。自身の行政に対する考えを，横展開で考えられるようにしたいです。

PART 2

面接対策直前講義

～内容と形式の両面が大切！～

> この PART では，公務員試験の面接に関する基本的な事柄をまとめた。面接では何がチェックされているのか，面接対策のためにやるべきことは何かなど，改めて確認してほしい。また，服装や入退室時の注意点など，形式面のポイントもしっかり押さえておこう。

＼ 公務員試験の面接とは？ 面接対策の基本的な流れ ／

後藤和也 （ごとう・かずや）

山形県立米沢女子短期大学准教授。人事院東北事務局，国立大学法人東北大学で人事・採用の担当者として 15 年勤務。そのかたわら，産業カウンセラーやキャリアコンサルタント等の資格を取得。実務経験を活かして大学教員に転身し，2020 年より現職。専門はキャリア教育，キャリアカウンセリング。研修講師として公務員の人材育成に携わるほか，積極的に情報発信を行っている。近著に『公務員試験 大事なことだけ シンプル面接術』がある。

＼ 面接における「形式面」の重要性 ／

坪田まり子 （つぼた・まりこ）

有限会社コーディアル代表取締役。東京学芸大学特命教授，亜細亜大学・立正大学・駒澤大学非常勤講師，プロフェッショナル・キャリア・カウンセラー®。面接対策，コミュニケーション，自己分析，ビジネスマナー，秘書実務等を指導。面接指導には定評があり，長年にわたり，公務員，教員，マスコミ，銀行，商社など，数多くの内定者を出している。著書に『就活必修！ 1週間でできる自己分析』（さくら舎），『Web 面接完全突破法』（エクシア出版）などがある。

公務員試験の面接とは？

●後藤和也

面接はコワくない！

「面接」について，皆さんはどんなイメージを抱いているでしょうか。次々と質問されて追い込まれてしまう様子を想像したり，数百人の中からトップ1人が選ばれる厳しいオーディションを想像したりするかもしれません。

しかし，結論から述べれば，**面接を恐れる必要はまったくありません。なぜなら面接は，面接官と受験者との「コミュニケーションの場」にほかならないからです。**採用側の視点に立てば，面接は受験者との唯一といってよいコミュニケーションの場です。詳しくは後述しますが，面接官は受験者に意地悪をするつもりなどまったくなく，むしろ会話や観察により受験者のキャラクター（人柄や熱意）を理解しようと，あの手この手でコミュニケーションを図ってくれます。**面接は本質的に受験者を落とすためではなく，そのキャラクターを理解するために行うの**だという事実について，まずは理解してください。面接は，決してオーディションの場ではないのです（もちろん，試験である以上，受験者に何らかの序列をつける必要がありますので，結果的に合否は分かれることになりますが）。

【ますます面接重視に】

皆さんも御存知のとおり，わが国における学生の就活は「新卒一括採用」が基本となっています。これは，本格的な職歴のない学生に対してその実務経験を問うのではなく，ポテンシャル（潜在能力や意欲）を評価して採用に至るという，わが国独自の人事慣行です。一方，国の方針もあり，現在，大学を含む学校教育において，在学中のインターンシップに力を入れています。とはいえ，その期間は長くても1～2週間程度，短い場合は「1DAYインターンシップ」です。日程的にも内容的にも，学生のインターンシップはいまだ職場体験レベルに留まっており，本格的な職業経験とはいえません。

つまり，採用側からすれば，社会で本格的に働いたことのない人について，その実務能力を推測し，採用を決定することを迫られているわけです（下の囲みも参照）。もちろん，一次試験の筆記試験の成績や，エントリーシート・面接カードなども大いに参考にしますが，書類だけで実務能力やコミュニケーション能力を推し量ることには限界があります。したがって，面接において受験者のキャラクターを理解しようと必死になるのです（なお，社会人経験者試験においては，具体的な職務経験が問われる

採用選考で重視される点

日本経済団体連合会が発表した「新卒採用に関するアンケート調査結果」の中に，「選考に当たって特に重視した点」というものがあります。上位5項目は以下のとおりでした。

1位 コミュニケーション能力
2位 主体性
3位 チャレンジ精神
4位 協調性
5位 誠実性

これは民間企業を対象にした調査ですが，公務員試験でも大きな違いはなく，面接でこれらの能力がチェックされます。受験者は「自己PR」「志望動機」「学生時代に力を入れたこと」などの項目において，面接官を納得させるだけの具体的なエピソードを織り交ぜながら，これらの能力を有していることを証明していくわけです。

面接官の評価のポイント

面接官がどのような基準で受験者を評価しているかは，この2点に集約されます！

1 この人物が自分の部下だったらどうか？

2 この人物は職場にフィット（適応）するか？

ことは言うまでもありません）。

さらには，少子高齢化が進行し人口減少社会となった現在，公務員を取り巻く環境が激変している事実も見逃せません。先が見えない時代だからこそ，コミュニケーション能力，主体性，チャレンジ精神などのソフトなスキルが，ますます重要視されると考えられます。かつては，筆記試験合格≒採用というような時代もありましたが，今はまったく違います。**公務員試験では面接が最重要視されており，その比重はどんどん高まっている**のです。

● 面接官の視点

面接の準備をするに当たり，面接官側の視点を知っておくことは非常に有用です。面接官の本音を一言で代弁すると，**「限られた時間で受験者の人となりをできるだけ正確に知りたい！」**ということに尽きます。ですから，面接において過度に自分のキャラを偽ったりする「盛る」行為には，まったく意味がありません。そのようなことをしても，受験者の本来の人物像が伝わらなくなるだけで，逆効果です。

もちろん，身だしなみを整えたり，きちんとした話し方をするなど，社会に出るための最低限のマナーは必要です。外見的な印象も非常に重要ですので，しっかり準備してください。

【この2点に集約】

筆者の経験も踏まえると，面接官から見た受験者の評価のポイント（どのような基準で評価しているか）は，以下の2点に集約されます。

①この人物が自分の部下だったらどうか？
②この人物は職場にフィット（適応）するか？

いかがですか？　受験者の皆さんはやみくもに自分をアピールしがちですが，面接官は，さまざまな質問を通して，「職場に適応して活躍できそうか」という点を見ています。公務員試験の面接では，一次の面談などで若手職員が面接官を務めるケースはありますが，最終段階に近づくほど管理職クラスが面接官を務めることになります。必然的に，目の前の受験者を自分の部下として職場に配置した場合に，前向きに働いてもらえるかどうかが評価のポイントになるのです。官民を問わず新人の最初の仕事は「元気に職場に出勤すること」だと筆者は考えます。そうした人材をイメージさせる明朗さや快活さを面接官は求めています。

この本で詳しく解説されているさまざまな面接対策（自己分析や面接練習など）も，上記のポイントを押さえた人材となる（そのような人材であるとイメージさせる）ための有機的な営みです。逆に言えば，どんなに筆記試験の結果が優秀でも，上記のポイントから大きく外れてしまえば，面接をクリアして内定をつかむことはできません。

● 公務員試験の面接の特徴

ここまで，面接の概要を見てきましたが，面接そのものは，公務員試験と民間就活とで大きく異なるものではありません。むしろ，重複する部分が多いと思います。

【十分に対策可能】

ここで，参考に民間企業の面接事情を概観してみましょう。コロナ禍で一部の業界・業種では採用を抑制する向きもありましたが，必要な人材が不足す

ることは組織の硬直化や弱体化に直結することから，民間企業ではさまざまな面接を試行錯誤しながら行っています。たとえば，希望者全員が面接に参加できる制度も珍しくありません。面接の一形態であるグループワークについても，ほかのメンバーと一切言葉を交わすことなく世界地図の作成を試みる課題など，企画力や発想力を問われるものが数多く存在します。

一方，公務員試験はまだまだ「固い」といえます。規模的・人的要因により専任の採用担当者を配置できないことから，なかなか従来の採用手法を抜本的に見直すことが難しいという側面もあるでしょう。

その結果，多くの自治体では個別面接に集団討論を加えた程度の，長年の形式が堅持されています。したがって，**面接対策の基本とされる自己分析や業務研究等を効果的に行うことで，対策が十分可能である**ともいえるでしょう。

【新しい流れも】

ただし，そんな公務員試験においても新しい流れは確実に生まれています。**特にここ数年は，面接重視傾向に急激に拍車がかかっている印象です。**前述したような制約がある中でも，改革していこうという姿勢が目立ちます。面接を複数回実施するのは当然として，面接の形態も徐々に多様化しています。新型コロナウイルス感染症の影響で，オンライン面接を実施する官庁・自治体も増えました。

さらに，これは面接試験に限ったことではありませんが，筆記試験対策を敬遠し，優秀な人材が民間企業に流出することを防止する観点から，民間志望者でも受験しやすい試験に改革する自治体が増えています。このような従前の例にとらわれない試験の場合，面接についても独自の工夫がなされている

ケースが目立ちます。

いずれにしても，**受験案内をくまなくチェックするのはもちろんのこと，過去の情報だけでなく，最新情報も可能な限り収集して備えることが大切です。**

面接の質問内容にまで踏み込むと，近年の公務員試験においては，「コンピテンシー評価型面接」が多くなっています（下の囲み参照）。国家総合職をはじめ，多くの自治体で導入されています。簡単に説明すると，「そのときどうしたか」という「行動」に焦点を当てる方法で，面接カードに書いた内容を深掘りしていくような質問が続きます。ただし，この場合でも，基本となるのは自己分析や仕事研究なので，対策が大きく変わるわけではありません。

● 現場で求められる人物

ズバリ，「心身ともに健康で周囲の人と協働できる人」はどこの職場でも活躍できます。

先に述べたとおり，公務員の職場では定員が減らされる一方で，業務はむしろ増加しています。各種の調査では，業務量がメンタルヘルスに与える影響も否定できないとされています。公務員の職場でも，心身の不調による休職者は珍しくありません。この状況は早期に改善すべきですが，公務員は，大きなやりがいがある一方で，厳しい仕事でもあることは覚悟しておきましょう。

したがって，困難な状況でもストレスを上手にコントロールできる人，上司や先輩の懐に飛び込んで話ができる人，そして苦手な相手ともそれ相応にコミュニケーションを図れる人などは，どこの職場でも重宝されます。

逆に，まじめだけれど融通が利かない人，自分の弱みを他人に見せられない人，自分の好きな相手と

コンピテンシー評価型面接

「コンピテンシー」とは「行動に表れる能力，特性」あるいは「結果や成果と結びつく能力，特性」を表す言葉です。コンピテンシー評価型面接は，コンピテンシーの考え方によって面接方法を標準化し，受験者をより公平に評価しようという目的で，公務員試験においても導入されています。

質問の中心は「（それについて）どう思うか」ではなく，**「（そのとき）どう行動したか」という，受験者の過去の行動や結果となります。**過去の出来事を整理するだけでなく，その出来事により自分がどのように成長したのか，その体験を公務員としてどう活かしていけるのかまで考えておきましょう。

評定項目の例は，23ページの評定表を参照してください。

COLUMN 実録！ 受験者は見られている……

筆者が初めて採用担当者となった際,最初の仕事が採用試験の受付業務でした。このとき,上司から「受験者の受付での態度をよく観察するように。非礼な態度をとるような場合は,速やかに報告するように」と厳命を受けました。

筆者は内心「一生のかかった試験で変な態度をとる受験者がいるのかな？」と疑問を抱いていましたが,実際に対応してみてビックリ！ 受付であいさつせずに無言で受験票を提示する人,こちらが「おはようございます」と声をかけてもうつむいたままの人など,予想以上に疑問符の付く受験者が多かったのでした。もちろん皆さん面接では頑張っていましたが……。

このような態度をとる人は,採用後も上司や同僚の見ていないところで市民に同じような態度をとるのでは,と疑われてもしかたありません。面接対策というよりは人としての基本的なマナーかもしれませんが,「面接では始まる前から終わった後まで常に見られている」,ということを心にとめておいてほしいと思います。

しかコミュニケーションをとれない人などは,職場に配属されてからも苦労が絶えないものと思われます。もちろん個人の性格や価値観は誰からも否定されるべきものではありません。**面接で求められるのは,自分のコミュニケーションの癖や傾向,ストレス解消法などをきちんと客観視し,改善可能なところは少しでも改善しようする姿勢です。**普段は意識しない自分の「闇の部分」に目を向けることは抵抗が大きいかもしれませんが,目を背けず前向きな公務員になろうと努力を重ねることが,現場で求められる人材になる第一歩であると筆者は考えます。

● 試験ごとの違いと共通点

これまで述べてきたとおり,面接官の基本的な視点（「部下としてどうか」「職場にフィットするか」）は,国家公務員にも地方公務員にも共通するものです。読者の皆さんの多くは,国家公務員,地方公務員（都道府県,市役所など）を併願すると思いますが,まずは,面接官に部下や同僚の候補として期待してもらえるようにしなくてはなりません。

ただし,この視点さえクリアすればよいかといえば,もちろんそんなことはなく,その官庁,自治体に合わせた対策が必須になります。

国には国の課題や政策が,地方には地方のそれが

存在します。志望する省庁や地方自治体が現在どのような政策に力を入れているのか,ホームページや広報誌,SNSなどで研究することは必須です。一度は受験先の説明会に参加することをお勧めします。受験ジャーナル特別企画『仕事入門ブック』なども大いに活用してください。

【共通の課題も】

具体的には,多くの地方自治体で人口減少が共通課題となっていますし,国と地方自治体,あるいは官民問わず,女性活躍推進や働き方改革等がホットな話題です。**こういった課題については,必ず自分なりの解決案を準備しておきましょう。**実際に個別面接で質問される場合もありますし,論文試験や集団討論の課題となることも多々あります。

さらには,自治体の規模が小さくなるほど,面接のネタはローカルなものになりがちです。たとえば,市の人口や市長の名前などを質問されることもよくあります。面接に臨むに当たっては,情報収集に全力を注ぐべきです。

また,「面接で問われる課題について,どのレベルでの対策が想定されるのか」ということにも留意すべきです。たとえば,市役所の面接で「○○市へのＵターン人口を増やすには？」と質問された場合,「SNSの広報を強化して主に若年層に対して○○市

の魅力をPRしたい」というアイデアは，市役所の広報担当課レベルの施策になりえますが，「新たな国道を整備して首都圏と○○市の移動の便をよくしたい」というのは，国レベルの施策となります。こういった**国家と地方の仕事の違いも押さえておきたいところです。ここの整理を行うことが仕事研究も兼ねることになり，志望動機にも直結します。**

現実問題として，ほとんどの受験者はいくつかの試験を併願しますが，その都度，面接カードのすべての項目を一から作り直す余裕は，おそらくないでしょう。共通して使える部分と，試験別・自治体別に作成すべき部分とを意識して，効率的に準備を進めることも大切です。

● 面接の評価基準

次に，個別面接の具体的な評価基準を見ていきます。まずは23ページに掲載している「個別面接評定票」をご覧ください。これは，コンピテンシー評価型面接で使用されているもので，すべての面接試験で使われているわけではありませんが，基本的な評価のポイントは変わりません。

【評定項目を知る】

面接で「コミュニケーション能力」が重視されることは前述しました。「コミュニケーション力」の欄には「表現力」「説得力」と書かれています。さらに次の「着眼点」には，「相手の話の趣旨を理解し，的確に応答しているか」「話の内容に一貫性があり，論理的か」などと書かれていますね。

通常，面接は複数の面接官によって行われます。また，すべての受験者を同じ面接官が評価するわけではありません。ですから，面接官による評価のブレを排するためにも，このように具体的な「着眼点」が示されているのです。

したがって，**受験者としては，評定項目と着眼点をしっかり頭に入れておく必要があります。**そして，具体的な言動によって，面接官に自分は着眼点に掲げる項目と合致した人材であると伝えていかなければなりません。たとえば「学生時代に力を入れたこと」（ガクチカ）を質問されたとします。それは，単にあなたが何に力を入れてきたのかを聞きたいわけではありません。「経験学習力」の着眼点にあるように「自己の経験から学んだものを現在に適用しているか」という視点で評価されている，ということを意識しましょう。

ただし，評定票を見てわかるように，評定項目や着眼点は多岐にわたるため，「面接でコレをやったら必ず合格する！」という鉄則はありません。面接カードを作る際，あるいは面接の練習をする際に，評定項目を意識して，回答が的外れにならないように準備していきましょう。

なお，面接終了後は面接官全員の評価を持ち寄って合否判定の会議が行われます。その際に，たった一人でも面接官から不合格という判定が出てしまえば命取りとなります。面接の合格者＝採用候補者であるわけですから，その情報は当該組織の長まで上げられることになります。面接官としては採用担当者としての自身の評価にもかかわりますので，ほんの数パーセントでも疑義の生じた人物を自分の上司に紹介するわけにはいかないのです。すべての面接官からA評価を得るのは難しいとしても，最低限誰からも熱意や資質を疑われることのないよう，準備を行うべきでしょう。

個 別 面 接 評 定 票

第1次試験地	試験の区分	受験番号	受験者氏名
人物試験の試験地	試験室 第　　　室	実施年月日 　年　月　日	試験官氏名

［必須評定項目］　必須評定項目の評定に当たっては、次の尺度にしたがって該当する箇所にＶ印をつけてください。

評定項目		着　　眼　　点	評　　定
積極性	意　　欲 行　動　力	○　自らの考えを積極的に伝えようとしているか ○　考え方が前向きで向上心があるか ○　目標を高く設定し、率先してことに当たろうとしているか ○　困難なことにもチャレンジしようとする姿勢が見られるか	優　　普通　　劣
社会性	他者理解 関係構築力	○　相手の考えや感情に理解を示しているか ○　異なる価値観にも理解を示しているか ○　組織や集団のメンバーと信頼関係が築けるか ○　組織の目的達成と活性化に貢献しているか	優　　普通　　劣
信頼感	責　任　感 達　成　力	○　相手や課題を選ばずに誠実に対応しようとしているか ○　公務に対する気構え、使命感はあるか ○　自らの行動、決定に責任を持とうとしているか ○　困難な課題にも最後まで取り組んで結果を出しているか	優　　普通　　劣
経験学習力	課題の認識 経験の適用	○　自己の経験から学んだものを現在に適用しているか ○　自己や組織の状況と課題を的確に認識しているか ○　優先度や重要度を明確にして目標や活動計画を立てているか ○　他者から学んだものを自己の行動や経験に適用しているか	優　　普通　　劣
自己統制	情緒安定性 統　制　力	○　落ち着いており、安定感があるか ○　ストレスに前向きに対応しているか ○　環境や状況の変化に柔軟に対応できるか ○　自己を客観視し、場に応じて統制することができるか	優　　普通　　劣
コミュニケーション力	表　現　力 説　得　力	○　相手の話の趣旨を理解し、的確に応答しているか ○　話の内容に一貫性があり、論理的か ○　話し方に熱意、説得力があるか ○　話がわかりやすく、説明に工夫、根拠があるか	優　　普通　　劣

［プラス評定項目］　次の評定項目について該当するものがあればその箇所にＶ印をつけ、プラスの評価として判定に反映させてください。

- □　問題発見能力
- □　企画力
- □　決断力
- □　危機への対応力

- □　リーダーシップ
- □　バランス感覚、視野の広さ
- □　創造性・独創性
- □　高い倫理性、社会的貢献への強い自覚

判定	［自由記入欄］	［対象官職への適格性］ 該当する箇所にＶ印をつけてください。

	大いに ある	かなり ある	ある	劣る	ない
	A	B	C	D	E

【主任試験官の記入欄】

［総合判定の理由］

［総合判定］
該当するものを○で囲んでください。

A	B	C	D	E
合　　　　　格				不合格

面接対策の基本的な流れ

●後藤和也

最初に注意していただきたいのが「筆記試験に合格しないと面接には進めない」ということです（受験者全員と面接する自治体もまれにありますが）。現在の公務員試験が面接重視であること，そして，面接対策を早めに始めるべきであることは間違いありません。**しかし，面接対策に気を取られるあまり筆記試験対策がおろそかとなってしまっては本末転倒です。**筆記試験が終わるまでは，筆記試験対策をメインにしつつ，以下のような面接対策を行う時間を意識的につくるというようなペース配分を心掛けましょう（ただし，申込時にエントリーシートの提出を求められたり，一次試験で面接が課されたりするケースもあります）。

【自己分析】

自分の長所や短所（強みや弱み），やりたい仕事などを明確化するために行うものです。官民問わず，就職活動の際にまず行うべきとされています。大学3年生になるタイミングでやっておきたいところです。ここで注意してほしいのは，自己分析はあくまで「就職活動のために行う」ということです。「自分がどんな人間か」というテーマは，突き詰めればきりのないものです。あくまで面接のネタ探しのためと割り切る姿勢が重要です。自分を客観視するという作業ですが，意外とわからないのが自分というもの。自己分析で悩む場合は，親しい友人や家族に「私ってどんな人？」と聞いてしまうことをお勧めします（これを他己分析といいます）。

【仕事研究】

自分が働くイメージを具体化することはモチベーションの維持にも役立ちます。**志望先のホームページは欠かさずチェックしましょう。**特に，自分が興味のある政策については，面接でその詳細を説明できるくらいに研究しておきたいものです。さらに，広報誌やパンフレット類も要チェックです。自治体によっては，まだまだホームページよりも広報誌に詳細な情報が掲載されている場合もあります。

そして，可能であれば，大学のOB・OGの職員に直接会って話を聞くことをお勧めします。採用担当者の経験から言えば，広報誌や職員採用パンフレットはどうしても職場の魅力を強調して記載しが

COLUMN 面接試験で「何を」「どのように」語るべきか？ キーワードは「再現性」！

面接では「学生時代に頑張ったこと（ガクチカ）は何ですか」や「あなたの長所を教えてください」などの質問が多くなされます。私は公務員を志望する学生の模擬面接を行うことが多いのですが，「私はフツーの大学生なので，しゃべることがありません……」と，多くの学生は頭を抱えます。

しかし，特段「カッコいいこと」をしゃべらなくてもいいのです。実は，面接官は受験者の経験そのものに，たいして興味はありません。むしろ，**何かを経験したそのプロセスを聞きたい**と考えています。

キーワードは「再現性」です。面接官は，あなたが何かに取り組む姿勢や，あなたがどんなことに意義や価値を感じるかを把握することで，「公務員の職場で活躍できる人物か」を見極めています。

たとえば「○○サークルの部長でした！」というだけでは，面接官は再現性が確認できません。「部長として□□のような工夫をした」「**部員と協力して□□を成し遂げたことで△△のような気づきを得た**」のように，第三者にもあなたの成長や学びのプロセスが伝わるように意識しましょう。これは面接だけでなく面接カードの記載内容にも同じことがいえます。

あなたの応答に「再現性」はあるでしょうか？もう一度確認してみましょう。

面接対策としてやるべきこと

自己分析
- 面接のためと割り切って行う
- 家族や友人にも聞いてみる

仕事研究
- ホームページや広報誌をチェック
- 各種説明会に参加
- OB・OGや職員に会って話を聞く

面接カードの作成
- 何度も見直す（場合によっては自己分析，仕事研究に戻る）
- 志望先の面接カードの内容を確認する

模擬面接・面接情報の収集
- 模擬面接で複数回練習する
- 面接の形式，質問内容なども確認する

ちです（悪い言い方をすれば多少「盛って」います）。その点，先輩であるOB・OGであれば，自身の体験を踏まえた率直な情報を語ってくれるでしょう。

個人的にアポイントをとるのが難しい場合もあると思いますが，官庁・自治体の説明会に加え，大学のキャリアセンターや公務員試験予備校等が主催するOB・OGを招いての説明会や懇談会は数多く開かれています。そうした場の質疑応答の時間を活用しましょう。

面接の際も，単に「ホームページで見て……」というより，「職員の□□さんが○○と語るのを聞いて……」というような話のほうが説得力があります。やはり，生の情報に勝るものはないのです。

【面接カード（エントリーシート）の作成】

自己分析と仕事研究は面接カード作成の下準備にすぎません。**面接カードをしっかり作ることが，面接対策においては非常に重要です**。詳細は本誌のPART 3を参照してください。

面接カードは一度書いたら終わりではありません。必ず第三者の添削を受け，書き直してブラッシュアップさせていくことが大切です。また，当たり前の話ですが，そこに記載したことは突っ込んだ質問がされる場合が大半ですので，コピーは手元に残しておくことを忘れないでください。

面接カードは面接官にとっても，まさに面接の「ネタ帳」です。すべての項目は，面接官側から見ても貴重な情報であることを自覚しましょう。さらに，面接カードは限られた面接の時間をより効率的にすることを企図しています。一読するだけで面接官の

納得を得られるくらいの完成度をめざすべきです。

【模擬面接・面接情報の収集】

最後に，**本番の面接までには必ず模擬面接を受けましょう**。頭の中で考えることと，実際に質問されて回答することには雲泥の差があります。自分の会話の癖を知ることも大切です。そして，模擬面接を受けたら，うまくいかなかった箇所を確認・修正すること。場合によっては，自己分析，仕事研究にさかのぼって，面接カードの内容まで見直すべきです。

模擬面接は，大学のキャリアセンターやハローワーク，ジョブカフェなどで受けることができます。近年は企業の元人事担当者やハローワークの元職員などがキャリアセンターに配置されています。学生は無料で利用できるわけですから，活用しない手はありません。また，近年はキャリア教育の一環として大学でも外部講師を招いて模擬面接を行うところが増えています。自分の大学でそのような支援を行っていないか確認してください。率直なアドバイスをし合える関係性であれば，公務員試験を受験する友人どうしで面接の練習を行うのも効果的です。

また，多くの大学キャリアセンターでは過去の面接情報を蓄積しています。受験予定の自治体や官庁の面接についての情報がないか，必ず確認しましょう。もちろん，本誌に掲載されている面接情報もくまなくチェックしてください。

面接は場数が勝負です。赤の他人に自分をさらけ出すのに抵抗がある人もいるかもしれませんが，第三者に自己開示ができるのも公務員としての大事なスキルですから，入念に対策を行ってください。

面接における「形式面」の重要性

●坪田まり子

● 面接でうまくいく人とは？

私はこれまで，多くの学生や社会人に就職活動全般や面接の指導をしてきました。この経験からはっきりと言えることがあります。面接でうまくいく人とうまくいかない人の違いは，次の2点に集約されるということです。

①自己PRや志望動機が相手に対し的確であるか
②服装や立ち居振る舞い，話し方・伝え方などが適切であるか

この両方ができて初めて，合格・内定をつかむことができます。片方だけでは残念ながら不十分です。ここでは，①を「内容面」，②を「形式面」と呼ぶことにしましょう。

面接では，「内容面」について，自分の言葉を駆使して面接官に伝えなければなりません。公務員試験の受験者の場合，内容については，試験本番までにある程度まとめることができるはずです。これについては，本誌のほかのPARTで詳しく解説されていますので参考にしてください。

しかし残念ながら，内容は適切なのに「形式面」，つまり，**服装，立ち居振る舞い，表情，声音などの点で「損をしている人」が非常に多く見られます。**損をしているというのは，内容面で稼いだ点数から割り引かれてしまう，ということです。これは非常にもったいないことですね。逆に，形式面でもよい評価をもらえれば，グッと合格・内定に近づきます。**公務員をめざす皆さんこそ，形式面でも十分な対策をする必要があるということです。**

● 面接では仕事ぶりが試される

面接試験の意義をしっかり理解しましょう。面接の場を通して「年齢差のある面接官と良好なコミュニケーションがとれるかどうか」を試されています。ですから，緊張するのは当然だと思いますが，できるだけ自然体で「公務員になりたい」という強い思いをしっかりと面接官に伝えるのが理想です。

面接試験自体は，民間企業と公務員試験との間で，大きな違いはありません。あるとすれば，公務員試験においては堅実性がより重んじられ，流暢なトー

クよりも，極めて簡潔に結論を優先して話すことを意識し，ダラダラと長く話さないということです。このことだけを取り上げると，簡単なことに思えるかもしれません。

もともと「話すことが苦手」という人も少なからずいるはず。しかし面接では，話すのが得意・不得意にかかわらず，あなた自身が面接官と向き合わなければなりません。面接とはいえ，「あなたはあな·た·ら·し·く·てかまわない」と心から考えています。今のままのイメージ，印象が，あなたが親からもらった，あなたのかけがえのない個性だからです。

ただし，面接では，あなたの「個人的な魅力」を試しているのではありません。公務員試験の面接では，あなたに公務員として，常に“全体の奉仕者”としての仕事を，安心して任せることができるかどうか，そのことを面接官はとらえようとしています。

つまり，**面接時点から，対話を通して受験者の仕事ぶりを想像し，試されているということなのです。**この点をしっかりと認識してください。話すのが苦手だから，自信がない，向いていない，ダメだ，とあきらめるのは筋違いです。

公務員になりたい皆さん，あなたの個性や性格はそのままでよいのです。**それを「形式面」で適切に「補う」ことを躊躇してはいけません。**これが真の面接対策だと私は考えています。自分に足りないことを工夫してちょっとだけ補うことにより，あなたの夢がかなうならば，あなたにとっても，公務員にふさわしい人を採りたい面接官側にとっても，こんなに有意義で有益なことはないと思いませんか？　服装，入退室の作法などは，決して難しいことではありません。自分を客観的にとらえながら，話し方や笑顔の練習に取り組んでください！

面接で重要なのはこの2点

❶ 自己PRや志望動機が
明確であるか　　　＝ 内容面

❷ 服装や立ち居振る舞い，
話し方・伝え方が適切か　＝ 形式面

内容・形式の両面が重要！

☑ これだけは押さえる！ 服装チェック

●髪, 顔
髪型は清潔感が決め手。フケや寝グセは要チェック。襟足やもみ上げが長すぎるのもよくない。おでこを少し見せると聡明な印象に。眉を整えるならナチュラルさを意識すること。ヒゲの剃り残しはNG。

●髪
ロングヘアーの人は1つにまとめる。前髪やサイドの髪が顔にかかりすぎないように注意。おでこを少し出すと聡明な印象となり好感度がUPする。

●シャツ, ネクタイ
ワイシャツは白。襟や袖口が汚れていないかチェックする。ネクタイは紺やエンジ系のストライプ柄などオーソドックスなものを選ぶ。ネクタイの緩みなどは印象が悪いので, きちんと結ぶ練習をしておこう。

●顔
ナチュラルメイクを心掛ける。やりすぎはNG（特にアイメイクは控えめに）だが, ノーメイクも顔色が悪く見えるので避けること。ピアスは外す。

●スーツ
色は黒が無難。落ち着いたデザインのものを選び, 上着のボタンはすべて留める。スカートの丈は, 立ったときにひざが半分隠れる程度, パンツの場合は座ったときにくるぶしが見えない程度に。

●スーツ
色は濃紺か黒が無難。ズボンにはアイロンをかけて折り目をしっかりつけること。上着の一番下のボタンは外してかまわない。

●ブラウス
白のシンプルなデザインのものを選ぶ。ネックレスなどのアクセサリーは身につけない。

●バッグ
色は黒が無難。面接室に入る際は, 肩ひもは外すかバッグの中にしまう。床に置いたときに倒れない（自立する）ものが望ましい。

●バッグ
色は黒が無難。A4判の書類が入るものを選ぶ。面接室に入る際は, バッグは肩に掛けず手で提げる。

●靴, 靴下
黒のシンプルな革靴が基本。きれいに磨き, かかとがすり減っていたら修理する。靴下はズボンの色と同系色のものを選ぶ。白いスポーツソックスはNG。

●靴, ストッキング
黒のパンプスが基本。ヒールの高さは3〜5センチが適当。ストッキングはベージュを選ぶ。伝線しやすいので予備のものを持参すると安心。

☑ これだけは押さえる！ 入室 の 作法

❶ ドアの前に立ち、3回ノックする。ノックの音を含めて、きちんとした印象を与えるよう心掛ける。

❷ 「どうぞ（お入りください）」という面接官の声が聞こえたら、静かにドアを開ける。

❸ 入室し、ドアノブに両手を添えて静かに閉める。

❹  その場で面接官のほうを向き、「失礼します」と言ってから軽く一礼（15度くらいの会釈）。

❺ いすの横まで進む。いすの左側に立つのが基本。いすの前には立たないように。バッグを持ったまま入室する場合は、バッグをいすと自分の間に置いてから次の動作に入ること（荷物置き場などがある場合は指示に従う）。

お辞儀のしかた

❶ 直立不動（気をつけ）の状態で、面接官の顔を正面からきちんと見る。

❷ 首と背筋を曲げないように注意し、腰からサッと傾倒する。手の位置は、女性は両手を重ねて体の前に、男性は体に沿って両手を伸ばす。

※お辞儀は、丁寧さによって15度、30度、45度を使い分ける。入退室時の会釈は15度、面接開始時のお辞儀は30度、面接終了時の丁寧なお辞儀は45度のイメージ。

> ここが一直線になるように！

❸ お辞儀したら、そのままの姿勢で一呼吸止める。

❹ 下げるときよりも多少ゆっくりと上半身を起こし、面接官の顔に目線を戻す。

❻ 面接官に目線を合わせ、「○○○○と申します。よろしくお願いします」と言ってから、丁寧にお辞儀する（30度くらいのお辞儀）。

❼ 「どうぞお掛けください」と言われたら、「失礼します」などと声を掛けてから着席する。

☑ これだけは押さえる！ 退室 の作法

1 立ち上がり，いすの横に出る（基本はいすの左側）。

45°

2 「ありがとうございました。（よろしくお願いします）」と言ってから，一礼する（45度くらいの深く丁寧なお辞儀）。

3 ドアの前まで進んだら，ドアを開ける前に振り返り，面接官に対し，「失礼します」と言ってから一礼（会釈）。

4 ドアを開けて退室し，静かに閉める。

座り方のポイント

- あごを引き，面接官にまっすぐ向き合う。
- いすにはやや浅めに腰掛ける。
- 背筋はピンと伸ばす。
- 女性は両ひざをそろえて，手はひざの上に置く。男性は軽くひざを開き，手は左右それぞれのももの上に置く。

こんなときどうする？

●クールビズの場合の注意点

近年は「面接の際は，クールビズでお越しください」と指定されるケースが増えてきました。「上着なし・ノーネクタイでかまいません」などの指定があれば，素直にそれに従います。基本は男性・女性とも27ページで解説した服装ですので，スーツの上着は持参して，ほかの受験者と合わせるほうが無難です。

職場によって違いがありますので，説明会や筆記試験の際に，職員の服装をチェックして参考にしましょう。半袖でもOKという職場も増えています。なお，長袖のシャツを「腕まくり」するのはラフに見えてNGです。

●集団面接の場合の注意点

基本的な流れは個別面接と同じです。あいさつのタイミングが違ったり，いすの横に立てるスペースがなかったりするケースが考えられますが，面接官の指示に従って臨機応変に対応すれば問題ありません。入退室のマナーを徹底し，颯爽とした動きでライバルに差をつけましょう。

●ブース形式の場合の注意点

大きな会場をパーテーションなどで仕切り，面接会場にしている場合があります。その場合，ノックは不要ですが，一歩ブースに入ったら，まず「失礼します」と言ってから会釈しましょう。面接官に対するあいさつやお辞儀のしかたは同じです。ブースを出るときも「失礼します」のあいさつをお忘れなく。

また，すぐ隣で別の面接が行われているため，自分の声が相手に届きにくくなります。いつもより大きめの声ではっきり話すように心掛けましょう。

●オンライン面接の場合の注意点

上半身しか映りませんので，表情，姿勢にくれぐれも気をつけてください。話をするときは，画面に映る面接官を見るのではなく，カメラ目線がベストです。

●一人でできる！　面接の練習法

次に，一人でできる面接の練習法を紹介します。

トレーニングに入る前に，面接では何を見られているかを再度確認しておきましょう。面接で選ばれる人は「賢そう」「頭がよさそう」「優秀そう」というだけではありません。面接官は"同志として働く仲間"を求めています。そのため，受験者から感じられる「雰囲気」＝「人柄」が重要です。

突然ですが質問です。あなたは，知らない人から道をよく聞かれますか？　よく聞かれる人は，第一段階はクリアです。道を尋ねたい人は，無意識に「感じがよくて，親切に答えてくれそうな人」を探し求めているからです。「不親切そうな人」「怖そうな人」に話しかけることはまずありません。

公務員は国民，住民を相手にする"全体の奉仕者"です。**誰から見ても，どんな年齢層から見ても，"感じのよい人"をめざしましょう。面接官にも「この人と仕事がしたい」「この人を部下にしたい」と思ってもらえる人柄そのものだからです。**

入室時，明るく爽やかで，目がキラキラ輝いていて，口角も上がっていれば，文句なしに面接官は好印象を持ちます。自然にそんな表情ができればよいのですが，最初からできる人はまれです。でも心配ありません。訓練すれば誰でもできるはず。そのためのトレーニングを紹介します。

ここから先は鏡を用意してください。以下の項目を，その都度，鏡を見ながら，自分の目で確認してください。客観的に自分自身を見てみましょう。

1 口元と舌の位置を意識する

まず，あなたの普段の表情を確認しましょう。鏡にうつるあなたの口の形はどうなっていますか？

では，❶❷❸のいずれの人も，ここから口角を頑張って上げてみましょう。まず，思い切って口角を上げて笑ってみてください。その結果，❶と❸の人は笑顔が作りやすいはずです。一方，❷の人は，口を閉じたまま口角を上げることはなかなか難しいのではないでしょうか。

これには，意外な理由があります。それは，「舌の位置」です。口を閉じて舌の位置を確認してみてください。舌の先が「下の歯の裏」辺りにくっついている人は，口角が下がって，口元がへの字になりやすいのです（私もそうです）。さらに，そのままだと口角を上げにくいようです。

そこで，**意識して舌の先を上顎にくっつけて，そのまま鏡を見てください。**これだけで，多少，への字口が改善していませんか？　ここから，思い切って口角を上げてみてください。先ほどより口角が上がりやすくなったはずです。

個人差がありますので，鏡を見ながら自分でいろいろ試してみましょう。実際に鏡を見ながら動かすとわかりやすいはずです。

2 好感を持たれる笑顔に

面接では笑顔が大きな武器になります。好感を持たれる笑顔を作るには，口をしっかり横に開き，さらに口角を上げることがポイントです。鏡を見ながら，大きな声で「ハッピー」と言ってみましょう。**「ピー」の部分をしっかり伸ばすのがポイント**。恥ずかしがらずに大きな声を出してみてください。だんだん楽しくなってきますよ。

❶口元が真一文字

❸口角が少し上がっている

❷口元がへの字

3 声音を明るくする

次に，声のトーンや大きさを工夫してみましょう。スマートフォンを使って自分の声を録音すると，その変化がはっきりわかります。

「私の強みは，どんなときも落ち着いて行動できることです」

試しに，このセリフを録音してみましょう。次の2通りでやってみてください。

❶真顔（どちらかというと仏頂面）で声を出す

❷思いっきり笑顔を作って声を出す

いかがでしょう。❶に比べて，❷では自分の声が明らかに高くなったはずです。さらに，口を「左右」「縦横」にしっかり開いて声を出し，それも録音してみてください。**発音が明確になり，声のボリュームも上がったはずです。**

面接で損をするのは，残念ながら声が小さいタイプです。口を大きく開けて大きな声で答えればおのずと表情が豊かになり，印象は格段によくなります。

4 目をキラキラさせる

今度は目元にチャレンジです。目がキラキラして見える人は，やる気を感じさせることができます。マスク着用時や Web 面接では特に目の表情で印象が大きく変わります。鏡を見ながら，目を少しずつ開いていきます。どんどん開けていくと，瞳がキラッと見える瞬間がありませんか？

瞳の中にキラッと見えるものは，実は部屋のライトの光でした（笑）。目をぱっちり開ければ，目はキラキラに見えます。もちろん，相手がびっくりするほど開くのは不自然ですので，鏡を見ながら，どれくらい目を開けば自分の目が光って見えるか，まさに自分の「決め顔」を見つけましょう。

以上，ごく簡単にできる練習法を紹介しました。**面接の練習は，空き時間でも十分にできます。**勉強で疲れたときこそ，ちょっと鏡を見て，自分の口元や目の光を試しつつ，「なかなかいいじゃん！」と楽しんでください。きっと気分が上がりますよ。

COLUMN 気になる言葉遣い

面接の練習をしていると，学生たちのおかしな言葉遣いが気になります。たとえば次のような言葉です。

❶よろしかったでしょうか？ ❷お父さん，お母さん ❸いつもお世話になっております

❹○○とは違くて ❺わたし的には

❶丁寧に表現しているつもりだと思いますが，過去形にする必要はありません。今，会話している内容などを確認する意味なら，「よろしいでしょうか？」と現在形にします。

❷必ず「父」「母」と言いましょう。たまに「父が○○とおっしゃいました」と明らかな間違いを口にする人もいます。身内には尊敬語は使いません。

❸初めて会った面接官に「いつもお世話になっております」とあいさつする受験者がたまにいます。確かにビジネス上では社交辞令として使いますが，面接官には使う必要はありません。

❹最近頻繁に聞くようになりました。「○○とは違って」という意味だと思いますが，このような若者言葉を面接で使うのは NG です。

❺これも若者言葉の一種だと思いますが，最近は残念ながら，大人が使うシーンもときに目にします。面接では「個人的には」と言い換えるのが無難です。

ほかにもたくさんありますが，ここではパッと思いつくものを挙げました。言葉遣いは案外難しいものです。学生時代に正しい敬語を求められる機会が少なくなっていますので，急に面接の場で話そうとして不自然な敬語になってしまっても，ある程度はしかたがないことだと思います。しかしながら，合格・内定を勝ち取る受験者は，やはり違います。変な敬語や言い回しは決して使いません。言葉遣いはその人の品格につながります。面接では，受験者の「人となり＝人柄」が見られるわけですから，言葉遣いは，実は重要な評価要素なのです。

正しい言葉遣いは，相手に対する心遣い。適切に言葉を駆使することは，公務員になっても不可欠なスキルです。模擬面接などを通して，正しい言葉遣いを早く自分のものにしてください。

●面接当日の注意点

さあ，いよいよ面接当日。朝から緊張している人もたくさんいると思いますが，忘れ物をしないように気をつけてください。数日前から準備しなければならないものもあります。必要であれば，スーツやワイシャツ，ブラウスをクリーニングに出しておくこと。ヨレヨレでは印象が下がりますよ。

● 控え室ではどうする？

面接試験の待ち時間は予測できません。過去には半日以上待たされたという受験者もいました。時間を有効に使うには，面接カードのコピーや自分でまとめた面接対策ノートなどを見てイメージトレーニングするのが一番です。それに加えて，**面接官や職員に見られても問題のない参考書や書籍を持参すること**をオススメします。スケートの羽生氏のように，で音楽を聴いてリラックスしたいところでしょうが，スマートフォンを頻繁に見る・メールをする行為はもちろん，イヤホンをして居眠りをしている姿も控え室ではあまり好ましくありません。

もう一つ，学生からよく質問されることとして，控え室でほかの受験者と話してもよいのか，というものがあります。**「会話禁止」という決まりがなければ，周囲を見て，自然に会話しても問題ありません**。ただし，あなたが話しかけたくても，話しかけてほしくないオーラを出している人には話しかけるのは控えましょう。また，意気投合してしまい，気づいたときには大きな声でタメ語で話したりするのもNGです。どんなときも場をわきまえるのがマナーです。控え室の言動は，会話の内容も含めてチェックされている可能性があるので，注意してください。

● 最後に　～頑張るあなたへのメッセージ～

ここまで読み進めてくださりありがとうございます。私が担当したこの面接対策直前講義は，読み終えてみると，「なんだ，当たり前のことしか書いていないじゃないか」「もっとこれさえやれば絶対内定がとれる裏技みたいなものがほしいよ」と思う人がいらっしゃるかもしれません。

面接はあなたの真剣な思いを，ダイレクトに面接官の心に届け，"この人とともに働きたい"と面接官に納得してもらうことが一番大事なことです。志願者が減っても，面接の重要性は変わりません。**公務員だからこそ，裏技のような小手先のテクニックではなく，人としてどうあるべきかという正攻法を私はオススメします。**

あなたなら大丈夫，きっとできますよ！

あなたの夢を，あなた自身のやる気と勇気でどうぞかなえてくださいね。心から応援しています。

面接試験当日の持ち物チェック

- ☐ 受験票
- ☐ 受験案内の資料一式（万が一，電車の遅延などで遅刻をする場合の連絡先も必要）
- ☐ 面接カードのコピー（面接で記入内容と矛盾がないように最後まで要チェック）
- ☐ 自分で研究した面接対策ノートや本誌の「定番質問回答シート」（直前までチェックしたいもの）
- ☐ 参考書や書籍（控え室で読んでいてもおかしくないもの）
- ☐ 筆記用具
- ☐ 腕時計（スマートフォン，携帯電話は時計代わりにできない）
- ☐ マスク，携帯用の消毒スプレーなど
- ☐ ハンカチとティッシュ
　（花粉症で鼻水が出る人，涙が出た人はちゃんとふくこと）
- ☐ ストッキングの替え（女性）
- ☐ コンパクトな鏡（直前にネクタイや襟元をチェック）　等

上記以外に必要なものがある場合には，受験案内等の資料に記載されているはず。しっかりとチェックして見落とさないようにしましょう（例：証明写真，学生証，卒業証明書，健康診断書，印鑑など）。

水分補給のための飲み物や，のどあめなども持っていくとよいでしょう。常にベストな状態で臨むため，自分に合った必要なものをしっかり考えて準備してください。

PART 3

面接カードの まとめ方

～何をどう書く!? ～

面接対策を進めるうえで，面接カード作成は，最も重要な準備作業であるといっても過言ではない。ここでは，面接カード作成の「鉄則」を確認するとともに，受験者が書いた実際の面接カードを添削しながら，より良い面接カードを作るための方法をアドバイスする。

\ 面接カード作成の鉄則 /

伊吹文雄（いぶき・ふみお）

CDA（キャリア・デベロップメント・アドバイザー）。国家資格キャリアコンサルタント。長年にわたり，全国の大学において公務員試験の面接指導を専門に行っている。合格者のデータ分析から客観的合格基準を導き出し，勘や経験に頼らない面接指導を実践。法律系科目の講義，テキスト制作も担当している。

面接カード作成の鉄則

●伊吹文雄

面接カードで質問の内容が決まる！

面接カードは，面接試験の合否を左右する重要な書類です。すなわち，**面接カードの出来不出来が，面接での質疑応答の内容を左右し，受験者の評価に大きく影響を与える**のです。

その理由は，面接の実際を知ればわかります。面接官は面接カードの記入内容から，ある程度受験者の人物像をつかみ，受験者のどのような能力を検証すべきかなどを，あらかじめ決めています。面接では，それを検証する形で受験者に質問をしていくのです。短時間の面接で効率的に受験者の情報を引き出すためには，面接カードに基づいて質疑応答を行うのが有効だというわけです。

もし，面接カードに，面接官が検証したいと思う内容が書かれていなければ，面接官は，受験者に対して興味を持つことができません。面接官が検証したいのは，受験者の熱意や能力です。したがって，受験者は，面接カードの限られたスペースを精一杯使って，自己の仕事に対する熱意や仕事を遂行する能力を示して，面接官に興味を持ってもらわなければなりません。

以上のような理由から，**「全体から熱意や能力があふれ出るような面接カード」**に仕上げる必要があるのです。

面接カード作成で守るべきこと

面接カードを作成するためには，次のことを守ってください。

【自己分析・仕事研究から始める】

面接カードを書き始める前に必要な作業が，自己分析と仕事研究です。「なぜ公務員の仕事をしたいのか」を明確にしなくてはなりません。自分の過去を振り返るとともに，公務員の仕事内容について，しっかりと調べましょう。その内容をもとに，ほとんどの面接カードにある以下の項目から考え始めます。それは，**①志望動機，②自己PR，③今までに最も力を入れてきたこと**，の3つです。40〜41ページを参考にしてください。

【十分に時間をかける】

自己分析・仕事研究と，そこから得られた情報の取捨選択，文章表現，推敲など，実際に記入するまで，かなりの準備が必要になります。**早目に着手し，できる限りの時間と労力をかけて作成してください。**時間と労力をかけずに，短時間で作成した面接カードは，一見してそうだとわかります。これでは，受験者の積極性や計画性が感じられず，かなりのマイナスイメージとなってしまいます。

面接カードの記入項目は，年度によってそれほど大きく変わるものではありません。受験先の面接カードの形式がわかっているなら，記入する内容を準備しておきましょう。わからない場合は，本誌に掲載されている面接カードの見本などを参考にしてください。これは，面接カードが面接当日に会場で配布される場合も同じです。短時間で記入できるよう，前もって書くべき内容を固めておいてください。

面接カード作成のポイント

記入前に自己分析・仕事研究を行う
（いきなり書き始めるのは厳禁）

記入の際の注意点

十分に時間をかける	問われていることを理解する
言いたいことを絞る	わかりやすい文章にする

内容面のブラッシュアップ

オリジナリティを持たせる	エピソードを効果的に用いる
能力発揮行動のレベルを高く	全体のバランスを考える

提出前の確認

第三者に見てもらう	コピーを取っておく

面 接 カ ー ド （一般職大卒） 2023

このカードは人物試験の際に質問の参考資料とするものです。直接入力してA4で3部印刷、又は、A4で用紙を
印刷後ボールペンで記入して3部コピーのいずれかで、人物試験当日に持参してください。（様式の変更は禁止）
なお、出身校や会社名などが特定されるような記入は避けてください。（該当する□には✓を付けてください。）

試験の区分	第1次試験地	受験番号	ふりがな
			氏 名

[最終学歴]　　　　　　　　　　　　※西暦
□ 大学院
　□ 博士・□ 修士・□ 専門職
□ 大学
□ 短大・高専・専修学校
□ その他（　　　　　　　）
[専攻分野]

□ 修了・卒業（　　　　年　　月）
□ 在学（　　年　　月　修・卒見）
□ 中退（　　　　年　　月）

[職 歴]
□ ある　　□ ない
主な職種

[志望動機・受験動機]

[志望官庁等]

[これまでに取り組んだ活動や体験] 達成感があったと感じたり、力を入れてきたりした経験について、
　簡潔に記入してください。
○ 学業や職務において

○ 社会的活動や学生生活において（ボランティア活動、サークル活動、アルバイトなど）

[関心事項] 最近関心を持った社会問題や出来事、日頃興味を持って取り組んでいることなど

[趣味、特技など]

[自己PR] 長所や人柄について

どの項目も，記入できる文字数が少ないので，簡潔にまとめましょう。文字の大きさにもよりますが，1行当たり30〜35文字が妥当です。なお，PDFに直接入力して印刷してもかまいません。

［志望動機］は，「志望官庁等」の仕事の性質に合わせたものを書いておくと，面接で受け答えがしやすくなります。

［これまでに取り組んだ活動や体験］では，コンピテンシー評価に対応できるよう，エピソードをしっかりと示すことが大切です。

【問われていることを理解する】

文章を作る前に，各記入項目において何が問われているかをよく確認し，求められていることだけに答えるようにします。たとえば，「志望動機」とは何か，動機という言葉の意味を考えたり，「自己PR」でアピールする長所と「力を入れて取り組んだこと」でアピールする長所は何が違うのかを考えたりして，面接官の求めることにしっかりと答えられるようにしなければなりません。

「志望動機」として，志望先の仕事の内容や仕事の重要性を長々と説明していたり，「自己PR」や「力を入れて取り組んだこと」として，うれしかったことや感動した感想のみを書いていたりするものをよく見かけます。しかし，面接官は，このようなものを求めているのではありません。面接カードのそれぞれの質問項目において，面接官が「何を検証しようとしているのか」を理解しましょう。

【言いたいことを絞る】

志望動機やセールスポイントは，思いついたものをすべて書きたくなるものです。しかし，これらは多くなるほど，かえって説得力を失います。しかも，面接官の受験者に対するイメージも希薄になってしまうので注意してください。面接官に興味を持ってもらうためには，**面接カードの各欄には，メインとなるものを1つだけ書くこと**です。そして，それを説得的に論じるようにしましょう。

東京都Ｉ類Ｂ
（一般方式）
（行政〈新方式〉）

罫線がないので，文字の大きさや各項目の行数など，自分でレイアウトを考えて，読みやすい面接カードにすることが大切です。鉛筆で薄く罫線を引いてから記入するのもオススメ。もちろん，鉛筆の線は後で消しゴムできれいに消しましょう。3，4，5は，記入欄の大きさから判断して，5行程度が妥当でしょう。なお，各項目ともパソコン等でPDFファイルに入力することも可能です。

一番下に「希望する行政分野」の記入欄があります。ここは，環境，都市づくりなど7分野から選択することになっていますので，4の『志望理由』や5の「やってみたいこと」と統一性を持ったものを選びましょう。

令和5年度
Ｉ類Ｂ　面接シート【1】

フリガナ	
氏　名	

一般方式　行政（新方式）
※ICT（新方式）の方は、「Ｉ類Ｂ　面接シート【2】」を使用してください。

受験番号		2次　　月　　日　　組	

1　あなたがこれまでに学習したこと又は研究した内容などを書いてください。受験する試験区分に関係するものがある場合は、そのことを中心に書いてください。

2　あなたがこれまで力を入れて取り組んだことについて、取組期間も含めて書いてください。
　（3つ以内・箇条書き）
①
②
③

3　これまで取り組んだことのうち、成果や達成感を得た経験（1つ）について、あなた自身の行動を中心に具体的に書いてください。

4　東京都を志望した理由について書いてください。

5　東京都に採用されたらやってみたいことについて、具体的に書いてください。

職歴	□在職中（経験　　社/在職期間　　年　　月）　□離職中（経験　　社/在職期間　　年　　月）　□職歴なし
希望する行政分野	1　　　　　　　　　　　　　　　　　　2

※ 出身学校名（留学先学校名を含む。）や、それが分かるようなことは記入しないでください。

[わかりやすい文章にする]

面接カードの文章は，「一読しただけで理解できる」ものでなければなりません。伝えたいことがどこに書いてあるかわからないような文章では，面接官は興味を持ちません。それどころか，文書作成能力も疑われかねません。わかりやすい文章を作るためには，次の3点を心掛けてください。

第一は，**「結論を先に述べる」**ことです。結論Aを先行させ，その後に理由Bや具体例Bを書くのです。「AなぜならB」「AたとえばB」というパターンであれば，論旨が明快で，説得力のある文章になります。

第二は，**「簡潔な表現を用いる」**ことです。一文の中に修飾語や挿入句がいくつもあって，主語・述語の対応関係や係り受けが不明確で，読みにくいものを見かけます。冗長な表現は，言いたいことが伝わりにくいだけでなく，面接官の読む気を削いでしまいます。長い文には共通の特徴があります。なかでも「〜ですが」という表現が目立ちます。このような場合，「〜です。」と一度文章を区切ればよいのです。まず，一文は短くまとめましょう。

次に，エピソードを書く場合には，「行動目標は何か」「どのような困難を解決したか」など，要点のみを記述しましょう。時系列での物語のような記述を見かけますが，これでは，どこに何が書いてあるかわからなくなってしまいます。アピールにつながらない事実は省きましょう。また，表現上の技法（修

辞）も不要です。誰が読んでも間違いなく意味が通じればいいのです。

第三は，**「見た目を考える」**ことです。文字数が多い場合は，段落分けなどのレイアウトの工夫も必要となります。これも，どこに何が書いてあるかをわかりやすくするためです。

【第三者に見てもらう】

書き上げた文章は，アピール度の高いものになっているか，表現は適切かなど，何度も推敲を重ねてください。書いたその日は満足できるものであっても，数日後に見直すと，反省点が出てくることが珍しくありません。自分で納得のいくまで推敲してください。最後は，第三者に見てもらいます。できれば，**面接に精通した指導者的立場にある人にチェックしてもらう**のがよいでしょう。

【コピーを取っておく】

清書した後は，**コピーを取っておき，面接までに，面接カードに基づく想定問答を繰り返してください**。その際には，答えを丸暗記してはいけません。

面接官との自然な会話ができなくなってしまうからです。何について話すかという要点だけを確認するのがよいでしょう。

内容は常にブラッシュアップ

ここからは，実際の面接を想定して「何をどのように書くか」ということを説明します。

最も重要なポイントは，面接官に「興味を持ってもらう」ということです。面接カードの記載から，「この話をもっと聞いてみたい！」と思わせることができれば，面接はスムーズに進んで，自己のアピールポイントを伝える機会も増えます。そのためには，以下の点が重要です。

【オリジナリティを持たせる】

多量の面接カードを読んでいる面接官に，ほかの誰でもなく「自分」に興味を持ってもらうには，**ほかの受験者との差別化を図るだけのオリジナリティが必要です**。

面接カードにオリジナリティを持たせる一つの

COLUMN 面接カードは見た目が大事！

面接官は，受験者の面接カードを読むことで，受験者のイメージ（第一印象）を形成します。よいイメージを与えられるように，次の点に気をつけましょう。

● 指定を守る・記入漏れがないようにする

生年月日は西暦か年号か，氏名の「ふりがな」は，カタカナかひらがなか，など，体裁上の指定を守りましょう。

また，「記入上の注意」がある場合は，それを守ってください。記入漏れがないように，必要項目はすべて書きましょう。

● 文字は適切な大きさで，丁寧に書く

面接官が読みやすい文字の大きさで書きましょう。記入欄の大きさにかかわらず，文字は一定の大きさで書くようにします。

走り書きにならないよう，一文字一文字を丁

寧に書いて，誠意や意欲を伝えましょう。さらに，文字の濃さや太さにも注意を払ってください。筆記用具の選択も重要となります。

● 誤字・脱字に注意

誤字・脱字，言葉の意味の取り違えは，受験者が真剣に取り組んでいないという印象を与え

てしまいます。文章を書く際には常に辞書を引きながら書く習慣をつけてください。

● バランスよく文字を配置する

レイアウトのきれいなものは，面接官の読む気を促します。記入欄に空白を作ったり，記入欄から文字がはみだしたりしないように，計画性をもって記入しましょう。

記入を始める前に，記入欄の大きさと文字の大きさから，各記入欄における行数と1行当たりの文字数を計算して，バランスよく文字を配置するようにしてください。

茨城県

1枚目はよくあるタイプです。志望した動機・理由，自己PR，職員として取り組みたいことを有機的に結びつけましょう。これも罫線がないタイプなので，文字が曲がらないように注意しましょう。

2枚目は特徴的です（上半分のみを掲載。下半分は併願先の記入欄など）。主に人柄を見ようとする質問項目なので，矛盾が生じないように正直に記載すればよいでしょう。もっとも，あまりにも職業適格性を欠くような内容にならないように注意すべきです。

面接票

【試験区分】大学卒業程度　　　　　　　　　　　　　　　　　　　　　茨城県人事委員会

職種	事務（知事部局等B）	受験番号		フリガナ		年齢
				氏名		満　歳

本県の職員を志望した動機・理由

最終学歴		趣味・特技、特筆すべき資格等
学校・学部・学科名		
主な専攻内容		

これまでに経験した主な部活動、サークル、ボランティア活動等の名称・期間・内容
（役職等の経験があれば、併せて記入してください。）

主な職歴（アルバイトを含む）

勤務先（業種）	期間 [例]**年**月～**年**月	内容

あなたが自覚している自分の性格

長所		短所	

自己PR（あなたが得意なこと、これまでに力を入れてきたことなど、自由に記入してください。）

本県に採用されたら職員として取り組みたいこと（勤務希望課等を含め、具体的に記入してください。）

最近関心を持っていることとその理由

次の不完全な文章を読み、最初に浮かんだあなたの考えをそのまま書き足して、文章を作ってください。

(1) 子供のころ私は	
(2) 私は	だけは誰にも負けない。
(3) 家では	
(4) 私が悩んでいることは	
(5) 私はよく人から	
(6) 私は	譲れない。
(7) 今までで一番楽しかったのは	
(8) 今までで一番辛かったのは	
(9) 私がいらいらするのは	
(10) 茨城県は	するべきだ。

方法は，**「自分の言葉」で書くこと**です。たとえば，志望動機で見かける，「まちを元気にしたい」「人々の暮らしをよくしたい」というような，ありきたりの言葉では，面接官は興味を示しません。面接官が知りたいのは，その具体的内容です。すなわち，「元気なまち」とはどのようなまちなのか，「よい暮らし」とはどのような暮らしなのか，といった，受験者のまちづくりに対するビジョンを知りたいのです。同様に，パンフレットやホームページから引用した文章や，説明会で聞いた話をそのまま引用している文章もいけません。自治体の特徴や課題など，自分の目で見たり感じたりしたものについて述べ，オリジナリティを持たせましょう。

もう一つの方法は，**エピソードで主張の裏づけをすること**です。「志望理由」や「やってみたい仕事」については，その結論を述べるだけだと，他人と同じになってしまいがちです。差別化するためには，エピソードを有効に使うことが大切です。同じような志望理由でも「なぜそのように考えるようになったのか」は，人それぞれで異なるはずです。「…を体験したから」「…を学んだから」と，エピソードを述べることによって，オリジナルの志望理由となります。

【エピソードを効果的に用いる】

エピソードは，前述のように他者との差別化を図るために有効ですが，さらに，面接官の質問を誘発するためにも大切なものです。

具体的なエピソードがあれば，それに興味を持った面接官は，「それはどのような状況だったのか」「そのときに何を考えたのか」「なぜそのような行動をとったのか」「次にどのような行動をとったのか」と，どんどん質問したくなるものです。こうなれば，面接をリードしているのは，受験者のほうだということになります。

ただし，このように質問を誘発するためには，**エピソードを具体的に書かなければなりません**。エピソードが抽象的だと，興味を持たれず，「だからどうなの？」で終わってしまう可能性が高くなります。

もう一つ，エピソードを書くときに注意すべきことがあります。それは，エピソードが単なる思い出話に終わらないようにすることです。実際の面接カードを見ても，「…頑張りました」という単なる努力談に終始しているものや，「…が大切だとわかりました」と気づきを書いているだけのものがとても目立

ちます。面接官はあなたの思い出話を聞きたいのではなく，あなたの能力を評価したいのです。つまり，エピソード「を」書くのでなく，**自己のセールスポイントをエピソード「で」書く（証明する）**のです。

この点，「どのような目標でものごとに取り組み，どのような問題をどのように解決し，何を学んだか」が書いてあると，これまでの成長の過程がわかり，将来の伸びが期待されます。さらに，そこで学んだことを「どのように活かしたか」があれば，現場での対応力も期待してもらえます。

【能力発揮行動のレベルを高く】

面接カードでは，**仕事で発揮できる能力の高さをエピソードで示さなくてはなりません**。たとえば，社会性の評価では，「相手の価値観を理解した」ことよりも，「相手の価値観を積極的に受け止め，新たな関係を築いた」ことのほうが，関係構築力を高く評価されます。また，「メンバーの信頼を得ることができた」ことよりも，「メンバーのやる気と協力を促すことができた」ことのほうが信頼関係を高く評価されます。

なお，どのような能力が評価されるかは，受験先によって異なりますが，「集団の中で発揮できる能力」は，比較的評価が高くなります。なぜなら，チームワークが必要とされる仕事は少なくないからです。リーダーシップがとれる人はもちろん，そうでなくても，組織の中で自己の位置を意識し，組織の活動に寄与できる人は，職場に必要な人だと感じてもらえます。

【面接カード全体で人柄を表現】

ここまで見てきたように，面接カードはあなたの分身です。各欄の記入内容でいろいろな側面を見せて，自分を存分にPRしてください。

ところで，一般に自己PRは，「アピールポイント→エピソード→仕事への活かし方，という順に書く」といわれます。そのせいか，「志望動機」や「力を入れて取り組んだこと」など，すべての項目について，同じパターンで書かれているものも見受けられます。

しかし，すべての項目について同じパターンで書く必要はありません。たとえば，「志望動機」では仕事に対する意欲を，「取り組んだこと」では仕事に必要な能力を身につける努力を，「自己PR」では身につけた能力を活かして貢献する方法を中心に書くなどして，メリハリをつけるようにしましょう。面接カード全体で，自己のPRとなればよいのです。

● [項目別] 記入のポイント

面接カードの記入項目は試験によってさまざまですが，ここでは記入の注意点を項目ごとに見ていきましょう。

面接カードの項目で特に重要なのは，「志望理由」「自己PR」「最も力を入れて取り組んだこと」の3つです。この3つはほとんどの面接カードで記入を求められるため，「三大質問」と呼ばれることもあります。繰り返しになりますが，いずれの項目もいきなり書き始めるのは厳禁です。**まず，盛り込む内容の「候補」を書き出します。**以下，三大質問については書き出すべき項目の例を挙げますので，参考にしてください。それをもとに，自分をよりアピールできる内容にまとめていきます。記入欄の大きさに合わせて仕上げましょう。

志望理由のポイント

志望理由は，「この官庁（自治体）だからこそ働きたい」という意欲・熱意を伝えるようにします。そのためには，「自分自身のこと」を書かなければなりません（志望先の業務内容やその重要性を説明するものではありません）。以下のステップを踏んで考えるとよいでしょう。

☑ 志望理由をまとめる前に

- □ いつ，どのようにして，その仕事に興味を持つようになったのか（きっかけ）
- □ 仕事に対して，どのような価値を見出しているか（価値観の実現，学んだことが活かせるなど）
- □ 具体的にどのような分野に携わりたいのか（福祉，労働，産業，教育など）
- □ どのような経験から，その仕事に興味を持ったのか（経験，大学での研究など）
- □ 志望先ではどのようなビジョンに基づき，政策・立案がされているのか（まちづくりの目標など）
- □ 自分が携わりたい業務は，志望する官庁・自治体でどのように行われているのか
- □ 自分が職員になったら，その業務をどのように進めていくのか
- □ 公務員でないとダメなのはなぜか，民間企業ではダメなのか
- □ 携わりたい業務は，国・都道府県・市町村で何が異なるのか

まずは，いつ，どのようにしてその仕事を知り，どのような点に興味を持ったのかというきっかけを考察しましょう。

ただ，きっかけだけでは，仕事に対する意欲・熱意を示すことはできません。そこで次に，なぜ，自分はそのような仕事にかかわりたいと思ったのかという理由を考えます。これまでに体験してきたことや，大学で学んだことなどを思い出して，どのような点からその仕事に意義を見いだしたのかという，自己の価値観を明らかにしていくのです。

最後に，志望先で働くことで，自己の価値観をどのように実現できるのかを考えます。

以上をもとに，**①志望先において，国民や住民のためにどのような社会を実現したいのか，②そのように思う理由は何か，③具体的にどのような業務に従事したいのか**，を示すことができれば完成です。

文章を作った後は，どの官庁・自治体でも成り立つようなものになっていないかという点をチェックします。「なるほど，それなら○○市を志望するわけだ」と面接官が思えるようなものにしましょう。

自己PRのポイント

自己PRでは，自己が受験先の求める人材であるということを強くアピールします。典型的な自己PRの書き方としては，**①アピールポイントの明示，②アピールポイントを裏づける行動（エピソード），③アピールポイントの仕事での活かし方**を順番に説明していくというものがあります。

アピールポイントを明示するときには，「積極性があります」「社会性があります」というような個性のない言葉ではなく，「私は○○を考えて行動します」「私は○○を達成しました」というように，他者との差別化を図ることのできる個性的な表現を心掛けましょう。その際，**エピソードは具体的かつ簡潔に書いてください。**欄が小さくても，「具体的には○○を行いました」というように，一言でもエピソードを添えましょう。なお，アピールポイントにしろ，そのエピソードにしろ，自己の特徴を最もよく表すものを1つだけ挙げるのが原則です。多く書くほど人物像が希薄になって，面接官の印象に残らなくなるからです。

☑ 自己PRをまとめる前に

- ☐ これまで経験したことで，「成功した」と思えることは何があるか
- ☐ これまで経験したことで，自分が「活躍できた」と思える場面はどのようなものか
- ☐ 成功した，活躍できたというときには，どのような能力を発揮できたのか
- ☐ 自己の経験をやってみたい仕事にどのように活かせるか
- ☐ 自分は，周囲の人からどのような人だと思われているのか，そのように思われる理由は何か
- ☐ 自分はどのような人間だと思うか
- ☐ 特技や人に自慢できることには何があるか
- ☐ 自分のどのような点が，公務員にふさわしいのか

☑「最も力を入れて取り組んだこと」をまとめる前に

- ☐ 目標を持って取り組んだことには何があるか
- ☐ なぜ，そのようなことに取り組もうとしたのか
- ☐ 目標達成のために，どのような課題を設定したか
- ☐ 難しかったこと・困難だったことは何か
- ☐ 困難をどのような工夫や努力で乗り越えたのか
- ☐ グループの中での自分の役割は何か
- ☐ グループのメンバーに与えた影響は何か
- ☐ 取組みの結果，どのような成果を得られたのか
- ☐ 成功した点，失敗した点には何があるか。その原因は何か。
- ☐ 取組みによって何を学んだか，どのように成長することができたのか
- ☐ 取組みで得られたものをその後活かしているか

仕事での活かし方では，単に，「これを○○市の仕事で活かしたい」と書くのではなく，より具体的に，「○○という業務では，○○という能力を活かして○○という成果を上げたいと思います」と，「やってみたい仕事」を遂行する能力を示すようにしましょう。

「最も力を入れて取り組んだこと」のポイント

「最も力を入れて取り組んだこと」を聞くのは，受験者がこれまでの経験から何を学び，どのように成長してきたのかを知ることによって，今後の伸びが期待できるかどうかがわかるからです。また，将来どのような仕事を任されてもやり遂げられる（一定の成果を出せる）能力も検証できるからです。

したがって，ここでは，何に取り組んだかよりも，**どのように行動したかという過程をしっかりと示しましょう**。たとえば，ものごとに取り組むときには，いわゆるPDCAサイクルのように系統だった行動を実践したエピソードを示すことが考えられます。具体的には，①**どのような目標を達成するために，どのような課題を設定したのか**，②**取組みの中でどのような困難があり，それをどのような工夫や努力で乗り越えたのか**，③**成果は得られたか，そこから学んだことは何か**，④**学んだことを活かして，次に，どのように取り組んでいくか（今のどのようなことに取り組んでいるか）**を示すのです。

なお，エピソードは，成功体験だけではなく失敗体験でもかまいません。むしろ，失敗体験のほうが，PDCAサイクルを通じて，自己成長を図ってきたということを示しやすいといえます。失敗から何を学んだか，それをどう活かしたかということをしっかりと述べればよいのです。

採用されたらやってみたい仕事

志望動機で挙げたまちづくりのビジョンを実現するために，具体的にどのような仕事をやりたいかを示します。自己のセールスポイントや長所を活かせるものなら体系だった話もできます。志望先の仕事内容の研究は必須ですが，**業務説明にならないように注意**しましょう。

最近関心を持った事柄

時事問題を取り上げるなどして，**視野の広さや考察力などを表しましょう**。評論をするのではなく，関心を持ったことについて，しっかりと考えたり行動してきたことを示しましょう。

趣味・特技

趣味・特技のいずれでもよいので，**自分の人柄を示す（アピールできる）素材を示しましょう**。「ストレス解消」というのでは，やや消極的です。対人関係やものごとに取り組む「前向きな姿勢」につながるような表現をしましょう。

面接カード

※このカードは，人物試験の際の質問のために参考資料として使用するものです。

ふりがな 氏　名		[男・<u>女</u>]	年　齢 生年月日	歳 昭和・平成　　年　　月　　日
最終学歴	☑大学　□卒業（修了）（　　年　　月） □大学院　☑在学（　　年　3月卒（修）見込） □その他　□中退（　　年　　月） 〔　　　　　　　　　　　　　〕			職　歴 □有　職種 〔　　　　　　　　　　　〕 ☑無
志望先 （職種まで）	国家一般職`行政 関東甲信越上地域`		※志望官庁（国家総合職・一般職志望の場合） ・出入国在留管理庁 ・	

志望動機・理由

① 私はかねてより「誰ひとり置いていかない」をモットーにして、1人1人との対話を軸にして仕事をしたいと考えておりました。また、大学にて国際関係論を専攻し、外国人と日本人の共存について興味をもって② 考えました。出入国しようとする人々や在留外国人と面と向かって業務をすることで、外国人と日本人の共生社会を支えたいと考え、出入国在留管理の仕事に就きたいと思いました。

採用されたらやってみたい仕事

③ 日本に在留する外国人の申請を受け、審査することで外国人と日本人が安心・安全に共存できる社会に資することができる、在留管理の業務に携わりたいです。

専攻した分野・得意とする分野（学業や職務経験において）

国際関係論を専攻しています。国際法の観点から、在留問題の解決方法を研究します。

最近関心を持った事柄（社会生活，時事問題，世界情勢等）

カーボンニュートラルに向かって、国際社会の動きが一層加速していることに関心を持っております。④ 特に、日本は国際社会から遅れると指摘されることもあったので、今後の施策と効果に注視したいと思います。

今までに，最も力を入れて取り組んだこと

⑤ 高校時代は、ボート部に所属しました。団体競技での全国大会入賞を目指していましたが、他クルーと比較して体格が劣る理由で関東大会首位通過後に選手交代を命じられました。素早く気持ちを切り替え、弱点をカバーできる他の強みを得ようと動き出しました。他部員が苦手とするポジションに手を挙げた漕ぎ方や声掛けを身につけることで、以後の大会ではAクルーに戻りクルー新記録を更新しました。推進力を失わないこと、団体が必要とする役割を見つけ出すことを学び、現在にいきています。⑤

趣味，特技

2歳の時、習い始めた英会話を趣味として継続しており、オンライン交流会などに参加しています。

自己PR

1人1人との対話を重視し、関係を構築できます。⑥ アルバイト先の集団指導塾では、授業時間外の雑談を通じ生徒との距離を縮めました。親しくなった生徒から、「実は授業についていけない」「習い事の両立が辛い」などの本音が聞けました。個別指導への誘導を提案するなど適切な対応をすることで、退塾生を減らしました。⑥ 対話力をいかし、外国人の不安を解消して成果を上げたいと思います。

添削とアドバイス

全体の印象 読みやすい文字で丁寧に書かれており，比較的バランスの取れているレイアウトになっているため，見た目の印象は良いです。内容的にも志望理由，自己PRなどが一貫しているので，わかりやすい面接カードになっています。

こ・う・す・れ・ば・よ・く・な・る！

❶ 「誰ひとり置いていかない」，そのために「1人1人との対話を軸にして仕事をしたい」というのが抽象的です。SDGsの理念を意識したのかもしれませんが，その具体的内容が書かれていないため，なぜ「対話を軸」にすればそれを達成できるかが伝わってきません。ここでは，どうして「誰ひとり置いていかない」をモットーとするようになったのかという経験を具体的に書くと説得力のある文章になります。

❷ 外国人と日本人の共生社会についてどのような問題意識を持っているかが伝わってきません。出入国在留管理の業務で解決できる問題は何かを示しておくと説得力のある文章になります。

❸ 志望動機・理由とは別に採用されたらやってみたい仕事を問われているのですから，志望動機・理由では，仕事選びの理由となった理念や体験を，採用されたらやってみたい仕事では，採用先の具体的業務を示すとよいでしょう。たとえば，外国人在留総合インフォメーションセンターの相談窓口で在留資格等に関する手続の案内をしてみたいとか，在留支援担当部門で生活全般に係る相談に対応したいなど，業務内容を調べて書くとよいでしょう。

❹ 第三者的な立場を感じさせるこのような文章では，面接官の興味を引きづらくなります。自分自身で発見した問題の所在や，今後国がどのような方針を取るかなど，独自の見解を書くと面接官の興味を引きやすくなります。

❺ できれば大学時代の話題を取り上げましょう。高校時代の話だと，大学時代に力を入れてものごとに取り組んでこなかったと思われる可能性があるからです。もちろん，高校時代の努力が現在の取組みにも活きているなら，高校時代のエピソードを入れるのは悪くありません。その場合は，高校時代の体験を簡単に書いて，それを大学時代にどのように活かしてものごとに取り組んでいるのかを詳しく書くとよいでしょう。

❻ 自己PRを具体的な業務に活かせるとアピールしている点は良いでしょう。もっとも，塾の生徒との対話で，距離を縮めたり本音を聞き出したりするのは，ある意味当然のことでもあり，コミュニケーション能力や関係構築力のコンピテンシーとして特段に高くは評価されません。できれば，生徒ではなく，塾長との交渉，保護者への対応などで，コミュニケーション能力や関係構築力を示すことができればもっと良くなるでしょう。

アドバイス

「志 望動機・理由」では，職業選択においてどのようなことを重視しているかを示すことは重要ですが，さらに，なぜそのように考えるようになったかという理由も大切です。また，「今までに最も力を入れて取り組んだこと」については，何に取り組んだかということよりも，どのように取り組んだのかを重視して書くと良くなります。エピソードを書くときには，単なる思い出話やエッセイにならないように注意してください。たとえば，どのような目標を掲げたのか，それを実現するためにどのような課題を設定したのか，その課題を解決するためにどのような工夫や努力をしたのか，そのような体験から自己がどのように成長してきたかを示すとよいでしょう。

PART **3** 面接カードのまとめ方

面接カード

※このカードは，人物試験の際の質問のために参考資料として使用するものです。

ふりがな 氏　名	[男・女]	年　齢 生年月日	昭和・平成　年　月　日　　　・　歳

最終学歴	☑大学　□卒業（修了）（　年　月） □大学院　☑在学（　年3月卒（修）見込） □その他　□中退（　年　月） 〔　　　　　〕	職　歴 □有　職種〔　　　　　〕 ☑無

志望先 （職種まで）	つくば市役所事務職	※志望官庁（国家総合職・一般職志望の場合） ・ ・

志望動機・理由
つくば市の教育に貢献したいと考え志望しました。私は大学で教職課程を履修していますが、その中で教師の労働環境について問題意識を持つようになりました。つくば市では教師の働き方改革を推進しており、私もそれに携わりたいと考えています。教師や児童生徒、地域のそれぞれに良い影響を与えられる教育環境を作り、今後のつくば市の成長に貢献したいと考えています。

採用されたらやってみたい仕事
教職員の働き方改革の推進です。外部機関との連携も図りながら教職員の労働環境を整え、ワークライフバランスのとれるようにしていきたいと考えています。

専攻した分野・得意とする分野（学業や職務経験において）
哲学、倫理学を専攻しています。特に、教育哲学について研究したいと思っています。

最近関心を持った事柄（社会生活，時事問題，世界情勢等）
私が今気になっているニュースは、つくば市の小中学生が考えた"幸せな学校づくり"ルールのプレゼンです。つくば市のこれからを担う小中学生が自分たちで対話しそれを発表する機会を設けることは、児童生徒の成長の手助けとなると考えました。

今までに、最も力を入れて取り組んだこと
私は大学生活においてアルバイトに励んできました。家庭教師会社の事務スタッフとして働いており、現在はリーダースタッフとして責任感を大切にしてアルバイトをしています。業務の中でアルバイトのスタッフの間での引き継ぎに漏れがあり、教師や保護者に迷惑をかけてしまったことがありました。そこで毎日引き継ぎをするよう1人1人に声掛けをし、連携に漏れのないよう徹底しました。

趣味，特技
音楽を聴くことが好きです。音楽フェスやライブに行くことも大好きで友人や後輩と一緒に行っています。

自己PR
私の長所は、何事にも冷静に対応できるところです。アルバイトの業務の大半は電話対応ですが、その中で保護者や教師からクレームが来ることもあります。その際も落ち着いて相手の抱えている問題を聞き出し、その都度最善の解決策を提示します。こちらが取り乱してしまうと、相手の抱えている問題は解決できません。市民の方と接する際も、この冷静さを活かし、安心して相談していただけるようにします。

※実際の面接カードは内容・体裁が異なります。記入済みの面接カードを70%程度に縮小して掲載しています。

添削とアドバイス

全体の印象 文字の大きさや文字間隔が適切であり，かつ，一文字一文字を丁寧に書いていることから，読みやすい面接カードとなっています。各項目とも平行に真っすぐ書けている点も GOOD。あえていえば，「志望動機・理由」の4行を，記入欄にバランスよく配置できるとより良かったです。

こ・う・す・れ・ば・よ・く・な・る！

① 市の事務職を志望する理由としては視野が狭く感じられます。特に教師の働き方改革に携わりたいというのは，採用されたらやってみたい仕事としてはともかく，事務職の志望理由としては説得力が足りません。ここでは，市民のニーズや市政方針などを考え，市民のためにどのようなまちづくりをめざすのかというビジョンを述べると良くなります。

② 「市の成長」の内容が伝わってきません。たとえば，経済的な成長であるとか，安心して暮らせるまちづくりなど，具体的に書きましょう。

③ 志望理由で示したことの繰返しとなっています。しかも，教職員のワークライフバランスを確保することが，「市の成長」とどのように関係してくるかがわかりません。志望理由であなたのまちづくりビジョンを示し，そのためには，この仕事が必要だ，この仕事に就きたいという論理性を考えて書くと説得力が増すでしょう。

④ ここでは，これまでの研究からわかったことなど，学習の成果が表れるものを書きましょう。今後の研究テーマを書く場合は，なぜそのようなテーマを取り上げたいのかという理由を示すと良くなります。

⑤ アルバイトでどのような仕事をしていたか

を長々と書く必要はありません。面接官が知りたいのは，あなたがものごとにどのように取り組んできたかの姿勢です。

⑥ 単なる事実を説明しているだけで，何をアピールしたいのかがわかりません。問題解決能力を示したいなら，たとえば，具体的にどのような問題が生じたのか，そのような問題が生じる原因を分析し，その原因を除去するためにどのようなことに取り組み，努力や工夫を重ねたのかを示しましょう。

⑦ 音楽鑑賞はよくある趣味です。他人との差別化を図り，面接官に興味を持ってもらうためには，趣味を通じて何をアピールするかを考えて書きましょう。

⑧ エピソードが抽象的です。クレーム対応のエピソードを書くなら具体的に示し，「そのような状況でよく冷静に対処できたものだ」と思わせられれば冷静さをアピールできます。

⑨ やってみたい仕事で，教職員の働き方改革における外部機関との連携や，ワークライフバランスの確保を挙げているのですから，冷静さはそのような仕事ができるというアピールにつながる事項を記載しましょう。外部機関との連携ならたとえば交渉力を，教職員の労働環境改善なら現状認識力や分析力などを示すのもよいでしょう。

アドバイス

「**志**望動機・理由」と「採用されたらやってみたい仕事」は異なるものだということに気をつけましょう。たとえば，志望動機ではまちづくりのビジョンを示し，やってみたい仕事ではそのビジョンの実現の方法としてどのような仕事を希望するのかを示します。なお，志望動機・理由が「この仕事がしたい」という主張ばかりだと，面接官に，「あなたのためにその仕事があるのではない」と思われかねません。志望動機を書くときは，市民のニーズをつかみ，それを実現しようとする気持ちが伝わるようにしましょう。また，エピソードを書くときは，いつ，どこで，何を，どうしたのかなど，具体的な事実を示すことで，説得力のある文章となります。

面接カード

※このカードは，人物試験の際の質問のために参考資料として使用するものです。

ふりがな ①		年　齢				歳
氏　名	[男・女]	生年月日	昭和・平成	年	月	日

最終学歴	☑大学　☑卒業（修了）（　　年 3月） □大学院　□在学（　　年　　月卒（修）見込） □その他　□中退（　　年　　月） 〔　　　　　　　　　　　〕	職　歴 □有　職種 〔　　　　　　　〕 ☑無

志望先（職種まで）
国家一般職 行政区分 関東甲信越地区

※志望官庁（国家総合職・一般職志望の場合）⑤
・運輸安全委員会
・地方検察局

志望動機・理由
② 国家全体を根底から支え、国民が安心して暮らせる社会を守ることに貢献したいと考えたからです。③公務員の仕事は法令や政策の施行を通して国家全体を支えるといった、簡単には他の主体への代替が不可能なものであり、その強い使命感やスケールの大きさに魅力を感じました。④私も法令や政策の施行を通し国民の生活を支えたいと思い、志望しました。

採用されたらやってみたい仕事
⑤ 国内の交通報を支える仕事を行ないたいと考えています。⑥交通報は旅客や貨物輸送において国民の生活に必要不可欠なものであり、また、コロナによる規制の緩和によって需要がさらに見込まれます。交通報を支える仕事を通し、国民の生活に貢献したいです。　需要？

専攻した分野・得意とする分野（学業や職務経験において）
⑦　法学，政治学

最近関心を持った事柄（社会生活，時事問題，世界情勢等）
生成AIの潮がビジネスや教育などの現場に広まっていることに関心があります。作業の効率化やアイデアの生成といったメリットが存在する一方で、活用について⑧一定のルールを設けることへの必要性を感じました。

今までに，最も力を入れて取り組んだこと
　大学の体育会活動を統括する団体において、他大学との定期戦の実行委員長を務めた経験です。⑨大会当日は集中豪雨の影響により、公式戦としての大会は中止となってしまいましたが、代替案として交流戦を開催することとなり、プログラムの再編といった前例にない業務を周囲と協力して行い、大会を成立させることが出来ました。

趣味，特技
⑩ 趣味：スポーツ観戦，散歩，旅行　特技：野球，空手道（初段）

自己PR
⑪ 私はこれまでの経験や知見を基礎とした上で新たな知識を吸収しスキルアップに繋げることが出来ます。長年続けてきた野球と空手道において⑫指？指導者や上級者からの助言を自らの理論と照らし合わせ、試合での活躍や昇段に繋げました。

※実際の面接カードは内容・体裁が異なります。記入済みの面接カードを70％程度に縮小して掲載しています。

添削とアドバイス

全体の印象 全体に雑な印象です。まずは，文字をもう少し丁寧に書きましょう。さらに，誤字があったり，その訂正方法もいい加減だったりと面接カード全体の印象が悪くなっています。文章も文字数の割に内容が薄いように感じられます。そのため，十分に自己をアピールできていません。

こ・う・す・れ・ば・よ・く・な・る！

① ふりがなが抜けています。記入漏れがないかどうかはしっかりと確認しましょう。

② 「国家全体を根底から支え」るとはどういうことか，「国民が安心して暮らせる社会を守ることに貢献したいと考えた」のはなぜか，が伝わってきません。ここでは，「国民が安心して暮らせる社会を守ることに貢献したい」と思うようになった理由を示すようにしましょう。

③ 公務員の職務を述べるにとどまっており，志望するに至った理由が伝わってきません。また，強い使命感は国家公務員でなくても必要ですし，スケールの大きい仕事はほかにもたくさんあります。

④ 抽象的です。「法令や政策の施行を通し」て働くのは公務員として当然ですし，その意味や重要性を考えずに，なんとなく書いただけのように見えます。この記載は削除してもよいでしょう。

⑤ 旅客輸送や物流を通じて国民生活に貢献したいなら，公共交通や物流を扱う運輸局や，道路等のインフラを整備する地方整備局を志望先にすることが自然です。志望官庁との整合性を考えましょう。

⑥ 第一文の繰り返しなので不要です。

⑦ スペースがあるので，単語だけではなく，文章でしっかりと学業の内容を書くようにしましょう。ゼミナールで扱ったテーマや興味を持った講義などの内容を示し，そこでどのような考察を行ったかなどの説明を加えると良くなります。

⑧ 「メリットが存在する一方で」と述べたなら，「…というデメリットがある」と書かなければ論理的ではありません。

⑨ 豪雨で大会が中止になったから，プログラムを再編したという事実しか伝わってこず，あなたの良さが表れていません。「前例にない業務」を企画する困難や，どのように「周囲と協力」する体制を整えたのかなど，あなたの行動規範を示しましょう。

⑩ 趣味，特技のどちらでもよいので，1つ取り挙げて，自分がどのように取り組んでいるのかを相手に伝えるように書くと良くなります。

⑪ 自己PRでは，希望する仕事に活かせる能力をアピールするのが効果的です。志望先でどのような能力が求められるかを考えてまとめましょう。

⑫ エピソードが抽象的で，あなたが知識を吸収してスキルアップをする能力があるということが伝わりません。具体的にどのような経験と知見を得ることによって，どのようにスキルアップしたかを伝えるようにしましょう。

アドバイス

面接カードは「面接官に読んでいただく」という謙虚な気持ちで丁寧に書きましょう。まずは，形式的なミスをなくすこと。誤字・脱字は厳禁ですので，下書きをして，よく確認してください。訂正が必要な場合は，誤字を二重線で消して，その上に正しい文字を書きます。次に，文章を書いた後は，伝えたいことがしっかりと表現できているかを客観的に検証してください。面接官が「この話を聞いてみたい」と興味を持って質問できるような内容をめざしましょう。そのためには，面接官の立場に立って読み直し，文章で自分の人柄がしっかりと伝えることができるようになるまで，何度も推敲することが必要です。

面接カードの Q & A

Q1 文字の大きさや文字数はどれくらいがよいのですか？

A1 一概にはいえませんが，面接カードに印字されている「質問項目」より，やや大きな文字で書くとよいでしょう。35 ページに掲載している国家一般職の面接カードにある［これまでに取り組んだ活動や体験］なら，1 行当たり 30 〜 35 文字が標準です。

Q2 記入欄が小さいときは，エピソードはどうまとめるのですか？

A2 自己 PR などで記入欄が小さい場合は，セールスポイントを述べた後に，「……の場で活躍しました」というように，事実だけを述べておけばよいでしょう。その欄だけ小さい文字にして詳細に書き込む必要はありません。

Q3 同じエピソードを（書き方を変えて）複数の項目で使ってもよいですか？

A3 目標達成力や関係調整力など，発揮する能力が違えば，同じエピソードでも悪くはありません。しかし，面接官は受験者を多角的に検証しようとしています。活動範囲が広く，さまざまな経験を積んでいる人のほうが将来性が期待できます。ですから，別のエピソードを準備したいところです。

Q4 筆記用具はどのようなものがよいですか？

A4 記入上の指示がない場合，鉛筆やシャープペンシルを使うのは NG です。黒のボールペンが標準です。発色がよく，太さや濃さが一定のものを選びましょう。記入する文字の大きさに合わせて線の太さの調整も必要です（細かい字を書くなら細いペンを使います）。

Q5 記入ミスをしてしまったら，どうすればよいですか？

A5 書き間違えた場合は，本来は新しい用紙に書き直すべきです。予備の用紙がない場合は，二重線で消してください。修正液や修正テープの使用はいけません。記入漏れについては，挿入場所を示す記号を使って語句を挿入しましょう。

Q6 免許・資格欄には，何を書けばよいのですか？

A6 志望先の仕事や職務に関連する公的資格を書きます。簿記検定，秘書検定などの民間認定のものもよいでしょう。特に，英語検定や TOEIC などの語学関係は有効です。なお，柔道や書道の段位などは，「免許・資格」ではなく，「趣味・特技」の欄に記入しましょう。

Q7 見出しを大きい字で書いたり，強調したい部分を四角で囲んだりするなど，目立つ工夫は必要ですか？

A7 必要ありません。ただし，記入欄が非常に大きく，文章が長くなる場合には，適宜見出しを入れるなど，読みやすくするのはよいと思います。文章そのものの論理性や文章力もチェックされますので，基本は文章だけで言いたいことを伝えられるようにすべきです。

Q8 「自由記入欄」には，何を書けばよいのですか？　何も書かなくても大丈夫ですか？

A8 自由記入欄も，自分をアピールするために有効に活用しましょう。白紙では，積極性がないと思われてしまいます。題材はなんでもかまいません。それぞれの記入欄では表せなかった自己の人柄（意欲・熱意，能力）を伝えるようにしましょう。

Q9 併願先は正直に書いたほうがよいですか？

A9 正直に書くのが原則です。併願先を隠したりごまかしたりすると，仕事に対する姿勢に疑問を持たれたり，話に不自然さが出てくる場合があります。併願先を選んだ理由に整合性があれば，面接官も納得します。

合格者の
面接再現 &
面接体験記
～先輩の成功例を体感！～

このPARTでは，見事に合格をつかんだ先輩たちのリアルな面接カードと，その面接カードを使って，実際の面接でどのような質疑応答が行われたのかを詳細に再現し掲載。続いて，先輩たちの面接体験記もお届けする。

合格者Oさんの面接カード

※実際の面接カードから，右ページの「面接再現」に関連する部分のみを抜粋したものです。

面接カード（総合職）2023

［専攻分野］

数理情報、情報科学
（交通シミュレーション等、微分方程式による現象分析）

［これまでに取り組んだ活動や体験］達成感があったと感じたり，力を入れてきたりした経験について，どのような状況で（いつ頃，どこで，誰と等），どのようなことをしたのか，簡潔に記入してください。

①学業や職務において

　　学部3年次に履修した専門科目「プログラムコンテスト」では、与えられた課題に対し、班になってプログラムを作成し、その性能を競い合いました。私は、班長として班員内のコミュニケーションを大切にしながら取り組み、19チーム中4位と上位入賞を果たしました。

②社会的活動や学生生活において

　　アルバイトで大学受験の指導を行う塾で講師をしており、理系科目を中心に指導しております。学部2年次から講師主任を任され、受験指導のほか、講師研修も担当し、責任のある役職で身が引き締まる一方、やりがいも感じました。

③日常生活その他（資格，特技，趣味，社会事情などで関心のあること等）において

　　趣味は音楽で、管弦楽団に所属し、日々バイオリンを練習しました。今まで、音楽経験は一切なく、新しいことに挑戦したいと思い、大学を機に始めました。不安ながらも日々、辛抱強く取り組むことで、大きな達成感を得ることができました。

［志望動機］これまでの体験や自分の長所などを踏まえ，国家公務員としてどのような貢献ができるのか，具体的に記入してください。

　　私の強みは「積極性」と「実行力」です。私は大学生活において、新しいことにも臆することなく、意欲的に挑戦してきました。近年、ICTの分野は常に変化が著しく、刻々と必要とされる知識が変化していきますが、これまでの多くの挑戦の経験から、特にスマートシティの取組を加速するためのプラットフォームの構築に携わることで、日本の未来を見据えた政策立案に貢献していきたいと考えております。

［志望官庁］（複数可）　国土交通省、総務省、警察庁

合格者の面接再現

質問 専攻分野の「数理情報，情報科学」では，どのようなことを学んでいるのですか？

答え 数理科学では現象を微分方程式などの数学を用いて解析し，情報科学ではプログラミングを行うことで分析して，それらを比較検討します。

質問 「プログラムコンテスト」で大変だったことはなんですか？

答え プログラミングは人によって書き方が違い，意図が伝わらないことがあるという難しさがありました。最初はその点でうまく共有できていなかったのですが，プログラミングの仕様を共通なものにし，コメントを書いたり，コミュニケーションを取ることを心掛けるようにしました。

質問 具体的に何をしましたか？

答え 「巡回セールスマン問題」に取り組みました。与えられた都市をセールスマンがすべて巡回し，最短の経路になることをめざします。都市間にはコスト，わかりやすい例では「距離」が与えられ，巡回した際に最小になるようにします。

質問 そこから得たものはなんですか？

答え 一番には人とのコミュニケーションです。特にコロナ禍で人とグループワークを行う授業が初めてということもあり，友達とのかかわりができたというのが一番大きいです。その次に，技術面です。

質問 結果には満足しましたか？

答え 最初はコミュニケーションが取れておらず，プログラムがうまく動かないということもあって，最下位近くのスタートでした。そこから問題点を改善していくとだんだんうまくいくようになり，率直に自分の中では満足のいく結果だと感じました。

質問 アルバイトで個別指導塾の講師をされているということですが，どうして2年生のうちから講師主任を任せられたのだと思いますか？

答え 私は任せられたものに対しては，なんとか良いものにしたいという思いで取り組んでいます。自分がどう貢献できるのか，どういう行動をとったらプラスになるのかを考え，講師としての役割のみならず，広報活動などの仕事にも積極的に取り組んだことが要因なのではないかと思います。

質問 講師研修ではどのようなことをするのですか？

答え 生徒に質の高い指導を提供できるようにするための研修で，直近では対面で行っています。講師と生徒役に分かれて良い例を実践しました。

質問 サークルでバイオリンを始めたということですが，おそらく今までやってきたという人が多かったのではないかと思います。その中で大変だったのではないですか？

答え 大学生で，新しいことに挑戦したいという思いで始めましたが，弓も持てない，楽譜も読めない，周りにはついていけないという状況で，最初は苦労しましたが，自主練を頑張り，わからないところは先輩に聞くという形で取り組みました。

質問 周りに迷惑をかけてしまっているのではないかという思いはありましたか？

答え 最初はやはりうしろめたさや，迷惑をかけているのではないかという思いはありましたが，毎日練習をする中で，周りが逆に気を遣ってくれるようになり，親切に教えてもらいました。

ここがGOOD!

プログラムコンテストの話からは，社会性（関係構築力）が評価できます。プログラミングを共通の仕様にするなどして，コミュニケーションを取りながら協力する姿勢がGOOD！ 個別指導塾の講師の話からは，積極性（意欲・行動力）が，さらに，サークルにおける周囲との関係では信頼感（責任感・達成力）が評価できます。面接カードの志望動機では，スマートシティ構想のためのプラットフォーム構築を自己の得意分野と結びつけている点もGOOD！

PART 4 合格者の面接再現＆面接体験記

合格者Wさんの面接カード

※実際の面接カードから，右ページの「面接再現」に関連する部分のみを抜粋したものです。

面接カード（一般職大卒）2023

[専攻分野]

英米文学専攻

[志望動機・受験動機]

　前職で様々な業種の担当者となり、課題を間近で見てきた。私も社会課題を根本から解決するために貢献したいと考え、志望した。

[志望官庁等]

四国運輸局、四国行政評価支局

[これまでに取り組んだ活動や体験] 達成感があったと感じたり，力を入れてきたりした経験について，簡潔に記入してください。

○学業や職務において

　前職では県へ提出する経営計画作成に携わる機会があった。上司や企業と連携し取り組み、無事県から計画が承認されたときは大きな達成感があった。

○社会活動や学生生活において（ボランティア活動，サークル活動，アルバイトなど）

　地域のボランティア活動に積極的に参加してきた。特に物産展のボランティアでは、様々な業種の方と協力し、イベントの成功に貢献することができた。

[関心事項] 最近関心を持った社会問題や出来事，日頃興味を持って取り組んでいることなど

　生成AIの利用があらゆる場面で広がっている点に関心がある。最近では東京都が生成AIを導入する一方、鳥取県では生成AIの利用を禁止するというニュースがあった。

[趣味，特技など]

　[趣味] サウナ巡り、登山（竜王山、秋吉台）

　[特技] ピアノ

[自己PR] 長所や人柄について

　私の長所は目標達成に向けて行動することができる点である。前職では大きなノルマが課せられることもあったが、周囲と協力しノルマを達成することができた。

合格者の面接再現

質問 緊張されていますか？

答え はい。緊張しています。しかし，ここまで応援してくれた友人や家族のためにも全力を尽くし頑張りたいと思います。

質問 国家公務員をめざした志望動機を教えてください。

答え 私は社会における課題を根本から解決したいと考え志望しました。前職では運送業や建設業等の担当者となり，長時間労働や継承者不足等の社会課題を間近で見てきました。このような経験を重ねることにより，私も社会課題を根本から解決するために少しでも貢献したいと考え，法整備や指針を作成する国家公務員を志望しました。

質問 なぜ四国運輸局を志望しているのですか？

答え 生活に必要不可欠な物流や交通事業の構築に携わりたいと考えたためです。また，前職では私自身，運送会社の担当者となり，物流や交通には大変関心があるため，強く志望しております。

質問 四国運輸局のどんな業務に興味を持ったのですか？

答え 特に交通政策部の環境物流課に関心があります。前職においてはモーダルシフト等に携わる機会があり，現場の声を聞き課題を肌で感じていました。そのため，物流の効率化やグリーン化には関心があり，ぜひ業務に携わりたいと考えています。

質問 最近関心を持ったニュースはありますか？

答え 生成AIの利用があらゆる場面で広がっている点には関心があります。最近では東京都で生

成AIの利用が始まった一方，鳥取県では生成AIであるChatGPTの利用が禁止されるといったニュースがありました。今後もこれらのニュースには注目していきたいと思います。

質問 最後に何か言いたいことはありますか？

答え 本日は貴重なお時間をいただき，大変ありがとうございました。面接を重ねることにより，国家公務員として働きたい，貢献したいといった気持ちがさらに強くなりました。私自身至らない点も多くあるかと思いますが，今後とも精進していきますので，よろしくお願いいたします。

＼感想・アドバイスなど／

落とすための面接ではないと思います。面接カードに沿った回答をしっかり深掘りし，ハキハキ笑顔で話すことができれば大丈夫だと感じました。

今回私はB評価でしたが，面接試験でA評価を取ることは難しいということも感じました。したがって，国家一般職では，やはり筆記の点数が最後まで重要になってくると思います。

ここがGOOD!

国家公務員，特に志望先である四国運輸局をめざした志望動機において，自己の職業体験の中で社会課題を見いだし，この解決に貢献しようとする点に意欲が感じられます。四国運輸局で興味を持った業務についても，具体的に述べられており，積極性が感じられる点がGOOD！ 最近関心を持ったニュースについては，東京都と鳥取県の違いに着目している点がうまい。最後に言いたいことでは，社会人経験者らしくお礼とともに自己の想いを伝えられている点がGOOD！

合格者Hさんの面接カード

※実際の面接カードから，右ページの「面接再現」に関連する部分のみを抜粋したものです。

面接カード（一般職大卒）2023

[専攻分野]

法律

[志望動機・受験動機]

　私は全体の奉仕者として全ての国民に行政サービスを提供し、国民の生活を豊かにする仕事に強いやりがいを感じ、志望致します。

[志望官庁等]

法務局、デジタル庁

[これまでに取り組んだ活動や体験] 達成感があったと感じたり，力を入れてきたりした経験について，簡潔に記入してください。

○学業や職務において

　自身の強い興味関心から専攻している法律とは異なる分野であるインターネット上での社会現象を分析・研究するゼミナールに所属しています。

○社会活動や学生生活において（ボランティア活動，サークル活動，アルバイトなど）

　高校時代に物理部に所属し、一年次にロボットコンテストで総合優勝を達成しました。私はロボットコンテストで使用する人型ロボットのデザインや設計を担当しておりました。

[関心事項] 最近関心を持った社会問題や出来事，日頃興味を持って取り組んでいることなど

　Chat GPTや画像や文章を自動生成するAIの行政機関への導入について関心を持っています。

[趣味，特技など]

　趣味：筋トレ、友人とビデオゲーム
　特技：PCのトラブルシューティング

[自己PR] 長所や人柄について

　私の長所は挑戦力と最後までやり遂げる力です。高校3年時から始めた科学的トレーニングにより身につけました。また、私は気さくで面倒見が良い人柄であると言われます。

合格者の面接再現

質問 面接では緊張しやすいほうですか？

答え はい，しやすいほうです。

質問 今回はどうやって緊張を乗り越えましたか？

答え 控え室でストレッチをしていました（真面目に答えたつもりだが，笑いが起こる）。

質問 さっそくですが，志望動機をお願いします。

答え （面接カードのとおりに答える）

質問 そのような仕事は民間や地方公共団体でもできると思いますが，なぜ国家公務員なのですか？

答え 法律知識が活かせると考えたからです。

質問 デジタル庁と法務局では仕事内容がまったく違いますが，それぞれどういう仕事に興味があったのですか？

答え 法務局は人権相談にまつわる仕事に興味があります。塾講師のアルバイトで生徒やその親から学校や職場でのいじめに関する相談を受けたからです。デジタル庁は日本のデジタル化の遅れを取り戻したいと考えたからです。

質問 ロボットコンテストでのあなたの役割はなんですか？

答え ロボットの設計とデザインです。

質問 意見の対立はありましたか？　どうやってそれを乗り越えたのですか？

答え コンテストの時期以外でも私は部員とのコミュニケーションを心掛けており，対立部門の案を聞き折衷案を提示し，最も納得がいったものをロボットの設計に落とし込むことができました。

質問 なぜ優勝できたのだと思いますか？

答え 先輩や後輩との連携がしっかりしていたため，質の高いロボットが作れたのだと思います。

質問 趣味に筋トレとあるとおり，体が仕上がっていますね。科学的トレーニングとはなんですか？

答え 科学的根拠に基づいて，鍛える部位を日によって分けたり，目的に応じたトレーニングをすることです。

質問 筋トレは一人でやっているのですか？

答え 始めた頃は一人でしたが，やっているうちにダンベルやプロテインを差し入れてくれる方が増えたため，今では複数人が協力して行っています。

質問 （趣味のビデオゲームについて）どういうゲームをしているのですか？

答え 仲間と協力して敵を倒すゲームです。

質問 チームワークが発揮できないときは？

答え 娯楽としてゲームをしているので，そういうのもありだと思っています。

質問 1人だけ違う場所を攻めていたらどうしますか？

答え 一か所だけ攻めていても手薄になるので，私たちも友人を引き連れて一緒に攻めに行きます。

＼感想・アドバイスなど／

　初対面の大人と会話するときのテンションで行けば問題はないと思います。意識することで良い印象を与えられると思いますが，無理に演じる必要はありません。等身大のあなたで臨んでください。

ここが GOOD！

　面接の冒頭から笑いを誘うなど，面接官との円滑なやりとりが評価されました。感想・アドバイスにあるように，初対面の大人との常識的な会話を心掛けていたのが GOOD！　ロボットコンテストでは，コミュニケーションを心掛け，対立案との折衷案を提示するなど，チームワークを評価できます。筋トレは一人でやっているのか，ゲームについてチームワークが発揮できないときはどうなのかなど，チームでの行動に関する質問が多くされましたが，うまく対応できたといえるでしょう。

合格者 I さんの面接カード

※実際の面接カードから，右ページの「面接再現」に関連する部分のみを抜粋したものです。

面接カード（専門職大卒）2023

[志望動機・受験動機]

　税のスペシャリストとして専門性の高い仕事ができる点に魅力を感じました。また、説明会への参加を通じて、職員の方が誇りと使命感をもって働いていることを知り、私もチームの一員として共に働きたいと思い、志望しました。

[最近関心や興味を持った事柄] 社会生活, 時事問題, 社会情勢など

　大学で刑法のゼミに所属しています。教授が課した事例問題についてグループで意見交換をすることで、自分の意見を論理的に説明する力を養うとともに、重要論点の理解を深めています。

[専攻分野・得意分野] 学業や職務経験に通じたもの（あれば, 専攻演習, 卒業・修士論文のテーマ等）

　生成系AIの利用に関する報道をよく目にするため、会社や教育が今後どう変化していくのか、関心を持っています。

[印象深かったこれまでの体験] 学校生活や職務, ボランティア活動, アルバイトなどの体験を通じて

　スポーツクラブの受付のアルバイトをしており、昨年の夏に開催された短期水泳教室では他のスタッフと連携して1日に約30名の入会手続をこなし、大きな達成感を味わいました。

[自己PR] 長所や人柄について

　私の強みはあきらめずやり抜く精神力と責任感の強さです。また、相手の立場に立って物事を考えることができます。

[趣味, 特技など]

　テニスをすることです。

合格者の面接再現

質問 志望動機を聞かせてください。

答え 税のスペシャリストとして専門性の高い仕事ができる点に魅力を感じました。また、説明会への参加を通じて、職員の方が誇りと使命感を持って働いていることを知り、私もチームの一員としてともに働きたいと思い、志望しました。

質問 説明会はどなたかに勧められて参加されたのですか?

答え ホームページを拝見し、模擬調査の体験ができる点に興味を持ったため参加いたしました。

質問 大学で刑法のゼミに所属しているとありますが、ゼミの活動で何を得たと感じていますか?

答え 自分の意見を相手にわかりやすく伝える力が得られたと感じています。

質問 意見が対立したときはどのように対処していますか?

答え お互いが納得できるまで議論を続けることで折衷案を見いだせるよう努力しています。

質問 自己PRに責任感の強さが強みとして挙げられていますが、それを裏づけるエピソードはありますか?

答え 高校時代テニス部の主将を任された際、責任感の強さを活かすことができたと考えています。部をまとめることに苦労しましたが、部員にとって目標となる存在でいるため、この強みを活かし、技術向上に向けて人一倍努力する姿勢を貫きました。

質問 部活で大変だったことはなんですか?

答え 部員数が多かったため、試合の出場選手を決めることに苦労しました。

質問 その際、どのように対応しましたか?

答え エントリー日から逆算して部内戦の日程を組みました。できるだけ多くの組合せで試合を行い、部活の出席率も考慮することで、部員から不満が出ることなく出場選手を決定することができました。

質問 苦手な人はいましたか?

答え 特定の人に対する苦手意識はありませんでしたが、時間にルーズな部員に対して思うことはありました。

質問 その人に対してどのように接していましたか?

答え 周りにも迷惑が掛かるので、気をつけてほしいと直接伝えるようにしていました。

＼感想・アドバイスなど／

質問の意図をくみ違えてしまい、回答し直した場面や、想定外の質問をされて悩んだ場面もありましたが、冷静に対応することができました。完璧な回答にこだわらず、自然体で臨むことが一番だと思います。

ここが GOOD!

緊 張する中で、冷静な対応ができた点が GOOD! 質問の意図をくみ違えても、ごまかさずに回答し直したり、想定外の質問に悩んでも、その場でしっかりと考えて答えようとする態度は評価できます。ゼミでの意見対立の際に納得できるまで議論を続けたという点では粘り強さが、部活でのエピソードにおいては、部員から不満の出ないように客観的な視点で判断するという点で、リーダーシップとバランス感覚を備えていることが伝わります。時間にルーズな部員に対して、しっかりとルールを守らせるというのも、仕事への適性が感じられて GOOD!

合格者Kさんの面接カード

※実際の「面接カード」から，右ページの「面接再現」に関連する部分のみを抜粋したものです。

面接カード

裁判所職員を志望した動機	人の幸せを支え、成長の機会に溢れる事務官の仕事に魅力を感じています。以前より献血ボランティア活動に取り組み、やりがいと多くの困難から、人と何かを繋ぐ架け橋になりたいと考えるようになりました。そして、裁判所の説明会や傍聴に参加し、人と司法を繋ぐ架け橋として裁判をサポートする裁判所事務官が、自分の成長に大きく繋がると感じ志望いたしました。
趣味・特技（好きなスポーツなど）	趣味：マラソン、香水集め 特技：靴磨き
これまで加入したクラブ活動・サークル活動等の集団活動	・若年者への献血普及ボランティア（東京都学生献血推進連盟） ・ハンディキャップのある学生を支援するボランティア
あなたがこれまでに個人として力を入れて取り組んできた活動や経験（具体的かつ簡潔に記載する）	塾講師のアルバイトにおいて、生徒との信頼形成に力を入れ取り組みました。私は以前、自分基準の授業を続け、生徒のやる気を引き出せない事がありました。そこで、自分の言葉遣いを見直し、きめ細かく生徒の表情などに反応し、私も生徒と共に学んでいく意識を養いました。 　また塾乱立の中、自身の塾を選んでもらえるために、指導力の向上に努めました。具体的には事前に個人または講師間で授業シミュレーションに取り組んだ結果、明白かつ端的な授業を実現できました。要点を押さえた解説が功を奏し、その後生徒数は約20名増となりました。
あなたがこれまでに目標達成に向けて周囲と協力して（チームで）取り組んだ活動や経験（具体的かつ簡潔に記載する）	私は、若者の献血普及を目的とした東京都学生献血推進連盟のボランティア活動に役員として携わり、PR動画の制作に尽力しました。当時は感染症により、活動も献血も危機に直面し、会計職でしたが献血協力者の回復を目標に動画を作成しました。撮影と編集を場所ごとに分担し、何度も編集を重ね完成した動画は、全国の献血推進連盟が参加する「全国献血ルーム紹介企画」で最多の再生数と評価を頂きました。動画公開後は徐々に採血者も回復し、活動も都内20校を超える学生の方々に参加して頂けるようになりました。
自己PR（長所など）	明朗であることが長所であり、自分軸です。ボランティア活動では企画運営という役職上、一般の方々とのトラブルや失敗を多く経験しました。これらは、挫折とも捉えられますが、次の糧にすることもできます。そのため、私は常に素直に課題に接し、チーム目線で取り組みました。裁判所においても円滑な運営にチームワークは不可欠です。私は裁判所事務官として、常に明るさと実直さを忘れず、同僚と共に人と司法の架け橋になりたいと考えています。ひいては、裁判所がより多くの人の幸せや命を支えるものとなるよう尽力していく所存です。

合格者の面接再現

質問 ストレス解消法はありますか？

答え 好きなことに打ち込みます。靴磨き以外にも趣味でマラソンをしています。外の空気を吸いリフレッシュすると明るい気持ちになります。

質問 個人で力を入れた経験はありますか？

答え 塾講師としてアルバイトをしています。その際にわかりやすい説明にするため自分なりに工夫を凝らし，周りの方にもアドバイスを仰ぐなどしました。

質問 どのような工夫をしたのですか？

答え 語呂合わせを多用して，暗記しやすくするなど工夫をしました。たとえば，衆議院と参議院の定員数を解説する際は「国会は甘いものが大好き」＝「衆議院（465人）しるこ」「参議院（248人）不二家」と覚えてもらいました。

質問 友達作りで意識した点はありますか？

答え 笑顔を意識しました。また，初対面でも打ち解けられるよう，相手から言葉を引き出せるように質問することを意識しました。

質問 このような機会ですので，私たちに聞きたいことがあればどうぞ。なんでもお答えします。

答え 私は裁判所の説明会や試験勉強を通じて，「将来はこんな仕事がしたい」「こんな事務官になりたい」などビジョンが鮮明に描けてきました。面接官の皆さんはさまざまな業務を経験してきたと思いますが，それらを踏まえて今後はどのような事務官像を描いていますか？

塾のアルバイト

もっとわかりやすく…！

＼ 感想・アドバイスなど ／

　面接官は終始穏やかで，表情の変化も多かったと思います。「経験から得たこと」「それを次にどう活かしたのか？」などの深掘り質問は，私が経験した面接の中では一番多かったと思います。しかし，うまく伝えられなかった場合は，面接官から「こういうことかな？」と聞き返してくれることも多く，自信を持ってハキハキと答えることが重要だと思いました。

　裁判所の面接では裁判所への熱意も重要ですが，（受験者が）どのような人間で，どんな行動をしてきたかを重視していると感じました。そのため，自分の経験を徹底的に深掘りし，論理的に答えられるように準備することが重要です。自分自身をどれだけ理解しているかが大切だと思いました。

ここが GOOD!

面接官との円滑なコミュニケーションが取れていた点がGOOD！　深掘りする質問が続いた場面でも，面接官の助け舟にうまく乗って答えられました。また，Kさんは，塾講師のアルバイトでは，周囲のアドバイスをしっかりと吸収していること，友達作りでは，笑顔を意識したり，相手の言葉を引き出すようにしたりしていることから，チームの中で仕事をする際に，円滑なコミュニケーションを取ることができる人材だと評価されます。裁判所事務官として効率的な仕事ができることがうかがえ，好印象です。

合格者Iさんの面接カード

※実際の「面接カード」から，右ページの「面接再現」に関連する部分のみを抜粋したものです。

1　あなたがこれまでに学習したこと又は研究した内容などを書いてください。受験する試験区分に関係するものがある場合は，そのことを中心に書いてください。

　大学で刑法のゼミに所属しています。グループ内で意見交換をする際、自分の解釈を論理的に説明するように努めることを通じ、刑法総論と各論の重要論点について理解を深めています。

2　あなたがこれまで力を入れて取り組んだことについて、取組期間も含めて書いてください。
　（3つ以内・箇条書き）

①スポーツクラブの受付アルバイト（大学1年生から現在まで3年以上）
②硬式テニス部に所属（中学高校6年間）
③テニススクールに所属（小学3年生から高校3年生までの10年間）

3　これまで取り組んだことのうち、成果や達成感を得た経験（1つ）について、あなた自身の行動を中心に具体的に書いてください。

　高校時代テニス部で主将を任されました。部員それぞれと直接コミュニケーションをとることを大切にし、技術向上に向けて努力する姿勢を貫くことで、親しみや信頼を得ることができ、引退時には多くの方から労いの言葉をかけられました。

4　東京都を志望した理由について書いてください。

　地域密着の業務から、国や他自治体へ影響を与えるような先進的な取組まで、分野に特化せず多様な事業に携わることができる点に魅力を感じました。
　日々都営線を利用していることや都立学校にお世話になっていたこともあり、東京都に対しご縁を感じていることも志望理由のひとつです。

5　東京都に採用されたらやってみたいことについて、具体的に書いてください。

　教員の働き方改革に取り組みたいです。都立の学校に通い、先生方には勉学や部活動において多大なご支援をいただきました。現場の声をもとに業務の改善と教員確保を推進することで、教育の質を向上させ、子供たちの成長を支えていきたいと考えています。

希望する 行政分野	1　教育・文化	2　都市づくり

合格者の面接再現

質問 1分間で自己PRをお願いします。

答え　私の強みは継続する力があるところです。小学3年生のときに習い始めたテニスは，中学に入り勉学や部活動で忙しくなってからも通い続け，高校3年まで続けていました。また，大学1年から始めたスポーツクラブの受付のアルバイトも現在まで3年以上続け，日々お客様に寄り添った対応を心掛けています。この強みを活かして，東京都の職員として長期的な政策に対しても常に全力で取り組んでいきたいと考えています。

質問 ゼミでのあなたの役割はなんですか？

答え　4人1グループで活動しており，まとめ役を担っています。

質問 その際，何を意識していますか？

答え　意見を主張できていない人やグループの結論に納得していない人がいないか表情を確認しながら話し合いをするように意識しています。

質問 部活動において，自分の代から変わったことはありますか？

答え　先輩の代までは部員全員が試合に出場できましたが，私の代は部員が多かったため，出場選手を決める必要がありました。また，練習においてもコート外での待機時間が長くなってしまうため，新しい練習メニューを導入する必要がありました。

質問 部活動における挫折はありますか？

答え　主将になってすぐに部活紹介のイベントがあり，前日までほかの部員に共有せず一人で資料と原稿を作成しました。しかし，当日になって私一人で進めたことに不満を持っている部員がいることを知り，部は私が作るものではなくみんなで作っていくものであると改めて気づかされました。それ以降，一人で思い込まず，周りに意見を求めることを大切にしています。

質問 ストレスがたまることありますか？

答え　思うようにできずストレスを感じることはありますが，おいしいものを食べたり，人と話したりすることで解消されるため，あまりため込むことはありません。

＼感想・アドバイスなど／

希望する行政分野について記入欄が2つあるため，どちらの分野も深掘り質問の対策が必要になります。政策を調べるだけでなく，問題の解決策について自分の意見を話せるように準備をしておくと安心です。

私はすべての試験において面接カードを手書きで記入しましたが，東京都ではPC入力の受験者がほとんどだったらしく，面接官からなぜ手書きにしたのか聞かれました。東京都はデジタル化を推進しているためPC入力が無難だったのかもしれませんが，丁寧にこなす性格をアピールすることにつながったと思います。

ここが GOOD!

1分間自己PRにおいて，面接カードの「これまで力を入れて取り組んだこと」とリンクさせ，継続力をアピールできていることから，事前の準備をしっかりとしていたと感じられる点がGOOD！　ゼミでの役割からはファシリテーターとしての能力が評価でき，将来は効率的でスムーズな会議の進行に力を発揮することが期待されます。また，部活動における挫折経験については，失敗した経験から自己のマイナス面に気づいた点に成長力が感じられ，GOOD！

合格者Oさんの面接カード

※実際の面接カードから，右ページの「面接再現」に関連する部分のみを抜粋したものです。

志望理由等

●静岡県職員を志望した動機・理由

　大学で学んだ数理科学や情報科学の知識や技術を手段として、静岡県民が将来にわたって安心できるインフラ整備に携わりたいと思い、静岡県職員を志望いたしました。静岡県の進める『VIRTUAL SHIZUOKA』構想は、インフラ整備をはじめ、観光などの幅広い分野での活用が期待されます。そこで、今までの多くの挑戦をこうした静岡県の先進的な政策にプラットフォームの構築、応用面から生かすことができると考えております。

●静岡県職員として取り組んでみたいこと

　インフラ老朽化対策に携わり、未来を見据えたインフラ再生に取り組みたいと考えております。近年はインフラの老朽化によって、トンネル天井板落下などの大きな事故も全国で生じています。原因の一つは、特殊な事情によって劣化が通常よりも早く、人的な点検だけでは限界がある点にあります。こうした問題に、静岡県が整備を進めるソフトインフラを活用し、さらに点検データをモデル化によって数理解析し、付与することにより、高度化・効率化したインフラの維持を可能にしたいと考えております。

学生の場合は学校生活、職務経験のある者は職務を通じての経験も併せて記入してください。

●努力したこと、達成感を得たこと

　学部3年次に履修した専門科目「プログラムコンテスト」です。この授業では与えられた課題に対し、班になって、プログラムを作成し、その性能を競い合いました。一番苦労した点は班で1つのプログラムをつくり上げるため、班員全員が各自が書いたソースコードを他者に理解できるようにすることです。そこで、私は班長としてコミュニケーションを十分に取ることを心がけ、相談しやすい雰囲気づくりに努めました。その結果、19チーム中4位という上位入賞を果たし、大きな達成感を得ることができました。

●失敗したこと、挫折感を味わったこと

　大学で所属していた管弦楽団でのバイオリンの練習です。音楽経験自体一切なく、新しいことに挑戦したいと思い、大学を機に始めました。入団当初は、楽譜もうまく読めない上に、正しい音を出すことさえ難しく、全体練習ではうまく弾けないことへの焦り、不安ばかりが募り、大きな挫折感を感じました。しかし、日々の自主練習を大切にし、最終的には演奏会に参加し、演奏できるまでに成長しました。

あなた自身について

●得意なこと、自分が長所と考える点

　「積極性」が私の長所であると考えております。大学での学びは自分の学科の学問だけに留まらず、他学部科目や本学の「英語特別教育プログラム」を受講するなどし、広い視野を持つことができるように意欲的に取り組みました。

●苦手なこと、自分が短所と考える点

　心配性で周りを気にしすぎてしまうところがあります。例えば、大学の授業でプレゼンテーションを行ったときに、周りの反応を見て、反応が薄いと少し自信をなくしてしまうことがあります。そこで、周りからのフィードバックを大切にし、改善し、自信を持つことを心がけています。

合格者の面接再現

質問 どうして公務員になろうと思ったのですか？民間企業でもいいのではないですか？

答え 民間はスペシャリストであり，魅力的なところも多くありますが，一企業でしか自分の知識や技術を活かすことができないからです。

質問 どうして市町村ではなく県なのですか？

答え 私がやりたい仕事の一つにインフラのデジタル化がありますが，デジタルというのは「モノ」と「モノ」，「ヒト」と「ヒト」が遠くにいてもつながるという点に重要なポイントがあると考えています。その点から，広域的でかつ，住民にできるだけ近くで仕事ができるのは県であると考えたからです。

質問 併願先について，国家公務員の志望順が「一般職」「総合職」の順なのはなぜですか？ 総合職に合格したらそちらに行くのが一般的なのでは？

答え やはり，まずは住民にできるだけ近いというのが自分の中では軸であって，かつデジタル分野を活かすことができる規模であるのは静岡県で，次に近いのはブロックごとに仕事を行う国家一般職であると考えたためです。

質問 卒業研究の内容を教えてください。

答え 構造物のたわみについて，微分方程式を使って分析し，考察することを考えております。

質問 その研究が仕事に活かせると思いますか？

答え インフラの構造物の点検は人的な点検だけだと事故はどうしても起こってしまいます。理由は構造物によって置かれている状況が違い，特殊な事情もあるからです。こうしたことを見逃さないために数理モデル化し，データを付与することで点検に活かすことができると考えています。

質問 志望理由として，『VIRTUAL SHIZUOKA』構想を挙げてもらっていますが，必ずしもその分野に携われるとは限らないのですが，それでもいいのですか？

答え 私の軸は土木であり，情報科学，数理科学はあくまで手段としてあるので，問題ありません。ほかの部署で必要とされるのであれば喜んでやってみたいと思います。

質問 土木の仕事にはどういうイメージがありますか？

答え 出先機関に行ってスペシャリストである民間企業の方との打合せや構造物の点検などをするイメージがあります。

質問 静岡県がもっとこうだったらいいということがあれば教えてください。

答え 静岡県は県土は広いのですが，電車の本数があまり多くないため，移動が大変だという印象があります。

＼感想・アドバイスなど／

全体として県の職員として具体的な志望動機ややりたい仕事などについて多く質問されました。事前に面接カードの添削や面接指導を受けた際に指摘され，十分に対策をしていたので，自分の思いとともにすべての質問に困ることなく答えられたと思います。反省点も多くありますが，自分の力は出せたのではないかと思います。

ここが GOOD!

面接カード，質問に対する回答すべてが具体的で GOOD！ 志望理由，併願先についての質問に対しては，しっかりと事前準備をしてうまく答えられています。卒業研究を仕事に活かせるかという質問に対しては，現在のインフラ整備における問題点を理解していることを示しつつ，自己の知識や能力を活用して解決できるとした点で，しっかりと自己 PR ができており GOOD！ 希望する分野だけでなく，土木が仕事の軸であることを忘れていない点が高く評価できます。

合格者Kさんの面接カード

※実際の面接カードから，右ページの「面接再現」に関連する部分のみを抜粋したものです。

○沖縄県行政で関心のある施策・部門

　多様性を尊重する共助・共創社会の実現に関心があり、中でも国際的な家庭問題への支援の推進に興味があります。留学時のボランティアの経験を活かし、沖縄において国際的な問題を抱える家庭への支援等に貢献していきます。

○地域・社会活動（ボランティア活動等）・クラブ・サークル活動等

　ドイツ留学中に夏休みの1か月間、日本系ドイツ人幼児や児童のための学童施設でボランティア活動を行いました。多言語教育の側面から幼児・児童教育の難しさや楽しさを学びました。

○趣味・特技

　趣味は音楽鑑賞です。日本のポップミュージックやクラシックを主に聴きます。特技はチューバという低音の金管楽器を演奏できることです。これからも音楽を通じた周囲との交流を楽しんでいきます。

○好きな学科とその理由又はゼミナール、卒業研究のテーマ等

　ドイツの歴史・文化やドイツ語に興味があるため、現在はドイツ史に関するゼミナールを受講しています。卒業研究のテーマとして第二次世界大戦後の日本とドイツの補償比較を予定しており、現在資料集めに取り組んでいます。

○学生生活で最も印象に残った事柄

　ドイツ留学時にアマチュアの吹奏楽団に所属し、12月のクリスマスマーケットで演奏を披露したことです。言語の違いはあっても共に演奏するだけで周囲と交流ができる音楽の奥深さを実感し、とても良い経験になりました。

○自分の性格（長所）

　相手の立場に立ち、相手に寄り添った行動が取れます。塾講師のアルバイトで受験生に勉強と進路の両面で寄り添った結果、本人が希望する志望校に合格することができました。

【これまでに取り組んだ活動や経験】学生時代、社会的活動、職業体験などにおいて、どのような分野で、どのようなことに力を入れてきたかについて、その理由も含めて記入してください。

　学生生活において主にサークル活動を通じて、異なる考え方や価値観を受け入れることに力を入れました。社会で生活する上で他者とかかわることは必要不可欠ですが、その際に、自分とは違う価値観や考え方を拒むのではなく、受け入れ合うことが大切だと考えました。他者と共同する際にお互いに相手のことを思いやり、わだかまりなく共に一つの物事に取り組むことができるからです。

【志望動機・自己PR】なぜ沖縄県職員を志望しているのか、沖縄県職員としてどのように仕事をしていきたいと考えているのかについて記入してください。

　私は沖縄県を、多様な背景を持つ人々でも不自由や差別を感じることなく安心して豊かに暮らせる地域にしたいと考え志望しています。沖縄で暮らす外国人や外国のルーツを持つ人々の文化を尊重することの重要性がより広く伝わることで沖縄はさらに発展できると考えています。ドイツ留学中私が実感した、多様性や異なる価値観に寛容な社会を沖縄から実現できるように、文化や背景が違っても互いに支え合う社会や地域づくりに県職員として力を入れていきます。

合格者の面接再現

質問 **志望動機を教えてください。**

答え 私は学生時代に経験したドイツ留学をきっかけに，沖縄県を多様な背景を持つ人々が不自由や差別を感じることなく安心して豊かに暮らせる地域にしたいと考え，志望しています。沖縄では外国人や外国のルーツを持つ人々も多く暮らしていますが，そのような人々の持つ文化を尊重することの重要性がより広く伝わることで，沖縄はさらに発展できると思ったからです。

質問 **留学で大変だったことはなんですか？**

答え 日本の文化や社会問題について外国人の友人に紹介することが大変でした。大学でのディスカッションの授業で扱った文化や社会問題に関する知識が足りず，うまく話すことができないといったことがありました。それ以来，ドイツ語の学習のみならず，日本の文化や社会問題を学ぶことにも力を入れました。この経験から，日本の文化や社会問題に関心を持ち，疑問に思ったことは調べるという姿勢を身につけることができました。

質問 **なぜ専攻にドイツ語を選んだのですか？**

答え 私は日本とドイツの歴史の類似点と現代社会のあり方の相違点に興味を持ったため，ドイツ語を選択しました。日本とドイツは19世紀後半にともに国際社会に台頭し，ともに第二次世界大戦で敗北し，戦後は著しい経済成長を遂げたという類似点があります。一方で，現代の両国は，隣国との関係性や女性の社会進出の度合いといった点が異なっていると感じています。ドイツ語の学習を通じてそのような類似点や相違点を深く学べると感じ，ドイツ語を専攻しています。

質問 **自己PRを1分間でお願いします。**

答え 私の強みは，ものごとを客観的にとらえ，必要な行動を取ることができるということです。私は所属していた吹奏楽サークルで副部長として，練習会場の確保という役割を担っていました。コロナ禍でほとんど合奏練習ができていなかったという状況を客観的に捉え，練習会場となる体育館の利用申請を積極的に行いました。その結果，当初予定していた回数よりも多く合奏する機会を設けることができ，大会において沖縄県代表権を獲得することができました。この経験を活かして，私の理想とする，多様性や異なる価値観に寛容な社会の実現に向けての課題を県職員として客観的に把握し，課題解決のために必要な行動を取ることで，私は沖縄県の発展に大きく貢献できると考えています。

PART **4**

合格者の面接再現＆面接体験記

ここが GOOD!

志望動機において，沖縄県の課題を把握し，それに適したまちづくりのビジョンを述べている点が GOOD！ さらに，なぜそのようなビジョンを持つようになったかという理由を留学経験から示している点も GOOD！ 面接カードにあるサークル活動の経験では，そのようなビジョンを持っていることが補強されており，説得力があります。留学中は，ドイツ語学習だけではなく，日本の文化や社会問題について取り組んでいることから，バランス感覚や視野の広さが感じられます。

合格者Mさんの面接カード

※実際の面接カードから、右ページの「面接再現」に関連する部分のみを抜粋したものです。

学生生活や社会人生活で力を入れて取り組んできたことを一つ挙げ、どのような状況でどのように行動したか具体的に書いてください。また、その経験からどのようなことを感じ、どのようなことを学びましたか。具体的に書いてください。

　私が学生生活で力を入れて取り組んだことの一つは、広島県の観光名所の一つである「三段峡」の地域活性化です。三段峡は、水墨画のような美しい自然景観があり、独自の生態系を築いています。しかしながら、その多種多様な生物、文化について学ぶことができる場所がないという地域課題がありました。そこで、三段峡に博物館を作ろうというプロジェクトを立ち上げました。そして、今年の5月に三段峡博物館をオープンさせることができました。

　展示物として、魚やカエルなどの生体展示に加え、三段峡の歴史についての展示物の作成を行いました。作成する際に気をつけたことが、幅広い世代の方の興味を引いてもらうということです。専門知識の使用はなるべく控え、わかりやすい内容の記載、フリガナを振るなどの配慮を加えました。このスキルは広島市役所の職員になった際も活かされると考えます。公文書で書かれている内容というのは、市民の方にとっては理解が難しい場合があり、職員が説明しなければならないことも生じるためです。

　また、私は地域活性化には博物館のように地域資源の利用が解決の糸口になると感じました。地域の高齢化が進んでいる中で、地元民の方も含めて、その地域を「知る」機会が少なくなってしまっていると思います。そのため、地域資源を活かす取り組みは、地域の方の関心を集めるだけでなく、地元民の方たちの活気を上げる機会も生んでいると思います。

なぜ、広島市を志望したのか、広島市職員として「どのような仕事」に「どのように取り組んでいきたい」と考えているのか。具体的に書いてください。

　私は今年の2月と3月に広島市役所の農政課でアルバイトを経験しました。そこで感じたことは、職員の皆さんが広島市の農業に対して熱い気持ちを持って取り組んでいることでした。私も、職員の方とともに市民の皆さんに寄り添える職員になりたいと思い、志望しました。

　私は、特に、マルシェや朝市などのお仕事に興味があります。マルシェや朝市は、広島市の農業について市民に広め、地産地消を促す場となっています。私はこのような取り組みを通じて農業者の方々をサポートし、さらなる発展、関係人口の増加に貢献したいと考えています。

あなたが考える公務員に求められる倫理観について書いてください。

　公務員に求められる倫理観は、公正・誠実・責任を重んじることだと考えます。特に農政課では農業者の方々と密接に関わる機会が多いため、仕事に責任を持ち、信頼性や信用性を高めることが重要であると思います。

合格者の面接再現

面接時間 10分
面接官 3人

質問 **志望理由を教えてください。**

答え 私は，今年の2～3月に広島市役所の農政課でアルバイトをさせていただきました。そのときに，職員の方が広島市の農業をより良くしようと努力されていることをひしひしと感じました。私もその一員となり，広島市の農業の発展に貢献したいと思い，広島市役所を志望させていただきました。

質問 **国家公務員も受けられていますが，なぜ広島市を選んだのでしょうか？**

答え 私は農業の勉強はしてきましたが，実際に農業をするという経験は行っていません。そのため，より現場に足を運び，農家さんと直接的に関われる市役所で働くことで，農家さんが抱える悩みを解決していければと考えました。広島市の農業がより良いものになっていけば，モデル都市のようにボトムアップ式で日本全体の農業の発展も見込むことができると思ったので，広島市役所を選ばせていただきました。

質問 **農政課で働くに当たって，具体的にどのような仕事をしてみたいというのはありますか？**

答え 私が，病害虫の研究をしているということもあるので，農家さんと情報を共有しつつ，対処法などについて考えていくような仕事ができればと考えています。

広島市農政課でアルバイト

＼感想・アドバイスなど／

　約20分の予定と聞いていましたが，私の場合は10分程度で終わったと思います。非常にシンプルな面接でした。圧迫面接だと感じたことは一切なく，皆さん，私が話したことに対して好意的に受け取ってくださいました。広島市の魅力であったり，課題を頭に入れておくことが大事だと感じました。

ここが GOOD！

面接カードが質問項目の指示どおりに書かれており，比較的読みやすいものに仕上がっている点が GOOD！　主張ごとに段落分けをするなど，読み手に配慮している点も好印象。面接のやり取りにおいて，志望理由では，農業に興味を持ったきっかけを，広島市を選んだ理由では，市役所の仕事の特徴を捉えてそのような仕事に携わりたいということを述べており，仕事に対する意欲が伝わりました。面接が比較的短い時間で終わったのも，面接カードの記載が十分なことから，質疑応答はその確認作業だけで足りたということでしょう。

市役所（松山市職員）

合格者Ｙさんの面接カード

※実際の「自己紹介書」から，右ページの「面接再現」に関連する部分のみを抜粋したものです。

あなたが公務員の中でも松山市を選んだ理由

　私は松山市で若者が引っ張っていけるまちづくりをしたいと思い志望しました。松山市では特に10〜20代の若者の転出超過が目立ち，年々増加傾向にあります。友人15名に就職先を調査すると，10名が市外で就職すると回答し，主に県外進学を機会に進学先の職業に魅力を感じたという意見が多くありました。私は若者の視点や大学生活の中で学んだまちづくりや政策立案の経験を活かし，松山市の魅力アップに貢献したいです。

あなたが採用された場合に，松山市役所で従事してみたい業務や取り組んでみたいこと

　こども家庭部において子供たちの居場所づくりの推進に取り組みたいです。特に学校を拠点として子供たちをフォローする制度の充実を進めたいです。大学時代「しゅくだいカフェ」でボランティアを行い，家庭などに悩みを持つ子供たちを目の当たりにしました。松山市も例外ではなく，地域と協力し，相談しやすい環境づくりやコミュニティの構築，政策を行う必要があります。大学で学んだ公共政策学や経営学の知識を活かした政策立案において松山市に貢献したいです。

あなたという人間の強みと弱み

　私の強みは周囲に気を配りサポートできることです。ボランティア活動や日々の生活などあらゆる場面において周囲の人をよく見て，自分が何をすれば良いか考え，行動することができます。これをさらに伸ばし業務の中で活かしたいです。私の弱みは1つの事に力を入れすぎてしまうことです。きちんとこなしたいと思うあまり，集中しすぎて疲弊してしまうことがあるので，長期的に計画を立てたり，優先順位をつけるようにしてから取り掛かるようにしています。

あなたがこれまでに最も力を入れて取り組んだこと，また，その経験から得たこと

　アルバイトに最も力を入れて取り組みました。自身の人見知りの性格を変えるために敢えて接客業を選択しました。当初は思ったように対応できませんでしたが，声の大きさや表情を意識するようにしたり，一言添えることで会話を広げるような工夫をしました。結果，自分の行動に自信を持って接客できるまでに成長しました。この経験から，苦手なことも諦めずに挑戦したり，小さなことでも工夫して継続的に行うことの大切さを学びました。

あなたがこれまで取り組んできたスポーツ・文化活動やクラブ・サークル活動について
○名称等

　ハンドメイド部においてアクセサリー等の製作・販売を行いました。

○あなたが残した実績や成果（年度，大会名，種目名，成績など）

　大学3年生の時に初めて「むすびCafe」という大学生が主体となり経営しているカフェとのコラボを行い，作品の販売を行いました。

合格者の面接再現

質問 なぜ松山市を選んだのですか？

答え 私は松山市で若者が引っ張っていけるまちづくりを行いたいと思いました。松山市での若者の転出超過が増加している現状から，地元を盛り上げていきたいという気持ちと，なんとかして若者に残ってもらい地域活性化や愛着を持って過ごしてもらうような街にしていきたいと考えたからです。

質問 どうすれば転出を少なくしたり，愛着や魅力を持ってもらえると思いますか？

答え 友人へのアンケートでは，松山市には遊ぶところや働きたい職場がないという意見が多かったです。そのため，若者を主なターゲットにした娯楽施設を増やしていく必要があると思います。たとえば，市内にあるIモールをはじめ，別地域のショッピングモールには若者が多く訪れていますので，デパートなどの高級店ではなく，近くて行きやすいショッピングモールを作るべきでだと思います。また，企業を積極的に誘致し，IT系や中小企業，大企業などを松山市に呼び込むことで職が安定し，松山に住み，働きたいと思える人が増えると思います。

質問 あなたの強みについて教えてください。

答え 私の強みは周囲に気を配りサポートできるところです。周囲をよく見て自分がどうすべきか考え，行動することができます。

質問 最も力を入れて取り組んだこととしてアルバイトを挙げていますが，それを通してどのように成長したのか，実感することはあったかを教えてください。

答え 大学入学当初は，人見知りだったので消極的で受け身的に接することが多かったのですが，アルバイト経験を通して以前より自発的に話しかけたり行動することができるようになりました。明るいねと言われることも多くなり，友達も多く作ることができました。

質問 ハンドメイド部ではどのような活動をしたのですか？ あなたの役割はどうでしたか？

答え 主にアクセサリー作りをして，文化祭で販売を行いました。私たちの代で初めて「むすびcafe」という大学生が主体となっているカフェとコラボをし，アクセサリーの販売も行いました。

質問 出願の際に提出した書類の志望動機と面接カードの記入した志望動機の内容が異なっていますが，その理由を教えてください。

答え 松山市についてより詳しく調べていくうちに解決すべき課題点が見えてきたからです。興味がありやってみたいと考えていた子どもの問題やまちづくりの視点を加味した結果，志望動機の方向性が変わり，現在の理由になりました。

＼感想・アドバイスなど／

できるだけ簡潔に答えるように言われました。質問は基本的には面接カードからのみで，深掘りされました。市のことを理解してないと根拠に欠ける回答になってしまうので，事前の情報収集がとても大事だと感じました。

ここが GOOD!

面接カードにおいて，志望理由では自己の考える松山市のまちづくりビジョンを掲げ，取り組んでみたいことではそのビジョンを実現するための具体的方策を掲げることで，論理的な記載となっている点が GOOD！ さらに，それぞれの記載が自己の体験から理由づけされている点はさらに GOOD！ 質問が面接カードの記載からのみとなったのも，面接官が面接カードの記載内容に興味を持ったからです。面接をコントロールすることができたのは，事前の準備が活きたからでしょう。

●面接体験記

国家総合職

- 二次（人事院面接）
- 個別面接（20分，面接官：3人）

面接の流れ

庁舎に入るときに訪問表のようなものを書き，警備員に渡して入館証をもらいました。9時20分集合で8時50分に行ったところ，2人目でした。第1室から第4室まであり，各部屋7人ずつ割り振られていました。時間は20分程度でしたが，1部屋だけ15分ペースでした。

控え室は基本的に自由だったので，面接カードの読み直しをしたり，参考書を読んだりしている人がいました。

服装はクールビズ（長袖・半袖）の人もおり，面接官もクールビズでした。

面接の内容

○教育実習について
- 授業内容の改善とは具体的にどのようなことに取り組みましたか。
- 活気ある授業とはどういう状況ですか。
- 困難はありましたか。
- 総じてどんなことを学びましたか。

○学生連盟活動について
- 学生連盟活動を始めたきっかけ。
- 学生連盟活動の魅力。
- 3年ぶりに大会を開催したときの困難。

○部活について
- その専門種目にしたきっかけ。
- 困難はありましたか。

○そのほか
- 周りの人から長所と短所をなんと言われますか。
- 学生連盟活動と部活で身についた力を，どう公務員で活かしますか。

感想・アドバイス

真ん中の面接官は，うまく話を引き出そうとしてくれました。右側の面接官と左側の面接官は，淡々と話を聞く感じでした。難しい質問は特になく，自分の経験を整理しておけば答えられるのではないかと思います。誤解を生みやすい言葉で説明すると聞き返されるので，注意が必要です。

国家一般職

- 二次（人事院面接）
- 個別面接（15分，面接官：3人）

面接の流れ

私の面接室は9時56分に試験が始まり，それから15分間隔で進行しました。私は10時15分頃に呼ばれ，10時30分に終了しました。

今回の試験はドアを開放したままであったため，私は退出時に再度お辞儀をしました。

面接の内容

中央の面接官 - - - - - - - - - - - - - - - - - - -
- 緊張していますか。
- 国家公務員を志望した理由。
- 数あるニュースの中で，バス会社の経営破綻に興味を持った理由。
- 公共交通政策は地方公務員でもできると思いますが，その点について。
- 国土交通省一本で志望しているのですか，それともほかも考えたうえで志望したのですか。
- どのような仕事に携わりたいですか。
- 利用促進に向けた取組みについて，あなたの考えを説明してください。

右の面接官 -
- 試験問題の作成とありますが，自分もしくはほかの人を対象に作成したのですか。
- 試験問題をもらった学生もあなたと同様に80点以上取れたのですか。
- 軽音楽部ではなんの楽器を担当していますか。
- トランペットはいつから始めましたか。
- 部活では何か役職に就いていますか。
- パート練習をするうえで気をつけていることを教えてください。
- 部活動に入部して，入部前と比較して成長を感じたことがあれば教えてください。

左の面接官 -

- 激甚災害に関心を持っている理由。
- 避難生活でのエピソード。
- 避難生活では誰かと協力したことはありますか。
- 自己PRに「誰とでも話せる」とありますが，避難生活でも実践できましたか。
- 趣味の楽器演奏はどのくらいの頻度で行っているのですか。
- 趣味の楽器に対し，目標を教えてください。

感想・アドバイス

　人事院面接はネガティブチェックの意味合いが強く，面接時間も少ないため，スムーズに回答することが求められると思います。

　主に面接カードの内容を深掘りされたので，記載したことはすべて答えられるように準備しておくことが必要です。加えて，「成長できたこと」についても聞かれる可能性が高いため，今までの行動を振り返っておくことが重要だと思います。

　また，志望動機に関して，やってみたい仕事を質問される可能性もあるため，志望官庁について調べ，業務内容についても把握することをお勧めします。

国家一般職

- 二次（人事院面接）
- 個別面接（面接官：3人）

面接の内容

中央の面接官 -
- 専攻分野と志望している官庁では分野が違いますが，活かせる部分はありますか。
- （面接カードの志望動機から）人の役に立ちたいと思ったきっかけ。
- 卒論はなぜこのテーマにしたのですか。

右の面接官 -
- 学業のガクチカに取り組もうと思ったきっかけ。
- （取り組んだものが珍しいものだったので）内容について深掘り。
- （面接カードに書いた）人の気持ちを理解する力とは具体的にどのようなことですか。
- サークルのガクチカについて，行った具体的な取組み。
- 周りからの取組みへの評価。
- サークルでの役職。

左の面接官 -

- アルバイトでの役割。
- どのくらいの期間やっていたのですか。
- 身につけた力などはありますか。
- 気になるニュース（画像制作AIによる著作権侵害）について気になったきっかけ。
- 具体的にどんな対策が考えられますか。
- 趣味から得たものはありますか。

感想・アドバイス

　面接官は優しい方々で，ずっと笑顔で話を聞いてくれました。笑顔で聞いてくれるので，私は少し話しすぎてしまったと反省しています。皆さんは端的に回答したほうがよいと思います。

　質問内容は面接カードにあることしか聞かれなかったため，面接カードに書いたことを詳しく話せるように準備しておくとよいと思います。

　7月後半で暑かったのでジャケットは持たずに行きましたが，室内はエアコンが効いていて涼しかったので，寒がりの人は注意してください。面接官は全員クールビズで半袖でした。受験者は，男性はほとんどクールビズで，女性はジャケットを着ている人もいました。長袖の人の割合が多いですが，半袖の人もいました。評価には影響はないと思うので自分の体調に合わせてください。

　マスクの着用は自由で，面接官はマスクをしていませんでした。受験者は，面接室に入る直前に外している人が多かったです。

　また，証明写真は，写真屋ではなく道に設置されている証明写真機で撮ったものを使用しましたが，問題ありませんでした。

　二次試験の適性検査では，マークシート記入のために鉛筆が必要なので，忘れないように気を付けてください。

　また，順番によっては待ち時間が長いです。本などを持っていくとよいと思います。スマートフォンは電源を切らなくてはいけないので使えません。

国家一般職

- 二次（人事院面接）
- 個別面接（15分，面接官：3人）

面接の流れ

　面接室から離れた場所に控え室があり，自分の2番前の人が控え室に戻ってきたら面接室に向かう，

という流れでした。２番前の人の顔を覚えておかないと，いつ面接室に向かったらよいのかわからなくなるかもしれません。

面接の内容
- 志望動機。
- 志望動機にあるホームレス問題に関する授業とはどんな授業ですか。
- 志望動機にあるように，人々が安心して社会制度を活用できるようにするためには何が必要ですか。
- そのために公務員として何ができますか。
- あなたがやりたいことは NPO 法人でもできるのではないですか。
- 部活動で対立を解決したとありますが，価値観の異なる人と接するときに気を付けていることはなんですか。
- それに関してほかにエピソードはありますか。
- 物流の 2024 年問題に関心があるとのことですが，どのような問題なのか説明した後に解決策を教えてください。
- 趣味の城巡りはいつ頃から始めましたか。
- おすすめのお城を PR してください。

感想・アドバイス
　面接カードに沿った質問が多く，きちんと対策しておけば対応できる内容でした。志望官庁ではなく，国家一般職全体の志望動機を述べましたが，抽象的になりすぎたため，深掘りされてしまいました。志望動機は戦略的に練っておくべきだと思いました。

国税専門官
- 二次
- 個別面接（15分，面接官：3人）

面接の内容
- 朝食は何を食べましたか。
- これまで大きな病気をしたことはありますか。
- 今日は何時に起きましたか。
- 志望動機。
- なぜ徴収官になりたいのですか。
- 徴収官以外だとなんの仕事に興味がありますか。
- 調査官のどの部門に興味がありますか。
- 併願先と志望順位。
- なぜ労働局を志望しているのですか。

- 専攻分野について。
- ストレス解消法。
- ピアノをやってきてつらかったこと。
- それをどう乗り越えましたか。
- 転勤は大丈夫ですか。
- 知らない人とどうやって仲良くなりますか。
- これまでやってきたことと国税専門官の仕事がかけ離れていますが，なぜ音楽の道に進まなかったのですか。
- ガクチカに関するエピソード。
- 今日の面接に点数を付けるなら何点ですか。

感想・アドバイス
　面接カードに沿った質問がほとんどで，しっかり準備をしていれば対応できると思います。志望理由を深掘りされたり，併願先の志望理由を聞かれるなど，国税専門官が第一志望なのか確かめるような質問が多かったです。

　最初に緊張しすぎて受験番号をど忘れしてしまったので，併願先の受験番号も含めてしっかり記憶しておく必要があると思いました。

国税専門官
- 二次
- 個別面接（15分，面接官：3人）

面接の内容
- 緊張していますか。
- 緊張したとき，どうしていますか。
- 志望動機。
- 併願状況。
- どこの局を志望していますか。第一〜三志望はどこですか。
- 国税専門官に必要なもの，必要な力はなんですか。
- 打たれ強さはどうやって培ったのですか。
- 転勤がありますが，大丈夫ですか。
- ひとり暮らしの経験はありますか。
- 趣味は料理だと面接カードに書いてありますが，得意料理はなんですか。
- 作り方を教えてください。
- 最近興味をもった事柄はなんですか。
- ほかに興味をもった事柄はありますか。
- ストレス発散法。
- 前職での成功談，失敗談。

●趣味は高校野球観戦だと面接カードに書いてあり
ますが，どんなところが魅力ですか。

国税専門官

- 二次
- 個別面接（面接官：3人）

面接の内容

●志望動機。
●学生時代に力を入れたこと。
●力を入れたことの深掘り。
●資産課や個人課税課の中でどれに興味があります
か。
●税務署訪問はしましたか。
●アルバイトの経験について。
●併願状況。

感想・アドバイス

　国税専門官の面接は，圧迫されることが多いイ
メージがありましたが，実際には圧迫されることは
ありませんでした。いずれにせよ，明るくはきはき
と話すことによって面接官に良い印象を与えられる
と思います。

　国税専門官は，ほかの試験と違って面接日に身体
検査も行うので，面接までにかなり疲れます。その
ため，前日はしっかりと睡眠をとり万全の状態で面
接に臨むことで，良い結果を残せると思います。

財務専門官

- 二次
- 個別面接（面接官：3人）

面接の内容

面接官① -

●志望動機。
●志望動機の具体的説明。
●財務専門官はいつ頃から知っていましたか。
●専攻分野について。
●プレゼンは慣れていますか。
●プレゼンする際に気を付けていること。

面接官② -

●興味を持った事柄について，そのきっかけ。
●サークル活動について。

面接官③ -

●（選挙などに関心があるようだが）もともと公的
なものに興味があるのですか。
●学長奨励賞とはどんなものですか。

面接官①に戻る - - - - - - - - - - - - - - - - - - -

●人とコミュニケーションをとる際に意識している
ことはなんですか。
●質問はありますか。

感想・アドバイス

　結構深く聞かれた印象なので，しっかり準備して
おいたほうがよいと思います。全体にかかった時間
は約2時間30分でした（面接は5人中3人目）。

労働基準監督官

- 二次
- 個別面接（20分，面接官：3人）

面接カード記載事項

●志望動機，受験動機。
●専攻分野，得意分野。
●最近関心や興味を持った事柄。
●印象深かったこれまでの体験。
●自己PR。
●趣味，特技など。

面接の内容

●志望動機。
●直接現場に出向くとありますが，業務について
知っていることを教えてください。
●訪問したとありますが，それは説明会ですか。
●説明会は労働基準監督官になりたくて参加したの
ですか，それとも，いろいろな職業を知るための
一つとして参加したのですか。
●実家はどこですか。
●卒論について。
●ガクチカについて。
●自己PR。
●車の整備，カスタムとはどんなことですか。
●車種は何ですか。
●部活の競技で，ベストはどのくらいですか。
●整理と整頓それぞれの意味はなんだと思いますか
（特技に整理整頓と書いていたため）。
●併願状況。
●市役所は志望していないのですか。

　身体検査が本当に暑かったです。昼休憩は割と長めにあるので，外で食べる時間もあります。

　一通り面接カードの内容を質問された後は，面接官がその場で気になったことを聞いてくる感じでした。そのため，対策をするというよりは，面接カードに事実を書いて，思い出しながら話すとよいと思います。

裁判所一般職（裁判所事務官）

- 二次
- 個別面接（面接官：3人）

面接の内容

面接官① -
- 試験会場までの交通手段，気候について。
- 今の住所について（就活中で住所を実家に移していたため）。
- 大学での授業はリモートが多かったですか。
- 大学で友達を作るのに苦労しましたか。
- 積極的に人に話しかけに行くのは得意ですか。

面接官② -
- 大学の授業で取り組んだこと。
- サークル活動について（深掘り）。
- サークル活動で苦労したこと。
- サークル活動で工夫したこと。
- サークルに入ろうと思ったきっかけ。
- 裁判所について興味を持ったきっかけ。
- 裁判所のIT化について（志望動機に書いていたため）。

面接官③ -
- 自動車運転免許について（違反歴の有無）。
- 併願先の状況（合格状況など）について。
- 勤務先の希望について。

面接官①に戻る - - - - - - - - - - - - - - - - - -
- 最後に質問はありますか（やりがいを聞くと，3人の面接官が熱心に語ってくれた）。

感想・アドバイス

　裁判所の面接官は優しい方が多かったので，会話を意識してリラックスして答えるとよいと思います。

岩手県一般行政A

- 二次
- 個別面接（面接官：3人）

面接の内容

- 志望動機。
- 学生時代に力を入れたこと。
- 自分の長所，それが活かせたこと。
- 自分の短所，克服するためにしていること。
- 目標達成に向けて取り組んだ経験。
- 面接カードに記入したもの以外で関心のあるニュース，また，それについての意見。
- 公務員試験の勉強で大変だったこと。
- 理系なのになぜ行政職なのですか。
- 採用されたらどのような仕事がしたいですか。

感想・アドバイス

　面接の順番は，会場に着いた順ではなく，あらかじめ決められているので，急がずにリラックスして会場に向かうことをお勧めします。早すぎると会場に入れず，外で待機となることがあるため，特に暑い時期は開場と同時くらいに到着するのがベストだと思います。

福島県行政事務

- 二次
- 個別面接1回目（20分，面接官：2人）

面接の流れ

　面接室が人によってバラバラで，当日に道順を覚える必要がありました。

面接の内容

- 志望動機。
- 卒業研究をどう地域活性化につなげますか。
- どうして卒業研究が教授に評価されたのですか。
- チームではどういった役割ですか。
- チーム内で意見が対立したらどうしますか。
- 公務員に必要なことはなんですか。
- 住民と行政が対立したらどうしますか。

個別面接2回目（30分，面接官：2人）
- 集団討論はどうでしたか。
- 想定していたテーマでしたか。
- 集団討論では公務員の副業に賛成とのことでしたが，面接カードには公務員は全体の奉仕者だと書

いてあります。どうして賛成と述べたのですか。
- 長所はほかにどのような場面で活きましたか。
- コロナで授業がどのように制限されたのですか。
- 友人からどんな人だと言われますか。
- どうして部活動の部長になったのですか。
- 副部長と部長の違い。
- 部活動の展示会で改善点はありますか。
- どうして地域活性化事業に参加したのですか。
- アルバイトで理不尽なクレームはありましたか。
- そのようなクレームにどう対応しましたか。
- 公務員の不祥事について。
- 公務員の不祥事を受けて県はどうするべきだと思いますか。
- 倫理的行動をとるために心掛けていること。
- 併願状況。
- 市役所も受けるようですが，なぜ福島県を受けるのですか。

感想・アドバイス

　面接カードの内容をかなり深掘りされました。面接カードの内容からどのようなことを聞かれるのか想定し，対策をしておくことが重要です。1回目の面接は固い雰囲気でしたが，2回目の面接は面接官が笑顔で，受験者が話しやすいように配慮していると感じました。面接官と会話することを心掛けるとよいと思います。

茨城県事務（知事部局等Ａ）

- 二次
- 個別面接（10分，面接官：2人）

面接の内容

- 緊張していますか。
- なぜこの大学および学部を選んだのですか。
- 専攻分野について詳しく説明してください。
- 中高で吹奏楽部に所属していたということですが，なぜ副部長に選ばれたのですか。
- 推薦ですか，立候補ですか。
- （推薦と答えて）なぜ選ばれたと思いますか。
- 大学のサークルの内容について。
- サークルの副代表は，推薦ですか，立候補ですか。
- （立候補と答えて）なぜ自分が副代表に適していると思ったのですか。
- 併願状況。

- （併願状況の）優先順位。
- なぜ市役所は併願しなかったのですか。

感想・アドバイス

　志望動機や自己PRについて一切聞かれなかったので，答えに詰まる場面が多かったです。面接カードに書いてあることはどんなことでも聞かれると思っておいたほうがよいと思いました。

東京都Ｉ類Ｂ（土木）

- 二次
- 個別面接（30分，面接官：3人）

面接の内容

- 1分で自己PR。
- 大学院での研究内容。
- その研究はどのように役立てられますか。
- 東京都を志望した理由。
- どのような東京都をつくっていきたいですか。
- 防災のどのようなことをやりたいですか。
- 無電柱化をすると，どのようなところで防災につながるのですか。
- 現職でつらいこと。
- クレーム対応で気をつけていること。
- 住民が窓口にクレームをつけに来たらどうしますか。
- それでも納得しなかったらどうしますか。
- 趣味のサイクリングは交通ルールを守って走っていますか。

感想・アドバイス

　30分と比較的長い面接でしたが，あっという間に終わったように感じました。厳しい質問や深掘りはあまりなかったので，話しやすかったです。

神奈川県総合土木

- 二次
- 個別面接1回目（面接官：2人）

面接の内容

- 人生の中で力を入れてきたこと。
- 具体的な内容。
- 困難を乗り越えるために工夫したこと。
- 自覚している短所。
- 改善するためにやってきたこと。

- ほかの短所。

● 個別面接2回目（面接官：3人）

- 経歴の確認。
- 大学を選んだ理由。
- 前職を選んだ理由。
- 現在行っている個人事業について。
- 神奈川県を志望する理由。
- 土木職としてやりたい仕事。
- 神奈川県の事業の工事現場を見たことはありますか。
- 道路のどんなことがしたいですか。
- 政令指定都市と共通する部分。
- 政令指定都市と違う部分。
- 神奈川県の魅力。

感想・アドバイス

　1回目の面接は，すべての区分で受験番号順に班分けをされ，面接となるので，受験番号から面接の順番の推測はできませんでした。面接は自己紹介書の内容からしか聞かれませんでした。

　2回目の面接は，かっちりとした面接でしたが，深掘りはそこまできつくはありませんでした。聞かれたことについて，はきはきと答えられれば大丈夫だと思います。

静岡県行政 I

● 二次
● 個別面接1回目（面接官：4人）

面接の内容

- 志望動機。
- これまでの経歴。
- 教員採用試験は受験しないのですか。
- 自分の得意分野について。
- 人間関係で気を付けていること。
- 最近のニュースで腹が立ったニュース。
- 今までで一番つらかったこと。

● 個別面接2回目（面接官：4人）

- 県の行政の最重要課題はなんですか。
- 伊豆山の土石流の盛土について。
- リニア中央新幹線の大井川の水の問題について。
- 静岡県の行政についてどうやって情報収集しましたか。
- 教員の経験で行政に活かせることはなんですか。

- 教員の多忙化を解消するためにどのようなことができますか。

愛知県行政 I

● 二次
● 個別面接1回目（面接官：2人）

面接の内容

- 今日は○○県から来ましたか。
- ○○県はどうですか。
- ○○県のいいところ（面接カードに記載の現住所が愛知県ではなかったため）。
- 志望動機。
- 入庁したら行きたい部署。
- 趣味について。
- 部活で苦労したこと。
- 上司と意見が違ったらどうしますか。
- 部活の幹部は立候補ですか。
- なぜ立候補したのですか。
- キャプテンと幹部はどのような関係ですか。
- やりたくない仕事を振られたらどうしますか。
- どのようなときにストレスを感じますか。
- 仕事でもストレスを感じると思いますが，大丈夫ですか。
- 併願状況。
- どこが第一・二志望ですか。
- 落ちたら併願先に行くのですか。
- アルバイトをやっていた期間。
- 周りからどのような人だと言われますか。
- 部活で真面目にやらない人に注意はしましたか。
- なぜ教員ではなく県職員なのですか（面接カードに教育実習のことを書いたため）。

● 個別面接2回目（面接官：3人＋横に1人）

- 自己PR。
- なぜ愛知県なのですか。
- なぜ公務員なのですか。
- 法令に基づいた結果，相手にとって厳しいことを言わなければならないときもありますが，どうしますか。
- あなたのどんな部分を公務員に活かせますか。
- 書類のチェック漏れを防ぐために行った工夫。
- どんなときにストレスを感じますか。
- 知っている施策。

- その施策の担当者だったら何に気を付けますか。
- 幹部で苦労したこと。
- 大学生活で最も心に残っていること。
- アルバイトで塾の生徒から信頼を得るために気を付けていたことはなんですか。
- 体力に自信はありますか。
- 配慮すべきことはありますか。
- 併願状況と志望順位。

感想・アドバイス

国家一般職の人事院面接ではスマートフォンの使用は禁止ですが、愛知県の面接ではそのような制限はありませんでした。パソコンを持参し、県のパンフレットを見ている受験者もいました。

福岡県行政 [5年度]

- 二次
- 個別面接1回目（15分，面接官：2人）

面接の内容

- 緊張していますか。
- 自己PR（1～2分程度）。
- 留学で学んだこと。
- 志望動機。
- 長所と短所。
- 短所の具体的なエピソード。
- 趣味は，いつ頃からですか。
- 学生時代に一番力を入れたこと。
- 専攻分野について（「卒業論文は進んでいますか」など）。

- 個別面接2回目（25分，面接官：3人）

- 昨日はよく眠れましたか。
- 志望動機。
- 前の質問で回答した志望動機を持ったきっかけ。
- 興味のある業務（具体的に）。
- 面接カードに書いてある学芸員の資格は，仕事にどう活かしますか。
- 学生時代に一番頑張ったこと。
- 部活の人数は何人ですか。
- 自分の強み。
- ストレスを感じますか。また，ストレスを感じたときの解消法はなんですか。
- クレーム対応の経験。
- 併願先の確認。

- コロナ禍で変化したり成長したりしたこと。
- 周りと意見が衝突した際，どのような対応をするべきですか。
- （前の質問の回答は）実際にできていますか。

感想・アドバイス

初めての面接ということもあり、緊張しましたが、面接官は「少し表情がこわばっていますよ。どうぞ緊張せずに、普段の○○さんの話を聞かせてください」と笑顔で言ってくださいました。また、私が途中でかんでしまったときも、「落ち着いてゆっくりで大丈夫ですよ」と声をかけてくださるなど、緊張はありつつも和やかな面接でした。圧迫面接だったらどうしようと不安に思っていましたが、良いところを引き出そうという面接だったので、面接を経てより一層志望度が高まりました。

仙台市事務

- 二次
- 個別面接（面接官：3人）

面接の内容

- 志望動機。
- なぜ民間ではなく公務員なのですか。
- 民間でも良かったのではないですか。
- ガクチカ（深掘り）。
- アルバイトで楽しかったことや苦労したこと。
- 意見が食い違ったときどんな行動をしましたか。
- 長所。
- 挫折経験（どのように乗り切ったか）。
- 野球の魅力。
- 今注目している人物について。
- 家族は仙台市をめざすことをどのように思っていますか。

感想・アドバイス

深掘りは比較的少なく、淡々と進んでいく感じだったので答えやすかったです。仙台市での仕事に関することはあまり聞かれず、受験者の過去の経験などを重点的に聞いているように感じました。

横浜市事務 [5年度]

- 二次
- 個別面談（15分，面接官：2人）

試験会場は横浜市研修センターで，ブース形式で面談が行われます。扉は開きっぱなしになっていますが，入退室の挨拶はしたほうが良いです。

面接の内容

●学生時代に力を入れて取り組んだこと。
●アルバイトについて。
●横浜市でやりたい仕事。　など。

感想・アドバイス

事前に提出したエントリーシートに添った質問でした。政策についてはあまり聞かれないので，自己分析をしっかり行い，自身のエピソードについてしっかり話せるようにしておくことが大切です。「なぜこのように行動したのか」「どうしてこのように考えたのか」を思い出しておくと，話しやすいと思います。

短い試験時間の中，緊張した雰囲気で行われたので，緊張しながらもしっかり受け答えができるよう，模擬面接を何回か受けておくことをお勧めします。

● 三次
● 個別面接（30分，面接官：3人）

面接の内容

●志望動機。
●やりたい仕事。
●併願状況。
●区役所巡りはしましたか。
●チームでの経験で困難だったこと。
●公務員の魅力とは。　など。

感想・アドバイス

基本的な質問でしたが，横浜市の政策や課題について深く聞かれました。政策についてどのように考えているのかというところまで聞かれるので，単に政策を調べるだけでなく，自分の意見も考えておくと，慌てずに回答できると思います。また，二次面接で聞かれた内容を再度聞かれることもあるので，二次面接で答えた内容と矛盾しないよう，話したことをメモしておくと安心です。

面接の雰囲気はかなり和やかでしたが，その空気に流されてリラックスしすぎないように気をつけました。中には厳しい質問をされた受験者もいるようです。どのような雰囲気であっても，同じように自分自身のことを話せるようにしておくことが肝心だと思いました。

名古屋市事務

● 二次
● 個別面接1回目（20分，面接官：2人）

面接の内容

○アルバイト経験について（ガクチカ）

●どのようなことが大変でしたか。
●なぜ，始めたのですか。
●どのように工夫しましたか。
●社員との関係性はどうですか。
●働くことについてどのようなイメージを持っていますか。

○名古屋市を志望した理由

●名古屋市には魅力があると言っていましたが，具体的にどのような魅力がありますか。

○高校時代の部活動について

●部活動において困難だったこと。
●なぜそれを乗り越えられたのですか。
●部員からはどんな人だと言われていましたか。

● 個別面接2回目（20分，面接官：3人）

●緊張していますか。

○志望動機

●子育て支援について具体的にどのようなことを名古屋市で行いたいのですか。
●ほかの自治体と比べ，名古屋市が優れていると思う子育て支援施策はありますか。
●名古屋市の最近のニュースで何か知っていることはありますか。
●名古屋市の魅力はなんですか。
●それは東京のほうが魅力があるのではないですか。

○アルバイトについて（ガクチカ）

●困難だったこと。
●どうやってその困難を乗り越えましたか。
●なぜ，続けられたのですか。

○趣味について

●その趣味の魅力はなんですか。
●モチベーションを保つためにどうしていますか。
●今後，何か目標はありますか。
●最近イラッとしたことはありますか。

感想・アドバイス

5年度の名古屋市の試験は，A日程から外れた4月に実施であったため，非常に倍率が高く厳しい試

験でした。6年度の日程がどうなるかはわかりませんが，もし5年度と同じような日程での実施であれば，倍率が高くなることが予想されるため，名古屋市が第一志望の人は，筆記・面接ともに十分な対策をしたほうがよいと思います。

大阪市事務行政

- 二次
- 個別面接（面接官：4人）

面接の内容

- 志望動機
- 今の仕事ではやりたいことができないのですか。
- （自治体からの転職のため）公務員として働くうえで意識していることはなんですか。
- それは今の職場で実現できていますか。
- これまで困難だったことはなんですか。
- 就職前にイメージしていた自分になれていますか。また，何が課題ですか。
- 法律はなぜあると思いますか。必要性について。
- ルールを守らない人と出会ったことがありますか。また，どのように対応しましたか。
- 先輩や上司とのかかわり方。
- スケジュールどおりいかなかったことはありましたか。また，どのように対応しましたか。
- 業務で改善したほうがよいと思うこと。
- 併願状況。

感想・アドバイス

　面接後に現職の職員との相談会がありました。参加は任意で合否には影響はないとアナウンスされました。私は参加しませんでしたが，合格をいただけました。

　面接の質問は，周りくどい聞かれ方が多いと感じ，素早い理解力が試されると思いました。面接官は，あらかじめ共通で決められた質問をしていたため，会話をしている感覚があまりありませんでした。また，エントリーシートや面接カードの内容について質問されることはありませんでした。

広島市行政事務（法律）

- 二次
- 個別面接（15分，面接官：3人）

面接の内容

右の面接官 -

- 今回の面接は何回目ですか。
- これまでに面接を受けた公務員の職種。
- 広島市を志望する理由。
- 大学進学を機に広島に引っ越してきたのですか。
- 岡山県や明石市を受験していますが，将来的に地元付近に戻りたいという思いはありますか。
- 危機管理室のインターンシップに参加した理由。
- インターンシップに参加した期間。
- インターンシップではどんな活動をしましたか。
- 西日本豪雨を機にインターンシップに参加したそうですが，被災したのは地元ですか。

中央の面接官 -

- 面接練習はどのようなことを行いましたか。
- 模擬面接では何かアドバイスを受けましたか。
- アルバイト経験はありますか。
- どのくらいの頻度，時間でアルバイトを行っていますか。
- クレーム対応をしたことはありますか。
- どう対応しましたか。
- 市役所では多くの職員が福祉課や収納課に異動となり，直接市民と接することが多いです。中には極めて高圧的な態度をとる人もいますが，どう対応しますか。

左の面接官 -

- 周りの人からどのような性格と言われることが多いですか。また，その理由はなんですか。
- 緊張する傾向があるそうですが，緊張感を軽減させるために取り組んでいることはなんですか。
- 話すことは得意ですか。また，そのように考える理由はなんですか。
- 外国人に対応したそうですが，英語は得意なのですか。

感想・アドバイス

　面接前に併願先を記入する必要があることと，通勤ラッシュでのエレベーターの待ち時間を考慮し，集合時間よりも早めに到着することをお勧めします。面接までの待ち時間が長い場合もあるため，その時間は書籍や雑誌，あるいはコピーした面接カードを読んでいても構いません。

　扉を閉める際には必ず手を添えて閉めるようにしてください。閉めにくい扉だったため，私は最後ま

で手を添えて確実に閉めるように心掛けました。

金沢市事務

● 二次
● 個別面接（10〜15分，面接官：7〜8人）

面接の流れ

4人の面接官から質問されましたが，それ以外の面接官はいるだけでした。深掘りされることもなく，あっさり終わりました。

また，面接試験の前に面談がありました。職員2人と小さな部屋で向かい合って話す形式でした。「試験の配点には入らないので気楽にしてください」と言われ，和やかに話は進みましたが，面接カードの内容を一つ一つ聞かれ，深掘りされました。本番の面接試験では面接カードの内容についてほとんど何も聞かれなかったため，この面談である程度見られていたのではないかと感じました。

面接の内容

● 今日は何で来ましたか。
● 何分かかりましたか。
● 社会人として働くうえで大切なこと。
● これまでの経験から，人と衝突したときどうしてきましたか。
● 金沢市の図書館でアルバイトしているとありますが，それは夏休みの間だけですか。
● 学芸員は資格取得済みですか。また，この道に進もうとは思わなかったのですか。
● 市民の役に立つとはどういうことだと考えますか。
● 調査票に，「広く知られていない文化を広めたい」とありましたが，「広く知られていない文化」とはどういった文化ですか。
● 卒業論文について，金沢の三文豪の中で徳田秋声を選んだのはなぜですか。
● ほかの試験は残念だったようですが，ほかの就活の状況はどうですか。
● 金沢市が第一志望ですか。

感想・アドバイス

面接室は，しんとしていますがとても広いので，普段の練習より声を張るべきだと感じました。

面接試験は配点が高い割に驚くほどあっさり終わってしまうので，面接票，プレゼン動画，面談を大切にするとよいと思います。頑張ってください。

長崎市事務

● 二次
● 個別面接（10分，面接官：4人）

面接の内容

● これまでに最も力を入れて取り組んできたこと。
● コロナ禍ではどのようにしてモチベーションを保っていましたか。
● 今の学部学科に決めた理由。
● 長崎市のどこが好きですか。
● 長崎市でなければならない理由（長崎市以外の出身のため）。
● 長崎市でどのようなことをしたいか，例を挙げられるだけ挙げてください。

● 三次
● 個別面接（10分，面接官：4人）

● 長崎市職員のハラスメント報道があったが，知っていましたか。また，どう思いましたか。
● 自分がハラスメント被害に遭ったらどうしますか。
● 志望動機。
● やりたい仕事はなんですか。
● 短所にどう向き合っていますか。
● あなたが考える20年後の長崎市の理想像。
● そのときあなたはどのような職員になっていたいですか。
● 併願状況。
● 長崎市職員でなければいけない理由。

感想・アドバイス

二次試験は簡単な受け答えのみで深掘りする質問はありませんでした。また，受験番号と名前は椅子横の×印に立って自ら言うように事前に促されていた点，部屋に入ってすぐ手前に記録係の人が座っていた点などが，練習とは異なるシチュエーションだったため，少し動揺しました。

三次試験は二次試験と違い，幹部職員らしき人が面接官でした。簡単な受け答えのみではなく，深掘りする質問が大半を占めていたため，ストレス耐性を見ているのかもしれないと思いました。特に，長崎市の時事や長崎市職員としてどうあるべきか，どのような仕事を進めていきたいのか，長崎市職員でなければいけない理由などを細かく聞かれました。

PART 5

個別面接
データバンク
～実際質問例と面接カードが
ぎっしり!～

各種国家公務員，都道府県，政令市，市役所などの過去の面接における実際質問例をまとめてたっぷりお届けする。面接でもやっぱり大事なのは過去問！　過去に質問されたことは，また聞かれる可能性大だ。受験予定以外の試験・自治体の質問例も要チェック。さらに，面接カードの実例も一挙に掲載。

■ 国家公務員

試験名	面接の種類	【時間，面接官の人数，（受験者の人数）】実際質問例
国家総合職	個別	【15〜25分，面接官3人】志望省庁／友人と接するときはどんな感じか／サークル内で課題解決をした経験はあるか。その結果，どうなったか／ゼミナールの内容／ゼミナールで培ったものを国家公務員としてどう活かせるか／面接カードの学業欄に書いてある「エクスターンシップ」とは何か／「エクスターンシップ」から学んだこと／授業で行ったグループワークではどのような役割だったか／グループワークで大変だったこと／アルバイトで学んだこと／アルバイトで心掛けたこと／留学のきっかけ／留学ではどのようなことをしたのか／自分の興味があることにどのようにアプローチするか
国家一般職	個別	【15〜20分，面接官3人】待ち時間には何を考えていたか／公務員をめざした理由／国家公務員をめざした理由／なぜ地方ではなく国家なのか／志望官庁の志望理由／理系なのになぜ行政職なのか／学業で力を入れたこと，それをどう業務に活かすか／学生生活で力を入れたこと，それをどう業務に活かすか／学部を選んだきっかけ／修士論文のテーマ／学会発表で得られたこと／教育実習での経験を具体的に／留学で特に力を入れたこと／転勤も多いが大丈夫か／民間就活はしているか／併願先／興味のある業務／関心を持った社会問題／趣味と特技について（深掘り）／アルバイトで苦労したこと／ボランティア活動で感じたこと／自己PR／長所とそれが発揮された場面／自分に向いているのはどんな仕事だと思うか／部活で工夫したこと／周りからどんな人と言われるか／日頃から興味を持って取り組んでいること
皇宮護衛官	個別	【30分，面接官3人】緊張しているか／これまでの人生の中で，今の緊張度は何％くらいか／大学時代の部活について，努力したこと，失敗やトラブルはあったか。それにどう対処したのか／皇宮護衛官という職を志したのはなぜか／併願先／なぜ消防や警察ではないのか／皇宮警察には消防を行う部門もあるが，知っていたか。そのほかに皇宮警察について知っていることはあるか。やりたい職務はあるか／寮生活や集団生活，訓練についての不安はあるか／併願先に合格しているが，皇宮警察に合格した場合は必ず来てくれるか
法務省専門職員（人間科学）	個別	【15分，面接官3人】志望動機／これまでの経歴。その中で少年たちに伝えることのできるものはあるか。なぜそういった行動を取ろうと思ったのか／趣味について。オススメの観光地を2つ紹介して／友人からはどのような人と言われるか。友人関係の中でのあなたの立ち位置は／最後に法務教官の魅力について，もう1度述べて
財務専門官	個別	【15〜20分，面接官3人】民間就活はしているか／志望動機／公務員をめざしたきっかけ／学業について，何を学んでいるか，その研究から得たこと／ゼミ内で意見が対立したときはどうしていたか／達成感を感じるのはどういうときか／学生時代に力を入れたこと／アルバイトで大変だったこととその乗り越え方／ゼミで大変だったこと，難しかったこととその対処法／ボランティア活動でのあなたの役割／ボランティア活動で苦労したこと。どうやってそれを乗り越えたか／関心のあるニュース／趣味・特技／短所の克服法／最後に何か一言
国税専門官	個別	【15〜20分，面接官3人】志望動機／併願状況／やってみたい仕事／転勤は大丈夫か／集団生活はできるか／どのような社会人になりたいか／ボランティアを始めたきっかけ／アルバイトの内容，期間／専攻について／コミュニケーションが難しいときはどうするか／あなたの人生にタイトルをつけるとしたら／人からはどのような性格だと言われるか／友人は多いほうか／同僚で合わない人がいたらどうするか／ストレス耐性／興味を持った時事とその理由／もしあなたが面接官だったら，どんな人を採用したいか／長所についての具体的なエピソード／短所とそれをどのように改善するか／あなたを漢字1文字で表すと／趣味と休日の過ごし方／どんなときに幸せを感じるか／最近苦しんでいることとその乗り越え方／自己PR
労働基準監督官	個別	【15〜20分，面接官3人】労働基準監督官は高いところや危険なところに立ち入ることになるが，大丈夫か／大学のゼミではどういったことを学んだのか／興味・関心のあることについて，個人でできることはあるか／長所とそれが活きた経験／自己PRを詳しく／志望動機を詳しく／労働基準監督官を知ったきっかけ／どんな監督官になりたいか／労働法上に規定された女性の働き方についてどう思うか／あなたはどんな人間か／年上の人と対立したときはどうするか／職務はしんどいが，できるか。体力はあるか／就活で困ったことは
航空管制官	個別	【10〜15分，面接官3人】航空管制官を知ったきっかけ／管制という業務の特徴はなんだと思うか／大学時代のゼミの内容について詳しく／アルバイト経験が業務にどう活かせると考えるか／興味のあるニュースについて。どのような問題があると思うか／印象深い体験について詳しく
防衛省専門職員	個別	【15分，面接官3人】（基本的に面接カードに沿った質問）志望動機／興味がある部署，仕事内容／語学力／学生時代に力を入れたこと／自分の性格をどう思うか／趣味／ストレス解消方法／失敗談

試験名	面接の種類	【時間，面接官の人数，（受験者の人数）】実際質問例
裁判所 総合職 （裁判所事務官）	二次：個別	【25分，面接官3人】志望動機／（人権にかかわりたいと答えたので）なぜ地方公務員・家庭裁判所調査官・民間の介護職ではないのか／裁判傍聴で何を感じたか／地味な作業は大丈夫か／書記官・事務官の仕事内容の確認／短所のエピソードと改善策／趣味とストレス解消法／併願先の順位／希望勤務地と転勤について／グループでの取組みについて，そのときの立ち位置・具体的な内容など／希望しない部署に配属されても，大丈夫か／個人での取組みについて詳しく。その経験をほかで活かせているか／アルバイトで困ったこととその対応
	三次：個別	不明
裁判所 総合職 （家庭裁判所 調査官補）	個別	【30分，面接官3人】生年月日／集団討論は先ほど行ったものが初めてか。どうだったか。苦労したところは／少年非行に興味を持つきっかけとなった具体的な事件は何か／被害者支援についての考え・知識／家庭裁判所の仕事内容について／東日本大震災復興支援ボランティアに参加したきっかけ，学んだこと／長所と具体的なエピソード／短所と具体的なエピソード／あなたの短所は慎重というより，他人に同調するということではないか。どのように克服するか／趣味について：頻度，練習場所，目的，目標／総合職の仕事内容の確認，その仕事ができるか／併願状況と第一志望の確認／転勤の説明／病歴
裁判所 一般職 （裁判所事務官）	個別	【25～40分，面接官3人】模擬面接を受けた経験。何を指摘されたか／志望動機／説明会で感じたこと／どんな裁判所職員になりたいか／書記官と事務官の違い／子どもが裁判所職員に興味を示さないのだが，どうすれば興味を持ってもらえると思うか／学部で学んだこと／大学時代に頑張ったこと／アルバイト／個人・集団で頑張ったこと／友人はゼミナールと部活動，どちらが多いか／部活動／大人数の場では一番に発表するタイプか，周りの様子を見て発表するタイプか，発表はしないタイプか／長所と短所／周りからどんな人と言われるか／嫌だと感じた人はどんな人か／ストレス解消法／裁判の傍聴経験／併願先／裁判所は第一志望か／自動車運転免許／希望勤務地以外でも大丈夫か／転勤はできるか／就職活動の状況／裁判所が最近推し進めている施策は何か／併願先に受かったらどうするか／資格／逆質問
衆議院 総合職	個別	【20分，面接官4人】志望順位と併願状況。参議院事務局は受けていないのか／経歴の確認／現在の国政課題で関心のあることは何か／一番の失敗から学んだことは／職場を選ぶ基準。ワークライフバランスについて／志望動機／今も英語は勉強しているのか／調査部門に興味があると書いてあるが，具体的にどの部署か／公務員は国民から厳しい目で見られているが，理想の公務員像は／総合職は幹部候補生であり，リーダーシップを求められるが，向いていると思うか／前職があるが，職場の雰囲気を改善するために何かやったことは／民間企業でもう少し頑張れたと思うか／年下の人が上司になる可能性があるが，やっていけるか
衆議院 一般職	三次：個別	【25分，面接官4人】併願状況，志望順位／現在の国政課題で早急に立法府が対処すべきことは何か。それは行政府ですべてできるのではないか。地方の自主性にすべて任せてもよいのではないか／グローバル化について立法府はどのように対応すればよいか。それは行政府ですべてできるのではないか／衆議院事務局職員としてアピールできる強み／なぜ国家専門職を受験したか。経歴を見ると○○省などが適職と思うが／コンビニエンスストアのアルバイトでつらかったこと／ボランティア活動でつらかったこと
参議院 総合職	二次：集団	【70分，面接官4人，受験者6～7人】他人とは異なる自分特有のポイントで，最近テンションが上がったことはあるか／衆議院や国立国会図書館ではなく，参議院を志望した理由は／現在の国政，国会に対してどう思っているか。問題点に対する解決策も含めて答えて／外国人労働者の受入れに関するディベート
	三次：個別	【25～30分，面接官5人】志望理由は身上書に詳しく書いてあるが，最初にこれだけは伝えたいことがあったら教えて／公務員をめざすようになったきっかけは／インターンシップに参加した理由／関心事について：参議院の合区についてどう思うか。どうやってこの問題を解決するか／物静かな印象を受けるが，周りの友人からはなんと言われているか。ムードメーカーと呼ばれる理由は，何かあるのか／趣味は読書とのことだが，みんなでワイワイするよりも一人でいるほうが好きか
国立国会 図書館	二次：個別	【15分，面接官2人】志望動機／併願状況：民間企業も志望しているか，それとも公務員のみか。どこを受験しているか，すべて答えて／資格について，なぜその資格を取得したのか／ゼミナール活動での困難は。どのようにその困難を克服したのか具体的に教えて。教授からのアドバイスはあったか。ゼミナールとは関係ないテーマだが，矛盾していないか／ほかに質問などはあるか
	三次：個別	【25分，面接官5人】志望理由／志望時期／やってみたい仕事／なぜ民間を受けないのか／サークル・アルバイト・勉強・趣味・留学

面接カード（総合職）2023

このカードは人物試験の際に質問の参考資料とするものです。直接入力してA4で3部印刷して、又は、A4で用紙を印刷後ボールペンで記入して3部コピーのいずれかで、人物試験当日に持参してください。（様式の変更は禁止）
なお、出身校や会社名などが特定されるような記入は避けてください。（該当する□には✓を付けてください。）

試験の名称	試験の区分	ふりがな
第1次試験地	受験番号	氏 名

【最終学歴】 ※西暦
□ 大学院
　□ 博士・修士・専門職 ── □ 修了・卒業（　　　年　　月）
□ 大学 ── □ 在学（　　　年　　月修・卒見）
□ その他（　　　　　） ── □ 中退（　　　年　　月）
【専攻分野】

【職 歴】 □ ある　□ ない
主な職種

【これまでに取り組んだ活動や体験】達成感があったと感じたり、力を入れてきたりした経験について、どのような状況で（いつ頃、どこで、誰と等）、どのようなことをしたのか、簡潔に記入してください。
①学業や職務において

②社会的活動や学生生活において

③日常生活その他（資格、特技、趣味、社会事情などで関心のあること等）において

【志望動機】これまでの体験や自分の長所などを踏まえ、国家公務員としてどのような貢献ができるのか、具体的に記入してください。

【志望官庁】（複数可）

国家総合職

2023年度から、面接カードが入力可能なPDFファイルとなり、直接ファイルに入力して印刷したものを提出することが可能となりました。入力する場合は、面接カードのダウンロードページに掲載されている入力見本を参考にしましょう。手書きの場合は、1行当たり30〜35文字が目安です。

国家総合職では、コンピテンシー評価型の面接が行われています。高い業績・成果につながり、あなたの行動特性が現れる行動を客観的に記述することが大切です。

国家専門職

国家総合職と同様に、2023年度から、面接カードが入力可能なPDFファイルとなりました。さらに、国家専門職の場合は、罫線が引かれた様式となったことも大きな変更点です。特に［自己PR］や［趣味、特技など］の欄はスペースが狭いため、端的にまとめるとよいでしょう。

面接カード（専門職大卒）2023

事前に記入して人物試験当日に3部持参してください。
・直接入力してA4で3部印刷するか、又は、A4で用紙を印刷後ボールペンで記入して3部コピーしてください。該当する□には✓を付けてください。なお、様式の変更はしないでください。
・出身校や会社名などが特定されるような記入は避けてください。
※このカードは、人物試験の際に質問の参考資料として使用するものであり、記入内容が直接評価に影響することはありません。

試験の区分	第1次試験地	受験番号	ふりがな
			氏 名

【最終学歴】 ※西暦
□ 大学
□ 大学院 ── □ 修了・卒業（　　　年　　月）
　□ 博士　□ 修士 ── □ 在学（　　　年　　月修・卒見）
　□ 専門職
□ その他（　　　　　） ── □ 中退（　　　年　　月）

【職 歴】 □ ある　□ ない
主な職種

【志望動機・受験動機】

【専攻分野・得意分野】学業や職務経験を通じたもの（あれば、専攻演習、卒業・修士論文のテーマ等）

【最近関心や興味を持った事柄】社会生活、時事問題、社会情勢など

【印象深かったこれまでの体験】学校生活や職務、ボランティア活動、アルバイトなどの体験を通じて

【自己PR】長所や人柄について　　　　　　　　　　【趣味、特技など】

※84〜112ページに掲載している面接カードの出典：人事院および各自治体のホームページ。それぞれ約40%程度に縮小して掲載しています。

■ 地方上級

自治体名	面接の種類	【時間，面接官の人数，(受験者の人数)】実際質問例
北海道	個別	【25〜30分，面接官4〜5人】ここまでどうやって来たか／昨日はよく眠れたか／なぜ今の大学に入学したのか／なぜ今の専攻を選んだのか／ボランティアについて，具体的にどのようなことをしたのか／志望動機／どんな仕事がやりたいか／希望しない部署に配属されたらどうするか／併願先／国家一般職の志望省庁／民間企業も受けているが，どちらに重きを置いているのか／長所について／周りにいる人はどんなタイプが多いのか／あなた自身はどんなタイプか／なぜ地元の市役所を受けないのか／人生の失敗談／趣味で一番力を入れているもの／体力はあるか／自動車の運転はできるか／転勤は大丈夫か／高校ではどんなスポーツをやっていたか／高校時代の課外活動／今日の面接は何点か／最後に自己PRを
青森県	個別	【30〜40分，面接官5人】自己PR／志望動機／やってみたい施策や部門。その理由も／やってみたい施策について，それを向上させるにはどのようなことをしていくべきか／ほかにやってみたい施策，部門は何か。その理由も／関心を持ったことについて。なぜこれが気になったのか。それについて行政ができることは何か。もし自分の住んでいる地域がそうなったらどうするか／ストレス耐性／学業，専攻分野について。なぜそれをやりたいと思ったのか。それをどのように活かしていきたいか／学生生活で力を入れたことについて。それをやりたいと思った理由。苦労したことと，それをどのように克服したか。そこから学んだことと，それをどう活かしていきたいか／友人と意見が分かれたときの対処法／ボランティア経験とそこでの工夫／趣味，自己啓発／(職歴がある人への質問)離職理由／併願状況／理想とする公務員像。その理想像に近づくために心掛けること／理想の職場とは
岩手県	二次：個別	【20分，面接官3〜4人】研究テーマについて詳しく教えて。そのテーマについてどう考えているか／地域の情報発信はどのようにしていくのが良いのか／志望理由／(面接カードの性格の欄について)なぜ，□□性と△△性を「普通」にチェックしたのか／特技の○○は，どのようにやるのか，何が大事なのか／趣味について詳しく／資格試験や検定を受けた理由／「(面接カードに書いた)○○に自信がある」についての詳細／県がSNSをどんどん利用していく中で，岩手県は何をしたらよいか／大学生活でストレスがたまることは何か。どういうときにストレスがたまりやすいか／希望の職種に就けなくても大丈夫か／併願状況／民間企業も受けているようだがなぜか／併願先には県庁を受けることを伝えているのか，第一志望だと言ってあるのか／ゼミで学んだこと／卒論に取り組むうえで大変だったこと／サークル活動について，部長として気をつけたことは何か／公務員と民間の違いは何か／入庁したらやりたい仕事／ストレス耐性はあるか
	三次：個別	【20分，面接官4人】グループワークはどうだったか／併願状況／岩手県でやりたいこと／DXについて知っていること／押印の廃止に賛成か，なぜ賛成なのか／大学では経済学部ということだが，学んだ知識は岩手県の仕事に活かせるか／ストレス耐性／挫折経験はあるか
宮城県	個別	【30分，面接官3人】志望動機／携わりたい業務を3つ／大学の専攻，研究内容／大学の志望動機／学生時代に頑張ったこと／部活動について／留学で特に印象に残っていること／自分を文房具にたとえると何か／体は健康か／自分に向いているのはどんな仕事だと思うか／自分に向いていないのはどんな仕事だと思うか／自分が予想していない仕事や苦手な業務に携わらなければならないときもあるが，どう思うか／希望しない部署に配属されたらどうするか／あなたの友人を一人紹介して。仲良くなったきっかけと友人の性格，自分が友人からどう思われているか教えて／自分の性格についてどう思うか／短所を改善するためにどうしているか／資格／公務員の仕事のイメージ／いつから公務員をめざすようになったか／公務員に必要なスキルは何か／アルバイトで学んだこと／高齢者とのコミュニケーションで気をつけていること／併願状況／市役所と県庁の違い／職員としてやってみたいこと／自己PR
秋田県	個別1回目	【面接官3人】自己PR(1分で)／積極的に友達を作るタイプか，それとも話しかけられるのを待つタイプか／友達との関係の築き方はどのようにしているか／県民にどのように貢献するか／良い職場とはどんな職場だと思うか／集団ではどのような役割か(具体的なエピソードも)／友達と旅行に行ったことはあるか／旅行には自分から誘ったか，友達から誘われたのか／旅行の際はどのような役割を務めたか
	個別2回目	【面接官4人】もしも秋田県に不合格だったらどうするか／面接カードの志望動機に書いた以外でやりたい仕事はあるか／民間企業は受けないのか／民間を考えなかった理由／進学先(県外)に住んでみて，秋田との違いはあるか／関心事項(詳しく)／併願先／併願先の結果／県主催のイベントなどに参加したことはあるか／県のインターンシップで大変だったこと／なぜ市役所ではないのか／サークルについて。なぜそのサークルに入ったのか／サークルで印象に残っていること

口述試験Ⅱ面接カード

試験区分	職　種	受験番号	フリガナ 氏　名	年齢(年4月1日現在)	現住所
					帰省先　　　都道 　　　　　府県　　　市区 　　　　　　　　　町村

1　学歴・職歴　（職歴はある場合のみ記入。在学中のアルバイトは除く。）

学歴	学校名	学部・学科名	在　学　期　間　（□は✓印をつける。）
最　終			H・R　年　月から　H・R　年　月まで □在学(　年　月卒(修)見込)　□卒業・修了　□中退
その前			H・R　年　月から　　　　H・R　年　月まで □卒業・修了　□中退

職歴	勤　務　先	職　務　内　容	在　職　期　間	所在地 (名まで)
最　終			H・R　年　月から H・R　年　月まで	
その前			H・R　年　月から H・R　年　月まで	
その前			H・R　年　月から H・R　年　月まで	

2　受験の動機・理由について

3　他の就職試験等の状況について　（段階・結果の欄は○をつけてください。）

試験名・企業名等	段階		結果			試験名・企業名等	段階		結果		
	1次	継	他	合	不 未		1次	継	他	合	不 未

進学の検討状況（□は✓印をつける。）　□あり (院 ・ 大学 ・ その他)　□なし

4　学生生活や社会人生活について
○学生生活で最も興味をもった科目、卒業研究やゼミのテーマ又は就業経験で身につけた知識・技能

○部活動、学校・会社等でのサークル・クラブ活動、地域での活動等の経験

（裏面へつづく）

○学生生活又は就業経験の中で、最も印象に残ったことは何ですか。

5　今までに芸術やスポーツ活動等において、各種大会で実績をあげたり、表彰されたりしたことはありますか。
　また、アピールしたい資格・免許等があれば、書いてください。

6　自覚している性格について、長所と短所を具体的に書いてください。
〔長所〕
〔短所〕

7　学生生活や社会人生活などで経験した困難や失敗の内容と、それをどのように克服したのか、具体的に
　書いてください。

8　余暇の過ごし方や趣味等について書いてください。

9　自己PRを書いてください。
　また、栃木県職員になったときに、どのような仕事に取り組んでいきたいかを書いてください。

項目はいずれも典型的なものなので，難しく感じることはないでしょう。3「他の就職試験等の状況について」は，正直に書いてください。ウソを書いて話のつじつまが合わなくなると，かなりのマイナス要因になります。併願先については，キャリアビジョンなどを示し，受験の理由を論理立てて説明できるようにしておきましょう。

7「学生生活や社会人生活などで経験した困難や失敗の内容と，それをどのように克服したのか」については，高い目標に向かって主体的に行動した体験を思い浮かべると書きやすくなります。9「自己PRと，栃木県職員になったときに，どのような仕事に取り組んでいきたいか」については，自身の強みを仕事においてどのように活かせるかという視点で，具体的に書くことが大切です。

自治体名	面接の種類	【時間，面接官の人数，（受験者の人数）】実際質問例
山形県	個別1回目	【15分，面接官2人】自己PR（1分間）／どんなアルバイトをしていたのか。任されていた重要な仕事は何か。なぜそれを任されたと思うか。なぜそこでアルバイトをしようと思ったのか。アルバイトを通じて受け身な性格を克服できたか／なぜサークルの幹部になったのか。サークルの幹部の決め方。いつから，どのくらいの期間，サークルの幹部をしていたのか／サークルの幹部の経験で得たことを仕事にどう活かせると思うか
	個別2回目	【30分，面接官3人】公務員をめざした理由。きっかけとなった経験／学業に加え，アルバイト2つとボランティア，サークル活動を行っていたそうだが，忙しくなかったのか／友人にはどのようなタイプの人が多いか。友人間でのあなたの役割／いけないとわかっていながら，やってしまったことはあるか／ストレスを感じやすいほうか。ストレスを感じるのはどんなときか。ストレス解消法／ボランティアの内容，ボランティア活動で印象に残っていること／特技について：小さい頃から音楽に興味があったのか。ギターはいつ頃から始めたのか，なぜ始めたのか／○○検定を受けたきっかけ。検定の内容／大学でなぜその学科に入ったのか
福島県	個別1回目	【25分，面接官2人】志望動機：そのきっかけとなった活動での工夫。大変だったこと。業務に活かせること／志望していない部署に配属されることもあるが，良いか／サークル：活動内容。役職に就いていたか／アルバイト：クレームを受けた経験。上司に改善策を提案した経験。ほかに工夫したことは／自己PR以外の長所と短所／県の不祥事についてどう思うか
	個別2回目	【25分，面接官3人】自己PR：やっていた活動の概要。工夫したこと。活動の参加理由／サークル活動／社会教育に携わりたいという思いがあるのか。いつからそう思うのか／志望動機／ストレス対処法／併願しているが，県に受かったらどうするか。県の志望理由
茨城県	個別1回目	【20分，面接官2人】専攻分野について，詳しく教えて／なぜ，○○大学に進学したのか／趣味／（自己PR欄に記載した）大学の保健委員会で苦労したことは何か／部長になった経験が多いようだが，立候補か，推薦か。周りから言われたからやったのか。なぜ周りから支持されることが多かったと考えるか／苦手な相手とはどのようにかかわっていたか／英会話の大会を通して感じた衝撃とは何か／「アリとキリギリスの物語に登場するキリギリスの行動が理解できない」とあるが，あなたはアリのような人物なのか
	個別2回目	【30分，面接官3人】午前中の集団討論はどうだったか。集団討論の中でどんな役割を担えたか／部活動で部長を務めたとあるが，どのようにして部長になったのか／部長を務めるうえで，何か大変だったことはあるか／最近関心を持っていることと，それについての意見。ほかに関心を持っていることはあるか／短所について，それを克服するために意識していることはあるか／今までで一番つらかった経験は何か／苦手な人はどんなタイプか。公務員になったら苦手な人とどのようにして付き合っていくか／自分に公務員の適性があると思うところは／茨城県庁は第一志望か。その理由は何か／あなたが通っている大学がある地域で行われていたことで，茨城もまねすべきところはあるか／大学でまだ学び足りないことがあるそうだが，大学院に進むことなどは考えなかったのか／長所を茨城県でどのように活かせるか
栃木県	個別	【30分，面接官3人】併願先について，選考はどこまで進んでいるか。もし今受験しているところがだめだった場合，どうしようと考えているか／面接練習はしたか／予備校にはいつ頃から通い始めたか。長い間勉強しなければいけないので大変だったのではないか／どのようなゼミに所属していたか／栃木県で地域振興を行うとしたら，何ができると思うか／もともとなぜ公務員を志望したのか。それだと国で制度づくりをしたほうが良いのでは／民間は受けていないのか／長所と短所。その長所が培われたのはなぜだと思うか／飲食店でのアルバイトはどれくらい続けているのか。アルバイト先ではどのような立ち位置だったか／友人からはどんな人だと言われるか。それはなぜか／嫌いな人のタイプは。何かエピソードはあるか
群馬県	二次：個別	【20～30分，面接官3人】人に何かを頼むとき，気をつけることは何か／幹事長として大変だったことは何か／今までで一番力を入れたことは何か／サークル／ゼミ／アルバイト／勉強以外で力を入れたことは何か／いつから公務員をめざしたのか／なぜ群馬県なのか／併願状況／アルバイトで学んだことは何か
	三次：個別	【30分，面接官5人】1分間の自己PR／サークルについて／卒論はなぜそのテーマを選んだのか／やりたい政策は何か／志望動機／ゼミの内容について詳しく。なぜそのゼミを選んだのか。ゼミで学んだことを県職員としてどう活かすのか／市町村職員は考えなかったのか。それはなぜか／国家公務員試験を受けているが，なぜ県が第一志望なのか／休日出勤は可能か／希望以外の部署に配属されたらどうするか／（参院選の）19歳の投票率が18歳より低かったが，なぜだと思うか／ストレスはため込むほうか。ストレスを乗り越えた具体的なエピソード／長所／短所についての具体的なエピソード

埼玉県 面接カードの例

4「ボランティア・地域活動等について」は，そのような経験がない場合は，その理由に加え，興味のある分野や今後の活動予定を書きましょう。同様に，5「学校生活について」も，卒論テーマ，所属ゼミの研究テーマ等に該当するものがない場合は，興味を持った科目やテーマについて書くと良いでしょう。

この面接カードは第2次試験で使用します。第1次試験に合格した方は，黒色で濃くはっきりと記入の上，第2次試験の1日目に持参してください。なお，個別面接は2回実施します（警察事務は1回）。

上級試験　面接カード

埼玉県人事委員会

職　種		受験番号		ふりがな氏　名	令和6年4月1日現在　（　　）歳

1　県を受験した動機について具体的に書いてください。

2　採用された場合，従事してみたい仕事について具体的に詳しく書いてください。

3　これまでに力を入れてきたこと又は持てるような体験や知識・特技などについて，書いてください。

4　ボランティア・地域活動等について書いてください。

5　学校生活について書いてください。

学校	学部名	学科名	在学期間(見込)	卒論テーマ、所属ゼミの研究テーマ又は専攻分野
（該当に○）・高等学校・高等専門学校		―	年　月から年　月まで	
（該当に○）・大学　・短期大学・専修学校等			年　月から年　月まで	加入したクラブ活動・サークル活動、趣味等
大学院			年　月から年　月まで	

6　職歴（アルバイト含む）がある人は，書いてください。（3つ以上ある場合は，最近の3つ）

期　間	勤　務　先　等	雇用形態（該当に○）
年　月　日～　年　月　日		正規・その他
年　月　日～　年　月　日		正規・その他
年　月　日～　年　月　日		正規・その他

7　他の就職試験等の受験状況について

試　験　等　の　種　類	段階未	結合	果否	志望未順位	試　験　等　の　種　類	
埼玉県【上級・免資・小中職】	○	○			地方公務員 [　　]	
〃 [　　]					民間企業 [　　]	
国家公務員　総合職					進学その他 [　　]	
〃　一般職						

面接カードの例　東京都（I類A）

3「東京都で実現したいこと」に書く内容は，1「志望した理由」で述べた東京都職員としてのビジョンや，最後の「希望する行政分野」（環境，都市づくりなど7分野から選択）とずれないようにしてください。東京都I類Aは筆記試験でも高度な専門知識が問われますので，2「これまでに学んだ専門分野・研究内容」においても，希望する仕事に役立つ専門性を前面に押し出すと良いでしょう。

令和5年度

フリガナ
氏　名

面接シート　【I類A】

受験番号	2次　7月　日　組	

1　東京都を志望した理由について書いてください。

2　あなたがこれまでに学んだ専門分野・研究内容，その成果及びそこで得られた経験などを書いてください。受験する試験区分（職種）に関係するものがある場合は，そのことを中心に書いてください。

3　上記1、2の記入内容を踏まえて，あなたが東京都で実現したいことを，具体的に書いてください。2で記入したことをどのように活かせるかについても書いてください。

職　歴　□在職中（経験　社／在職期間　年　月）□離職中（経験　社／在職期間　年　月）□職歴なし

希望する行政分野　1　　　　　　　　2

※　出身学校名（留学先学校名を含む。）や，それが分かるようなことは記入しないでください。

自治体名	面接の種類	【時間，面接官の人数，（受験者の人数）】実際質問例
埼玉県	個別1回目・2回目	【1回目：15～20分，面接官2人／2回目：30分，面接官3人】公務員試験を受験したきっかけ／埼玉県を受験したきっかけ／志望動機／学生時代に力を入れたこと／県で従事したい仕事とその理由／アルバイト経験の有無・職種／併願状況／埼玉県が不合格だったらどうするか／長所・短所／どのようにして短所を克服したか／交友関係／あなたにとって友人とは／周りからどんな人と言われるか／仕事の中で苦手なことをする場面もあるが，大丈夫か／コミュニケーションで気をつけていること／あなたが考える埼玉県の特徴／埼玉県特有の課題は。その課題を解決するための政策として何が考えられるか／埼玉県の施策で気になっているもの／埼玉県内の直近3日以内のニュースで気になるもの／県の農産物の特産品について／埼玉県のイメージ／ボランティアを通じて見えてきた課題／海外のニュースで気になるもの／インターンシップ経験／あなたを動物にたとえると何か／健康状況
千葉県	個別	【30～40分，面接官3～4人】併願状況／志望動機／気になる時事／気になる国際情勢／入庁後に配慮すること／入庁後にやりたいこと／学生時代に力を入れたこと／最も困難だったこと／趣味／自分に欠けていると思うこと／ゼミ／集団をまとめた経験／リーダーに立候補できるとしたらどうするか／あなたはポジティブか，ネガティブか／冷静に見えるが，感情はあまり動かないほうか／最近あった楽しかったこと／アルバイト：始めた理由。つらかったことをどう乗り越えたか／県の課題について，解決のために何をすればよいか／あなたが考える千葉県の魅力／千葉県職員として働くために，現在取り組んでいること／自己PR
東京都	個別	【30分，面接官3人】会場に来るまで何を考えていたか／どれくらい緊張しているか／1分間自己PR／コロナ禍で大変だったこと。その中で努力したことや力を入れたこと／周りからどんな人と言われるか／サークルについて，大変だったことをどう乗り越えたか／東京都は大きな組織だがどのような問題が生じると思うか，その困難にどう立ち向かうか／志望動機，なぜ国家公務員ではないのか／やりたい仕事／自分の思いが都の方針と対立した場合，どうするか／ゼミでの役割と意識していること／ボランティアに参加した経緯，大変だったこと／アルバイトについて，大変だったこと，どのように対応したか／大学時代で一番楽しかった思い出／部活について，自分の代から変わったことはあるか。部活における挫折／公務員をめざしたきっかけ／なぜ東京都なのか／併願先／どのような職員になりたいか／やりたい仕事ができないこともあるが，大丈夫か／面接カードに書いてあること以外で興味のある都の政策や取組み／嫌いな人はどのような人か／ストレスがたまることはあるか／逆質問
		〔機械〕自己PR／研究テーマについて：水素ガスはどうやって供給しているか。炭素フリーのエネルギー供給は何パーセントをめざすべきだと思うか／機械区分を受験する理由／アルバイトでクレーム対応をしたことがあるか。具体的にどうやって対応したか／都民からのクレームにはどう対応するつもりか／民間は受けているか／民間でも普及活動はできるのに，なぜ公務員なのか／国家公務員は受けているか／日頃周りの人からなんと言われるか。それは自身でもそう評価できるか／東京都の魅力は何か。逆に政策で足りないことは何か／研究でストレスがたまったときの対処法／業務でストレスがたまったらどうするか
		〔I類A土木〕1分間自己PR／大学院での研究内容。世の中にどのように役立ちそうか。研究で大変だったこと／土木職を受験した理由・きっかけ／前職の内容／現在行っている個人事業について。事業で大変だったこと／東京都でやりたいこと／東京都の中で液状化が起こりやすいところ／さまざまな部署で働くことになるが，すぐになじめるようにどんな工夫をするか／住民から工事の騒音のクレームが来たらどう対応するか／あなたが考える理想の公務員像。それを実現するために現職の職員が心掛けること，気をつけること
神奈川県	個別1回目	【15～20分，面接官2～3人】最も頑張ったこと／アルバイトでどんな工夫をしたか／長所と短所／サークルや部活／仕事において，スピードと正確さのどちらが大切だと思うか／休日の過ごし方／（既卒者の場合）卒業後何をしていたか／今までの受験歴／なぜ今まで受からなかったと思うか／仕事で一番つらかったこと，やりがいを感じたこと／ストレス解消法
	個別2回目	【25～40分，面接官2～3人】志望動機／併願状況／なぜ神奈川県が第一志望といえるのか／公務員をめざすようになったきっかけ／大学の専攻分野について，なぜその学部に入学したのか／自分の長所の成功エピソード／学生生活で最も苦労したこと／一番長い間悩んだこと，その悩みをどのように解決したか／苦手な人はどんな人か，どのように対応していくか／普段から大きな決断ができるほうか／子どもの貧困を解決するために何が必要だと思うか／必ずしも希望した仕事に就けるわけではないが，大丈夫か／最後に何かあれば／（既卒者の場合）これまでの職歴，その会社に入った理由と退職理由／なぜ神奈川県を志望するのか／東京都や地元は志望しないのか／国家一般職の志望官庁は／その官庁と神奈川県の違い／職歴が複数あるが，神奈川県に採用されたら辞めないか／現役受験者と比べたあなたの強み／前職のやりがいとつらかったこと／中学・高校・大学のサークル活動や部活動について

自治体名	面接の種類	【時間，面接官の人数，（受験者の人数）】実際質問例
山梨県	個別1回目	【面接官2人】〔化学〕待ち時間には何を考えていたか／趣味は何か／気になるニュースとその理由／上司と意見が異なるときはどうするか／友達にはどう思われているか／ストレス発散法／学生時代にどういう役割を経験したことがあるか
	個別2回目	【面接官5人】〔化学〕公務員として必要な能力は何か／最近イライラしたことは何か／生まれ変わるとしたら，人間以外では何になりたいか／山梨県の課題は何か／ストレスを感じるのはどういう場面か／ストレスを感じた際はどうなるか／具体的にどういう仕事をしたいか／学生時代に行った研究内容
長野県	個別1回目	【20分，面接官2人】志望動機／長野県の魅力と課題／長野県の政策の中で興味を持ったもの，その政策についてもっと工夫できると感じている点／趣味／専攻している学問について／公務員試験の併願先，国家公務員で志望している官庁／希望の勤務地にそぐわない場合もあるが，大丈夫か／アルバイトについて，失敗したこと，改善したこと，工夫したこと／短所／精神面や身体面で不安なこと／最後に質問や言い足りないことがあれば
	個別2回目	【25分，面接官3人】志望動機（具体的に）／やりたい業務が抽象的だが，具体的にはどの業務をやりたいのか，ほかに興味のある業務は（理由も）／専攻した学問はどのようなことを学ぶものか（詳しく）／アルバイトについて，改善を図るために行動したことはあるか／趣味，サークル活動／オンライン授業を受けて思うことは／自覚している性格について，どのようなきっかけでその性格を認識したか／短所について，過去にその短所が表れてしまった場面はあるか（具体的に）／友人からどのような性格と言われるか／悩みを相談できる友人はいるか／相談することとされることのどちらが多いか／今までで一番困難だと感じたこと
新潟県	個別1回目	【30分，面接官2人】なぜ○○大学に入学したのか／なぜ法学部に入学したのか／ゼミナールについて／学生時代に最も力を入れたこと。そこで苦労したことは。そのときどのようなことを意識して問題解決に取り組んだか／新潟県で何をしたいか。ほかには（2回聞かれた）／併願状況／新潟県を受験した理由／やりたい仕事／アルバイトの内容。始めた理由，雰囲気／自己PR／長所が活かされたことは，面接シートに記載されていること以外で何かあるか／（既卒者の場合）志望動機／学生時代，アルバイトは何をしていたか／なぜ県外へ進学したか／大学での専攻は何か／学生のとき，一番失敗した経験／部活動での役割は何か。なぜその役職を選んだのか
	個別2回目	【30分，面接官3人】○○大学に入学した理由。法学部に入学した理由／いつから公務員になろうと考えていたか／勉強で最もつらかったこと。最も得意な教科／集団討論で司会をしたのはなぜか。集団討論に点数を付けるとしたら，何点か。それはなぜか／新潟県を志望した理由。やりたい仕事は。ほかには（3回聞かれた）／健康状態について／今までやってきたこと／併願先（深掘り）／午前中に実施した集団討論はどうだったか／部活動について／なぜ大学院に進んだか／自己PR（2分間）／この試験に落ちたら，今後どうするつもりか／民間の併願状況／民間と公務員の違いは。なぜ民間でなく公務員を選んだのか
岐阜県 ※受験案内に面接の回数は記されていない	個別1回目	【25分，面接官3人】志望動機／併願状況／大学での専攻／力を入れて取り組んだこと／ゼミナール活動について詳しく／ボランティアに参加してみようと思ったきっかけ／教育実地研究について／なぜ教員にならないのか／岐阜県の政策で興味のあるものは何か。自分だったらその政策をどう進めていくか／どの観光地をPRしていきたいか／カフェでのアルバイトの業務内容，一番対応に困った事例，そのときどうしたか／ストレス発散法／自己PR／オリンピックについてのあなたの意見／民間企業と公務員の違い／教員と公務員の違い／友人の中ではリーダーか，ついていくほうか／友達は多いか／友人関係や人付き合いの仕方について／友人があなたをほかの人に紹介するとしたら，どのように紹介すると思うか／（既卒者の場合）前職で挫折したことと，それをどう乗り越えたか／希望勤務地／今まで取り組んできたこと／健康状態
	個別2回目	【25分，面接官2～3人】志望動機／併願先すべてに受かったらどこを選ぶか／どの地域で働きたいか，その理由は／市や町ではなく県を志望する理由は／自分の印象について，友達にはどのように言われるか／自分の性格についてはどう思っているか／税の徴収や職員管理の業務があるが，どう思うか／ボランティア活動で気づいたこと／（ガクチカの内容について）リーダーと裏方があるが，自分ではどちらが向いていると思うか／新型コロナについて一番つらかったこと／最近一番ドキドキしたこと／最近関心を持った事柄／（既卒者の場合）前職を辞めた理由／趣味／ストレス解消法／今までに評価されたと思う点，失敗したと思う点／友人と食事の約束をしているのに，上司から残業命令があったらどうするか

面接カード

試験区分	(ふりがな) 氏名	生年月日	受験番号
		年 月 日 (満 歳)(R5.4.1現在)	

志望の動機
(なぜ岐阜県職員を志望しているのか、岐阜県職員としてどのように仕事をしていきたいと考えているのか記入してください。)

これまで特に力を入れて取り組んだことについて、どのような状況・場面で、どのようなことをしたのか、いくつか具体的に記入してください。(勉学、クラブ活動、社会的活動、職業体験等具体的に。)

(アルバイト歴、期間)

最近関心を持ったことがら(社会生活、時事問題など)について、あなたの考えを記入してください。

※ 裏 面 も 記 入 し て く だ さ い 。

記入欄が大きいタイプの面接カードです。このタイプのカードでは「読みやすさ」についての配慮が欠かせません。文字をぎっしり埋めるのではなく、箇条書きにしたり、結論を最初に述べるなど、「簡潔に伝える」ことを念頭に記入しましょう。行間をやや広めにとり、字間を均等にするだけでも読みやすくなります。

学生時代(高校・短大・大学等)のクラブ・生徒会活動歴

		クラブ名	クラブでの役割	主な大会、コンクールにおける成績、記録、段位等
学生時代における クラブ活動、生徒 会活動 (文化・スポーツ)	大学等		主将・部長・副主将 ・副部長・マネージャー ・その他( )	インカレ・国体等の全国大会出場経験　有・無 (結果　　　　　)
	高校		主将・部長・副主将 ・副部長・マネージャー ・その他( )	インターハイ・国体等全国大会出場経験　有・無 (結果　　　　　)
	校	生徒会活動歴		

各種社会活動
(ボランティア活動)
・消防防災
・スポーツ・レクリエーション指導
・社会福祉施設等でのボランティア
・手話、点字等ボランティア
・病院等でのボランティア
・国際交流、協力
・青年海外協力隊
・災害ボランティア
等

※ 活動内容、活動頻度(回/月)、継続期間、活動におけるあなたの役割、表彰歴等について、具体的に記入してください。

自己PR(自己の性格、特技や資格・免許等のほか何でも自由にあなたをPRしてください。)

健康状態 (該当するものにチェックをし、病気療養中の場合は[ ]に記入してください。)
□ 健康　□ 健康にやや不安あり　□ 病気療養中[　　　　　　　]

検定、資格免許(例えばTOEIC等) ※記入しきれない場合は主なものを記入してください。

名　称	種別(段級位等)	取得年月日	資格・免許等の取扱機関
		年　月　日	
		年　月　日	

職歴(ある場合は新しい順番に記入してください。)※在職中の場合は在職期間の終期は空欄にしてください。

勤務先	部課名	所在地 (市町村名)	在職期間	職務内容
			年　月　日から 年　月　日まで	
			年　月　日から 年　月　日まで	

就職試験等 の志望状況	国、地方公共団体の官公署等	民間企業等	志望順位(大学院進学等を含む。)
			第1志望
			第2志望
			第3志望

面接カードの例 **(裏)**

「学生時代(高校・短大・大学等)のクラブ・生徒会活動歴」や「各種社会活動」などの記入が求められていますが、コロナ禍で活動が制約された学生時代を過ごしたこともあり、該当するものがない人も多いでしょう。表面の注意点を参考に、「自己PR」欄をしっかり書くことが大切です。

自治体名	面接の種類	【時間，面接官の人数，（受験者の人数）】実際質問例
静岡県	個別1回目	【25分，面接官3〜4人】経歴の確認／併願状況／ストレスを感じる場面，ストレス発散法／教員にならない理由／教育関連以外の仕事でも大丈夫か／もし公務員試験にすべて落ちたらどうするか／最近の災害から静岡県が学ぶことは／やりたい仕事とその理由／面接カードに書いてあること以外で取り組みたいこと／あなたは周りからどう思われているか／集団討論ではリーダー性があるように見えたが，自分ではどう自覚しているか
	個別2回目	【15分，面接官3人】自己PR（2分）／なぜ静岡県を志望するのか／公務員をめざすようになったきっかけ／児童虐待にかかわると厳しい状況に遭遇することもあるが，大丈夫か／（面接カードの）趣味欄が個人で行うものばかりだが，集団で行う趣味はないのか／学生時代に学んだこと／部活動で苦労したこと／児童虐待防止対策以外にやりたいこと／地域防災力を高めるには，どのようなことが必要か／苦手な仕事は
愛知県 ※受験案内に面接の回数は記されていない	個別1回目	【20分，面接官2人】志望動機／ジョブローテーションについて／併願状況／インターンについて。内容，感想／アルバイトを始めたきっかけ。大変だったこと，うれしかったこと，学んだこと，気づいた課題，印象に残っていること／趣味について
		どのようにして会場まで来たか／志望動機／長所のエピソード／どんな仕事がしたいか／ほかに知っている愛知県の施策は／希望部署に配属されなくても，大丈夫か／併願先にも合格した場合はどうするか／他人からはどのような人に見られるか／希望の職種に就けなかったらどうするか／なぜ名古屋市ではなく愛知県か／今の仕事を辞めてまで公務員をめざす理由／公務員に求められることは何か／もし不合格になったらどうするか／合格した場合，上司をどう説得して退職するか／転職を考えていることについて，会社の人は知っているか
	個別2回目	【20分，面接官3人】短所とその克服法／ストレス解消法／社会人になる抱負／なぜ市役所でなく県なのか。なぜ専門職でなく行政職なのか／県の施策で気になるもの（2〜3個）。その理由／趣味について／残業が多いが，体力はあるか
		集団討論はどうだったか／趣味のカラオケでは何を歌うか。頻度は／愛知県を事前訪問した理由／興味のある課以外でやりたい仕事はあるか／残業は大丈夫か／あなたが県の職員に向いていると思うところはどこか／あなたが知っている県の政策は／あなたが窓口にいるときに，怒っている人が来たらどのように対応するか。それでもだめだったらどうするか／市役所と愛知県の違い。国家公務員と地方公務員の違い
三重県	個別	【25分，面接官3人】併願状況／公務員と民間の違いについて／人生であった3つのうれしかった出来事／趣味について／リーダーシップがとれるか／性格について。あなたの性格を一言で言うと／集団討論は自分の評価で100点満点中何点か
富山県	個別1回目・2回目	【1回目：15分，面接官3〜5人／2回目：15分，面接官7人】志望動機／富山県の良いところ／県を志望した理由／市ではなく県を志望する理由／希望しない仕事でも大丈夫か／アルバイトで困難だったこと／所属している学科に入った理由／富山県が東京と比べて違うと思うこと／どのように富山県のことを勉強したのか／併願状況／もし落ちたらどうするか／社会人クラブでバスケットボールをしているようだが，なぜ大学のクラブではなく，社会人クラブに入っているのか／やりたい仕事に企業誘致が書かれているが，ずっとバスケをしていて，県のスポーツ関係の仕事には興味がないのか。企業誘致のほうが書きやすいから書いたのか／心配性が短所と書いてあるが，実際どういったところで心配性が出るか／もし突発的な出来事が起きたときはどうするか／東京で勤務することもあるが，大丈夫か／卒論の内容／選挙のたびに公務員がバッシングされているが，なぜだと思うか／気になるニュース
石川県	個別	【10〜15分，面接官3〜5人】志望動機／採用後にやりたいこと／併願状況／大学のゼミで学んだこと
福井県 ※受験案内に面接の回数は記されていない	個別1回目	【15分，面接官4〜5人】福井県の良いところ／身近に公務員はいるか／打ち込んできたこと
	個別2回目	【15分，面接官4〜5人】
滋賀県	一次：個別	【20分，面接官3人】事前に提出した面接カードに記載した「ここ数年で，あなたが力を入れて取り組んだことや，時間をかけて取り組んだことのうち，成果があった取組」の事例1・2のどちらか1つを中心に聞かれた（どちらにするかは受験者が決める）：なぜ取り組んだのか，自分で工夫したことなど
	二次：個別	【20分，面接官3人】志望動機／なぜ国や市ではなく県を志望しているのか／やりたい仕事／ゼミ・卒論の内容／希望しない部署に配属されたらどうするか／力を入れて取り組んだこと／これまでに頑張ったこと／長所／併願状況／自己PR

様式第3　　　　　　　　　　　　　　　　　　　　　（その1）

面 接 カ ー ド

	試 験 の 種 類	試 験 区 分	受 験 番 号

事前に記入して1日目（集合日）に持参してください。
・ ボールペン又はサインペンを用いていねいに記入してください。
・ 学歴、職歴欄に学校名、企業名を記入しないでください。
・ 該当する□の中には✓印をつけてください。
・ 期間は和暦で記入してください。
※このカードは人物試験の際の質問の参考資料とするもので、この目的以外に使用することは一切ありません。

ふりがな
氏　名　　　　　　　　　　　　　　　　　（　　歳）

	最　終　学　歴
種類	□中学　□高校　□高専　□短大　□大学　□大学院　□専門学校等
期間	年　　月から　　年　　月まで
学部学科	（学校名は書かないでください）
区分	□卒業　□卒業見込　□中退　□その他

職　歴（ある場合は最も新しいものを記入してください。）

□ある（職種：　　　　　　　　　　　　　　）
　（期間：　　年　　月から　　年　　月まで）

□ない

志望動機とあなたが入庁したら、やってみたい仕事について記載してください。

あなたが自覚している性格（長所・短所）

日々、心がけていること

過去2・3年前までのことで、力を入れて自主的に行ったことや成果を出したことについて、具体的に書いてください。（学業など）

学生生活
専攻学部・学科を選んだ動機・理由
参加したクラブ活動・サークル活動・ボランティア活動の内容

趣味・特技など

最近関心や興味をもった社会問題、時事ニュース

検定・資格・免許の取得状況（英語検定、国家資格等）

志望動機以下の項目は，罫線の幅がかなり細くなっています。太い文字で罫線の幅いっぱいに書くと，全体が黒くなって読みにくくなるので注意してください。細字の発色の良いペンを選び，罫線の幅の8割程度の大きさで書くと良いでしょう。罫線に文字の下側をそろえると，横一線に書けてきれいに見えます。

令和5年度滋賀県県職員採用上級試験（大学卒業程度）［行政（アピール試験型）以外］

面接カード

●「行政（アピール試験型）」を除く試験区分について、第1次試験口述試験は、この「面接カード」の記載内容をもとに行います。

●この「面接カード」は、第1次試験筆記試験の当日（6月18日）に提出していただきますので、※欄以外は全て事前に記入していただき、A4用紙（片面）1枚に印刷し持参してください。（原則、パソコンで入力してください。）

●横書きで、英数字を用いる場合は全角文字とし、各設問について（）内の指定の文字数程度で答えてください。（様式やあらかじめ記入されている部分については変更しないでください。）
　なお、この「面接カード」を筆記試験当日に提出できなかった場合は、棄権したものとみなします。

試験区分	受験番号※	氏名	生年月日
			年　　月　　日（　　歳）

※受験番号欄は、提出の際に記入していただきますので、事前に記入しないでください。

●ここ数年で、あなたが力を入れて取り組んだことや、時間をかけて取り組んだことのうち、成果があった取組を1つ選び、以下の項目を記入してください。※成果について大小は問いません。

1. 取組を始めたきっかけ、成果（大小は問いません。）、困難だったこととそれをどのように乗り越えたのか、取組から得られたこと等を、できるだけ具体的に記載してください。　（文字数：400字程度）

2. 取り組んだ時期（学生時代であれば学年、就職後であればその仕事に従事して何年目かなど）

3. その取組を行ったときどのような役割だったか。（クラブ活動の「キャプテン」「会計」、企業における「プロジェクトリーダー」「スタッフ」など。）

第1次試験口述試験の際の参考資料となりますので、具体的に記入してください。

　原則，パソコンで入力し，印刷したものを筆記試験当日に持参する方式です。イベント開催などの一時的なものよりも，長期間，継続的に取り組んだ経験のほうがアピール度が高いです。事実の羅列に終わらせず，粘り強さが表れる行動を示すようにしましょう。

自治体名	面接の種類	【時間，面接官の人数，（受験者の人数）】実際質問例
京都府	一次：集団	【25〜35分，面接官3人，受験者4〜6人】京都府が国内外で姉妹提携等を結ぶとすれば，どこか。その提携で，具体的にどのような事業を行うべきか／面接カードをもとにした自己アピール（1分半）と，それに対しての質問／学業で力を入れてきたこと，入れていること
	二次：個別	【30分，面接官3〜4人】面接カードの内容について（大学のゼミ・サークル活動，併願状況，志望動機など）／なぜ京都市でなく京都府なのか／大学の所属学部を選んだ理由／希望どおりの部署に配属されなくても大丈夫か／一人暮らしはできるか／大学で何を学んだか／前職の仕事内容／大学で学んだことと仕事内容はつながっているか／前職は楽しかったか／前職の退職理由／併願先は地元ではないが，地元は希望しないのか／仕事でうまくいかないときはどうしていたか／休日の過ごし方／部活動について誇れる実績はあるか／学生生活で力を入れたことについて：その活動を始めた理由。困難なことと，それに対して，どう対処したか／あなたの強みを京都府の仕事でどう活かすか
大阪府	二次：個別	【15〜20分，面接官3人】志望動機／なぜ国家や市町村ではないのか／やりたいこと（2つ）／超高齢社会への問題意識について書いてあるが，府の現状をどう考えているか。具体的にどんな対策を考えているか／チームで協力して行った経験。その中での自分の役割，得たこと／友人の中でのあなたの立ち位置／リーダーシップを発揮した場面／ストレスを感じるときと，その対処方法／最後にアピールしたいこと
	三次：個別	【25分，面接官3人】大阪府でやってみたいこと／万博やIRの問題点／そのほかに携わりたい業務／大阪府はコロナ対策をどう進めていくべきか／長所。長所を活かすことができた場面／失敗した経験から学んだこと／周りの人に助けられたと感じることはあるか
兵庫県	二次：個別	【20分，面接官3人】併願状況（詳しく）／兵庫県の志望度とその理由／（志望度に関してやりたい施策に言及したので）兵庫県では今，それについてどのような施策をしているか／大学院に進学した理由／施策・仕事で活かせる自分の強み／サークルについて：大変だったこと。サークルの規模，人数。サークルの運営に参加したか。あなたの役職は。役職を経験しておもしろかったこと／大学生活は充実していたか。勉強中心だったのか／周囲と意見が対立したときは，どう対応したか／ストレス解消法／いろいろなことを経験したいほうか／短所。短所に関して，失敗したエピソード。その後，意識していること／羽目を外した経験
		〔小中学校事務職〕経歴の確認／一次試験の感想／現在の仕事（規模・内容）について／消防団の活動（訓練の規模・非常出勤の内容）について／自分の性格をどう思うか，またそれが学校事務職員に向いていると思うか／学校事務職員として子どもをどう支えるか／現在ボランティア活動をしているか／休日の過ごし方／教育問題で気になっていることは何か
	最終：個別	【25〜30分，面接官3人】これまでの兵庫県の採用試験の感想／志望理由／志望度の確認とその理由／やりたい業務とその方向性，今後の展望についてどう思うか／さまざまな部署への配属があるが，大丈夫か／学生時代に頑張ったこと，自己PR／大変だったこと。その活動を通して，どのような力を得たか。その力を業務にどう活かすか。その活動における印象的なエピソード／兵庫県への愛着やかかわり／公務員に悪いイメージはあると思うか。その理由。悪いイメージがある職に就こうと思ったのはなぜか。悪いイメージを払しょくするには，どんなことに気をつけて仕事をすべきか／併願先の確認／県職員をめざすに当たっての意気込み
		〔小中学校事務職〕志望動機／仕事内容についてどのように考えているか／併願しない理由／仕事をするうえで，教員とはどのような関係だと思うか，どのように連携するか／小中学校はどのようなところだと思うか／現在，興味のあること／なぜ教育事務職ではないのか
奈良県	一次：集団	【50分，面接官3人，受験者5人】自己PR／志望動機／やってみたい業務
		自分の性格を一言で表すとどうなるか。そのような自身の性格を両親はどう評価しているか／これまでの自分のキャリアを100点満点で採点するとどうなるか。その理由は／県の職員として取り組みたい施策は何か。これまでのキャリアや専門をその施策にどう活かすか
	二次：個別	【40分，面接官3人】グループワークの感想。一緒に働きたいと思ったのはどの人か。その理由は。テーマが児童虐待だったが，奈良県の取組みを知っているか／志望動機と併願状況／奈良県の職員としてやってみたいこと／あなただけの強み／上司と意見が合わないときはどうするか／最後に自己PRを簡潔に
		今までで一番頑張って取り組んだこと／苦手なタイプはどんな人か，そのような人とどう接するか／なぜ理系専攻なのに行政職を志望したのか。まだ理系採用の仕事に就きたい思いはあるか／志望動機／奈良県職員となってやりたい仕事

面接カードの例 **京都府**

この面接カードは面接時の参考資料として使用します。

〈記入上の注意〉　○ 自筆で濃く記入してください。該当のない場合は「なし」と記入してください。
○ 男・女、1・2などで区分している項目は該当するものを○で囲んでください。性別欄の記入は任意です。
○ 学歴欄・職歴欄は、記入例のように学校名や会社名などは伏せて記入してください。

面接カード（令和　年　月　日　現在）　※必ず両面印刷（短編綴じ）で提出すること

試験区分		ふりがな		男・女	この試験以外の官公庁又は民間企業等の採用試験	官公庁名（企業名）		
受験番号		氏　名	年　月　日生（満　歳）			職　種		
						合　否		
現住所	〒　　　　Tel・携帯（　　）－				進　学　試　験	大学（院）　　　　　科（修・博）		
					志望順位（京都府含む）	1	2	3
現住所以外の連絡先	〒　　　　Tel・携帯（　　）－				所属クラブ等（期間・役職・成績等）			
学歴	大学・高校等、学部、学科名	卒業（見込）等	在学期間		社会的活動、学生生活、クラブ活動、アルバイト等で力を入れてきたこと			
	最終		年　月～　年　月					
	その他		年　月～　年　月					
	その他		年　月～　年　月					
	その他		年　月～　年　月					
職歴	業種（職種）	所在地	在職期間		学業や職務において力を入れてきたこと			
	最終		年　月～　年　月					
	その他		年　月～　年　月					
	その他		年　月～　年　月					
	その他		年　月～　年　月					

裏面（次頁）も記入してください。

試験区分		受験番号		氏　名	
資格・免許趣味・特技		京都府職員を志望する理由			
試験区分の職を選んだ理由と、取り組みたい仕事や興味のある分野		あなたのこれまでの経験や取組を踏まえ、具体例を挙げた上で下記の求める人材像に照らして自分自身をアピールしてください。			

＜京都府が求める人材像＞
京都府では、府民目線に立ち、現場主義を徹底できる方、前例にとらわれず、果敢にチャレンジできる方、府民・市町村・企業・団体などあらゆる主体と連携・協働できる方を求めています。

横長の面接カードはやや珍しい形式です。表面（上段）の〈記入上の注意〉とホームページに掲載されている「面接カード記入例」に従って書いてください。生年月日と在学期間は和暦で書くこと。進学試験など該当のない欄に「なし」と記入するのを忘れないよう注意しましょう。「力を入れてきたこと」は、具体的かつ簡潔に書くようにしてください。

裏面（下段）に記載された〈京都府が求める人材像〉に照らしたアピールができるかがポイントです。なぜこのような人材像が求められているのか，京都府のまちづくりにおける具体的な問題点を意識して考えてみると良いでしょう。志望理由や取り組みたい仕事との整合性も考慮しましょう。

自治体名	面接の種類	【時間，面接官の人数，（受験者の人数）】実際質問例
和歌山県	個別1回目	【30分，面接官3人】年齢・学歴／ゼミ／国体ボランティアに参加して感じたこと／志望動機に「PRに尽力〜」とあるが，具体的には／ストレス解消法／面接カードの関心事項欄について，なぜそれらの事項に関心があるのか／自己PR／併願状況／入庁したらどんな仕事をしたいか／大学院を標準年数で修了できなかった理由／法律知識以外に身につけたい能力はあるか／入庁する場合，自宅から通勤するか／受験状況／和歌山県の特徴について／一次試験の感想／短所について。なぜそれが短所だと思うのか。どのような改善策をとったか／（他県出身者なので）なぜ和歌山県か／（職歴がある場合）なぜ退職したのか
	個別2回目	【30分，面接官3人】友達にはどのようなタイプの人が多いか。苦手なタイプの人は／団体の中でのあなたのポジション。メンバーをまとめるときに心掛けること／志望動機に書いてあること以外の和歌山県の課題は何か。それをどうしていけばよいか／県職員として必要な資質は／書かれている長所以外の長所は／関心事項／ストレスを感じるか／過去に落ち込んだこと／志望先／併願状況／周囲と意見が対立したときどうするか／クレームにどのように対応するか／あなたは県外在住だが，県外から見て和歌山県の良いところ・悪いところを率直に教えて／1分間で自己PR／ストレス耐性はあるか。ストレス発散法
鳥取県	個別1回目	【30〜45分，面接官3人】経歴の確認／併願状況／アルバイトの経験と，そこで身についたこと／失敗談について／自分の短所の具体例／なぜ学童保育のボランティアをしようと思ったのか／試験にすべて不合格だったらどうするか／集団討論の感想／自分の最大の武器は何か／今までで積極的に取り組んだ事柄は何か／人と接するのは得意か／志望動機／サークルについて／長所について／大学での研究について／趣味について／民間企業は受けたか／いつ勉強を始めたか／スポーツをしていたか／友人からどう思われているか／上司と合わなかったらどうするか／同僚と意見が対立したらどうするか／ストレスは感じるか／大学・学部を選んだ理由／学生生活で力を入れて取り組んだこと（2つ）／ゼミ活動での苦労について／公務員を志望したきっかけ／これまでの人生で一番大きな出来事／グループ内での役割
	個別2回目	【30〜45分，面接官3人】自己PR（3〜5分間）／志望順位／公務員にとって大事なことは何か／特技／子どもと大人の違いは何か／学生時代のサークル活動の内容／今までで責任感を持って取り組んだことは何か／友人は多いか。友人と遊ぶときは誘うほうか，誘われるほうか／友人から見たあなたの性格／大学での研究について／併願状況／アルバイトを選んだ理由。アルバイトで得たもの／民間企業は受けたか／なぜ鳥取県を志望しているのか／短所についての具体例。短所に対する自身の取組み／今までに挫折を感じたことはあるか／人を引っ張っていくほうが得意か，補佐する立場のほうが得意か／特技／ストレスを感じたことはあるか。最近イライラしたことはあるか／（自己PRで農業について語ったため）農業分野に予算を投じることの是非／大学進学の必要性について
島根県	二次：個別	【20〜30分，面接官4人】島根県職員を志望した理由／公務員のイメージ／島根県の課題は何か／どうすれば若者が島根県に残ると思うか／島根再生計画で県が取り組んでいることについて，知っていること／高校時代の部活動について，どんな役割を果たしていたか／（転職者なので）現職ではどんな仕事をしているか／公務員試験を受けていることについて，会社の人は知っているか／仕事でストレスはたまらないか。ストレス発散方法
		集団討論はどうだったか／所属する学部を選んだ理由，きっかけ／コロナ禍で学校に行けないなど，うまく活動できなかったとき，どうしていたか／自己紹介書にある「情報発信」について，現状の問題点や改善すべきポイントは何か／サークルについて詳しく教えて／異なる意見を聞き，まとめるのは難しいことだと思うが，気をつけていることは何か。また，その力が身についたきっかけは／知り合いのいない土地に行ったとき，なじめると思うか／研究室のほかの人の進路は，どのようなところか／自分の中で伸ばしたいと思う力／コロナ禍以前の学部時代で，小さくても良いので，自分の中で挑戦だったと思うこと／あなたを採用した際のメリット／逆質問／就職活動の状況
岡山県	個別1回目	【25分，面接官3人】1分間で自己紹介／ゼミ論文を書くために現地調査に行ったか／部活動でのボランティアへの参加は自分から提案したのか。なぜ個人ではなく部活動として参加しようと思ったのか／部活動について：なぜ始めたか。部員は何人か。辞めようと思ったことはあったか。他大学との合同練習は初めて企画したのか／アルバイトについて：どんなアルバイトをしたか。なぜそのアルバイトを始めたか。苦労したこと，どのようにその苦労を克服したか／高校時代の部活動では役職に就いていたか。後輩をまとめるのにどのような苦労があったか。部活動でうれしかったことは。リーダーをして成長できたことは／趣味

自治体名	面接の種類	【時間，面接官の人数，（受験者の人数）】実際質問例
岡山県	個別2回目	【35分，面接官4人】1回目の面接とどちらが緊張しているか／法学部に進学したのは将来を見据えてか／いつから野球を始めたのか。部活動で苦労したこと。大学で野球を続けなかった理由／部活動と学業の両立のために工夫していること／まちづくりのゼミナールについて／県の取組みとしてまちづくりに何が必要か／なぜ西日本豪雨に関心を持ったのか／避難訓練の出席率を上げるために何が必要か／アルバイト／特技／失敗を次にどう活かしたか／併願先／リーダーとして行動する際は自分ですべてのことをしようとするタイプか
広島県	個別1回目	【30分，面接官2人】過去のエピソードについて／志望動機／やりたい仕事／中学，高校の部活動／学生時代のサークルについて：どのような活動をしていたか。その中で自分が寄与できたことは何か。自分はどのようなポジションだったか。大変だったことは何か。どうやって解決したか。サークルの人数／現在やっている研究について
	個別2回目	【45分，面接官3人】志望動機／やってみたい職務／趣味／自己PR／学歴／なぜ公務員なのか。ほかの仕事ではだめなのか／前職を辞めた理由。キャリアがもったいなくはないか。前職の仕事内容，ポジション／新卒者と比べて自分を採用することのメリット／広島県について，改めたほうが良いところは何か／広島県は施策としてどのようなことをしたら良いか。やりたい施策について／研究内容を誰にでもわかるように説明して／今やっている研究をどのように仕事に活かすことができるか／広島県の仕事はどのようなものだとイメージしているか
		〔一般事務B〕プレゼンテーション（広島の魅力を伝えるキャッチフレーズ。4分間）。それについての質問／面接カードに沿った質問
山口県	個別	【10～15分，面接官3人】なぜ農学部から公務員をめざすのか／民間企業ではそれは無理だったのか／家族は公務員を志望することをなんと言っているか／農学の専門性を活かすことは考えなかったのか／インターンシップではどこに行ったか／公務員試験の勉強は大変ではなかったか／大学生活で一番頑張ったことは何か。その経験をどのように活かしていきたいか／友達からどのように言われることが多いか／ストレス発散法／アルバイトでの役割／サークルでの役割，大変だったこと／長所のエピソード／趣味のサッカーの魅力／ボランティア活動／併願状況／学生時代に取り組んだこと
徳島県 ※受験案内に面接の回数は記されていない	個別1回目	【10～20分，面接官2～3人】志望動機／やりたい仕事／10年後の目標／ストレス解消法／残業についてどう思うか／現場と中央（計画立案）のどちらがやりたいか
	個別2回目	【25分，面接官4人】自分の長所と短所／自己PR／面接カードに沿った質問（「なぜそう思うか」「具体的なエピソードはあるか」のような質問が多かった）／併願状況について
香川県	個別	【20分，面接官3人】スポーツ活動について／やりたい仕事とその理由／研究テーマと仕事の関連／継続して行っていることはあるか／短所について具体的に／（大学で研究した）富山県のコンパクトシティ政策のような政策を香川県で実施できるか。実施するうえで困難となることとその解決法／（3年間続けたランニングについて）始めたきっかけ，なぜ続けられたのか／やめようと思ったこと，つらかったこととその解決法／どんな友達がいるか／ストレス解消法／県職員としてどのような仕事がしたいか／県職員の仕事で不安，苦手だと思う仕事は何か
		〔心理〕志望動機／なぜ香川県を選んだのか／学歴について／ボランティアについて／アルバイトについて。アルバイトから学んだことは何か／香川県の魅力はなんだと考えるか
愛媛県	個別	【20分，面接官4人】志望動機／廃校になるとき，その地域の住民をどのように説得するか／なぜ理系なのに行政職を受験したのか／時事問題について職員として取り組みたいこと／短所／専攻分野／志望動機で述べたこと以外でやりたい仕事はあるか／愛媛県の課題
高知県	個別1回目	【15～20分，面接官3人】集団討論の反省点／志望動機／今までにやった部活動，部活動でのポジション，部活動で苦労した経験（エピソードも交えて）／アルバイトで身についた力は／周りからどんな人だと言われるか／ゼミ活動の内容／地方創生推進士を取得しているがこれはどのような資格か／企業へのインターンシップについて（詳しく）／公務員のインターンシップにも参加したようだが，どこへ行ったのか，その業務内容／高知県は第一志望か
	個別2回目	【15～20分，面接官3人】集団討論に点数をつけるとしたら何点か／受験先にすべて受かったらどうするか／英検を取得しているが，仕事で活かせそうなことはあるか／英語をよく話すか／サークル活動をしなかった理由／企業や公務員のインターンシップに参加したそうだが，高知県には行ったか／3～4年間隔で異動があり，本庁以外で市外の庁舎への異動もあるが，大丈夫か／残業が多い部署もあるが，大丈夫か／論作文試験は難しかったか

面接カード（県職員A）【1枚目】

試験区分		受験番号	

氏名	ふりがな		生年月日	平成　　年　　月　　日生 満　歳

住所	ふりがな　　　　　　　　　　　TEL（　　）　－　　（　　）　方呼出） 〒□□□－□□□□

学歴

	学校名（直近のものから順に）	学部・学科名	所在地	在学期間（和暦で記入）	修学区分
学歴				年　月～　年　月	卒・卒見込 在学中・中退
				年　月～　年　月	卒・中退
				年　月～　年　月	卒・中退
	（公務員予備校、専門学校等）			年　月～　年　月	卒・中退 在学中

学校

学校	専攻分野・得意とする分野、科目		
	クラブ活動（役職名）	高校	大学

活動・体験	印象深かったこれまでの活動・体験	
	（仕事、学生生活、アルバイト、ボランティア活動等での体験を通じて達成感を感じたことなど）	

志望動機等	志望動機及びやってみたい仕事

面接カード（県職員A）【2枚目】

試験区分		受験番号	

職歴

	勤務先（新しいものから）	所在地	在職期間（和暦で記入）
職歴			年　　月から在職中
			年　月～　年　月

		志望先	順位	志望先	順位
就職活動等	国・県・市町村等				
	民間企業・進学				

趣味等	趣味	
	特技	

最近関心や興味を持った事	

※自己PR（長所や人柄）	

※口述試験②では、ここで記入した内容を踏まえて3分程度の自己PRを行ってください。

岡山県（1枚目）

面接カードの例

　「活動・体験」の欄が広いことが特徴です。岡山県職員Aでは、二次で二段階の個別面接が行われ、配点が非常に高くなっています。第一次個別面接では、コミュニケーション能力、積極性、忍耐力・堅実性、協調性、創造力・企画力が評価されることから、こうした点をアピールできる自身の活動・体験を記載するとよいでしょう。

面接カードの例

（2枚目）

　「最近関心や興味を持った事」の欄には、社会一般の話題と受験先に固有の話題のどちらを書いても問題ありません。試験日の3か月前までの事柄を挙げると、面接官の共感を得やすいでしょう。欄が広いため、その事柄に関心や興味を持った理由と、自分なりの解決策も述べたいところです。また、第二次個別面接では、「自己PR」の欄に書いた内容を踏まえて3分間の自己PRを行うことになっていますので、内容をよく吟味してから書きましょう。

自治体名	面接の種類	【時間，面接官の人数，（受験者の人数）】実際質問例
福岡県 ※受験案内に面接の回数は記されていない	個別1回目	【25分，面接官3人】面接カードに書いた志望動機をもう一度自分の言葉で／専攻分野で学んだことはどのような業務でどのように活かせるか／ボランティア経験についてもっと詳しく／短所をどのように克服したいと考えているか／福岡県の取組みで注目しているものは何か。改善すべき点は何か／アルバイト経験はあるか／中学，高校ではどのような部活動に参加していたか／年下の上司，年上の部下にはどう接するか／あなたの強みは／気が合わない人とどううまくやっていくか／意見がぶつかったらどうするか／併願状況。第一志望はどこか
		〔農業〕耕作放棄地を減らすためにどう取り組んでいくか。それでもだめだったら
	個別2回目	【20分，面接官2人】目標達成に向けて，周囲と協力して取り組んだこと／大きなプレッシャーを受けてそれを乗り切ったこと／問題意識を持ってものごとに取り組んだこと
佐賀県	個別1回目	【25分，面接官2人】前職を選んだ理由。退職理由／大学で学んだこと／好きな画家／出身地と異なる佐賀県に住んでいる理由／計画的にものごとが進まなかった経験はあるか／佐賀県内での転勤は可能か／併願状況。どこが第一志望か／佐賀県という場所に物足りなさはないか。佐賀県の良いところと改善すべきところ／本当に佐賀県で一生を過ごす覚悟はあるか／なぜボランティアに行ったのか。ボランティアサークルを立ち上げた理由
		〔教育行政〕小中高のうちどこで働きたいか／面接カードにある学校の業務改善とは。具体的に何ができるか／部活動指導員に興味を持った理由。やってみたいこと／佐賀県内での転勤は可能か／併願状況。どこが第一志望か／佐賀県という場所に物足りなさはないか。佐賀県の良いところ，改善すべきところ／本当に佐賀県で一生を過ごす覚悟はあるか
	個別2回目	【25分，面接官3人】佐賀県に住んだ経緯／退職理由／佐賀県内で転勤があるが，大丈夫か／サークルの会長をしていたということだが，選び方や選ばれた理由は。サークルの活動実績。苦労したこと／前職で達成したこと／公務員試験はどのように勉強したのか。いつから公務員を考え始めたのか／これまで困難だったこと／最後にPRしたいことがあれば／併願状況。結果はいつわかるのか。第一志望はどこか／佐賀県の観光はどこを回ったか。吉野ヶ里遺跡はどうだったか。大隈重信の生家に行ったか。大隈祭りを知っているか。佐賀県についてどのような印象を持ったか／友人は佐賀県のことをどのように言っていたか／佐賀県の試験を知ったのはいつか。昨年は佐賀県を受験したか。昨年は民間企業志望だったのか
長崎県 ※受験案内に面接の回数は記されていない	個別1回目	【15分，面接官3人】コロナで世の中が大変だが，どう考えているか／長崎県を志望した理由／観光政策以外で携わりたい仕事は。なぜIR推進課に興味があるのか／希望の部署に行けないこともあるが，大丈夫か／クレームを言われることに慣れているか／離島勤務についてどう思うか／併願状況／公務員を志望したのはいつからか／自分は公務員に向いていると思うか／卒業論文は作成しているか／友人とはどのようなことを話すか
	個別2回目	【15分，面接官3人】自己PR（1分間）／志望動機と希望職種にズレがあるのでは／上司と意見が合わない場合，どうするか／アルバイトで苦労したこと／離島勤務についてどう思うか／長崎県でオススメしたい場所／長崎県の課題／若者の転出を防ぐためにはどうすれば良いと思うか／雇用の場の確保にはどうすれば良いと思うか／これまで最もつらかったことは何か／どうやって悩みを吐き出すか／市役所や市民と折衝することがあるが，あなたの強みはどう活かせるか
熊本県	二次：個別	【25分，面接官3人】志望動機／なぜ県外の大学に進学したのか／自己の長所について。長所が転じて短所になってしまうことはあるか／趣味／今まで努力したこと／大学のゼミ・サークル活動／併願状況：国家一般職，労働基準監督官はどうなったのか。民間企業の就職活動もしているのか。銀行から内々定をもらった経緯／公務員になるためにどのようなことをしてきたか。時間の使い方が難しくなかったか／心掛けていることについて，どのような点で工夫しているか／何時に寝て，何時に起きるのか
	三次：個別	【25分，面接官3人】大学は県外だが，どのように通っているのか。移動で使う高速バスの寝心地は／テニスは軟式と硬式のどちらをやっているのか／○○大学に入学した理由／併願状況／短所に「論理的に話せない」とあるが，これは致命的なことではないのか／銀行から内々定をもらっているのであれば，熊本県は受けなくても良いのではないか／短所を補うために工夫している点は何か。自分で実践できていると思うか／緊張しているか／自己PR

PART
5

個別面接データバンク

自治体名	面接の種類	【時間，面接官の人数，（受験者の人数）】実際質問例
大分県	個別1回目	【20分，面接官2人】いつもは何人でいるか／友人とはどんな話をするか／自分に関心がない話をされたときは，どのような返しをするのか／友人から相談をされるほうか，するほうか／それに対してどのようなアドバイスをするか。そのアドバイスは自身のどのような経験に基づいたものか／友人からはどのような人だと言われるか。それはなぜか。そう言われて納得するか／オンライン面接練習で困った質問をされたことはあるか／（ないと答えたので）では自分を家電にたとえると何か。（掃除機と答えたので）掃除機はため込みそうなイメージがあるが，ため込みがちなのか
		〔先行実施枠〕面接は慣れているのか／他県出身だが，なぜ大分県を受験しようと思ったのか／面接カードに町内会活動をしていたとあるが，なぜしようと思ったのか／町内会活動は高齢者が多いイメージだが，年が離れた人と活動する中で大変だったことは何か／学生時代に頑張ったことは何か
	個別2回目	【25分，面接官3人】スピーチ自主ゼミナールに参加していたそうだから，このような面接は緊張しないのでは／スピーチ自主ゼミナールに参加しようと思った理由。ゼミナールの内容／併願先に国家と町役場があるが，それぞれの理由は／ボランティアをしているようだが，そこで一番力を入れたことは何か／ボランティアでたくさんの人と会う中で，お叱りの言葉をいただくことはあったか。叱られたときは落ち込むのか。落ち込んだ気持ちを引きずってしまうほうか／ストレス発散法／自分の性格の中で好きなところ，嫌いなところ／最後に，ゼミのテーマが中央省庁なので，国家のほうに興味があるのではないかと思ってしまうが，その点はどうか
		〔先行実施枠〕志望動機／併願先，併願先の志望度／町内会活動をしようと思ったきっかけ，具体的な活動内容は／長所と短所／短所を克服しようとしているか
宮崎県	個別	【35～40分，面接官4人】公務員を志したきっかけ／なぜ工学部なのに行政区分を受けたのか／希望する部署以外に配属されたらどうするか／この志望動機だと，市町村のほうが合っているのではないか／公務員に足りないものは何か／民間と公務員の違い／趣味（頻度，魅力を教えて）／人間関係で困ったことは。どのように対応したのか。それで改善されたのか／今まで人と衝突したことはあるか。自分の意見は言わないのか。相手の意見が理解できなかったらどうするか／上司や同僚とどのような関係を築きたいか。そうなるにはどうしたらよいか／新しいことに挑戦したことはあるか。新しい環境に挑戦することは好きか／グループ内でのあなたの役割／これまでリーダーシップを取った経験はあるか／周囲に助けを求められるか／欠点を克服するために具体的に心掛けていること／サークルの活動内容／今，はまっていることは／友達からどんな人だと言われているか／困難を乗り越えた経験／学生時代に一番頑張ったこと／大学で学んでいること／ストレス発散法／30秒で自己PR
鹿児島県	個別1回目	【20～30分，面接官3人】なぜ鹿児島県を志望するのか／鹿児島県の魅力。あなたと鹿児島県とのつながりは／やってみたい仕事とその理由／希望の部署／力を入れたこととその理由。どんな困難があったのか／具体的にどのような役職でどのような仕事をしたのか／併願先について。なぜ市役所を受けなかったのか。民間企業は考えなかったのか／人柄について。人からどのような人と言われるか／仕事をすることでどのような問題が解決できると思うか／併願状況と志望順位／自己PR／逆質問
	個別2回目	【30分，面接官3～4人】経歴について／大学で専攻したこと／なぜ行政職なのか／スポーツについて／性格と短所／失敗したエピソード／離島の勤務でも大丈夫か／人を説得する自信はあるほうか／ボランティアについて／アルバイトについて／考えすぎてしまうタイプか，行動が先か／鹿児島県に骨をうずめる覚悟はあるか／大学で学んだことをどう仕事に活かせるか／鹿児島県の今後のあるべき姿について／鹿児島県が解決すべき問題と解決するための施策／取得している資格について／関心を持った出来事／県外の大学出身だがその県の魅力を教えて
沖縄県	個別	【25分，面接官3人】志望動機／関心のある施策／大学受験での具体的な勉強法／資格について，TOEICの勉強法／英語で自己紹介／公務員試験の勉強法。英語専攻だが法律や経済をどのように学習したか／教員は考えなかったのか／サークルにおけるあなたの役割／学生生活で最も印象に残った事柄／最近興味を持っていること／自分の性格／公務員でなかったら，民間企業ではどのような職種に就いていたか／併願状況／離島（遠隔地）勤務の可否／高校の部活での役割／最後に1分間で自己PR

自治体名	面接の種類	【時間，面接官の人数，（受験者の人数）】実際質問例
札幌市	一次：個別面談	【15～20分，面接官2人】人前に出るのは得意か／リーダーシップをとった経験はあるか／力を入れたこと／趣味・特技／長所・短所／志望動機／併願状況／友人にどのような人だと言われるか
	二次：個別	【20分を2回，面接官3人】教員ではなく市役所職員を志望した理由／教員ではない仕事に目を向けたきっかけ／留学で大変だったこと，その経験から得たもの／アルバイトで自分のどのような勤務態度が評価されたと感じるか／希望の部署／生活保護に関する部署に配属されたら，どうするか（働く姿勢など）／札幌市の魅力／札幌市で挑戦したいこと（仕事とプライベートどちらでも）／ストレス対処法／大学の所属学科では何を学ぶことができるのか／英語を使って仕事をすることにこだわりがあるのか／新たな環境に身を置くことと社会人として働くこと，どちらにもうまく対応できると思うか／自分の欠点をどう考えるか，どうしてそれが欠点であると思うのか。その欠点を克服するために何をしているか・何をしたいか，今その欠点はどうなっているか
仙台市	一次：集団	【20分，面接官2人，受験者3人】志望動機／公務員に求められる資質／スポーツ，戦略的な観光，心の健康，都心のまちづくり，快適な生活環境の5つのテーマから一つを選び，自分の意見を述べる（ほかの受験者から考えを聞いて意見交換）／あなたは友人からどのような人だと言われるか
	二次：個別	【20分，面接官3人】志望動機／大学で学んだ内容について／窓口業務のイメージ／窓口にはいろいろな人が来るが，対応できそうか／勉強とアルバイトを両立するためにしていたこと／アルバイトで一番苦労したこと／併願状況／数ある自治体の中から仙台市を志望した理由仙台市政にかかわる最近気になったニュースと，その理由／福祉と税のどちらで働いているイメージがあるか／短所のエピソード／どんな人が苦手か／どんなリーダーが理想だと思うか
さいたま市	集団	【50分，面接官3人，受験者約6～8人】（グループディスカッションを15分程度実施）／自己紹介と特技や長所をアピールして／さいたま市のダメなところを挙げて／さいたま市で誇れるものは何か／最近マナーが悪い人が増えているというが，どういう人だと思うか。体験談も／大学時代に行った旅先で一番印象に残っているところとその理由
	個別	【25分，面接官3人】公務員を志望しているのはなぜか／なぜさいたま市を志望したのか。さいたま市以外の政令指定都市でもよいのではないか／ゼミの活動で発揮した目標達成能力は何か。そこであなたが発揮した力はあるか／さいたま市ならではの魅力について。何が一番好きか／昔からさいたま市に来ていたのか／アルバイト期間が短いが，何か印象に残っていることはあるか／緊張しているか／面接シートは誰かに見せたか／中学時代，部活動は何をやっていたか。今と全然違うのはなぜか／併願先
千葉市	一次：個別面談	【25分，面接官3人】インターンシップに参加したときの職員の印象。改善したほうがよいと思ったことはあるか／短所とそのエピソード。短所を克服するためにしていること／志望動機を具体的に／千葉市に足りないものは何か／英語はかなり話せるのか／自己PR／コミュニケーションで失敗したなと思ったことは／ボランティア活動をしているときに，どんなことに気をつけていたか。どうしてそれに気をつけようと思ったのか／趣味／長所／目上の人とうまくやれるか／最後に，まだ言い足りないことがあるか
	二次：個別	【30分，面接官3人】普段，千葉市に来ることはあるか／千葉市に足りないものは何か。足りないものについてどうしたらよいか／やってみたい仕事／希望の部署に配置されなかったらどうするか／前々職の退職理由と前職の志望理由／公務員の志望理由／併願先の受験理由／高校生のときは公務員を志望しなかったのか／高校時代の部活はどのようなことをやっていたか。その活動の魅力。活動する中で気をつけていたこと／前職で一番つらかったこと／長所を発揮した経験／短所が出てしまった経験／ストレス解消法／こだわりはあるほうか，ないほうか／周りの人からどのような性格だと言われるか
特別区	個別	【25～30分，面接官3人】3分間プレゼンテーション／特別区の志望動機・実際にやりたいこと／チームで取り組んだこと／一つのことをやり遂げた経験／面接カードに書いてあること以外でやってみたいこと／アルバイトの経験／部活動での失敗の理由，この経験から何を学んだか／部活動でチームワークを発揮するうえでどのような働きかけをしたか／長所と短所／他の試験種の併願状況／区に来たことはあるか／ストレス耐性／クレーム対応／上司がいなかったらどうするか／日本語が話せない中国人が来たらどうするか／資格を取った理由／公務員をめざしたきっかけ／公務員のデメリット／辞退する確率／挑戦したい仕事，そのきっかけ／希望の仕事ができなかった場合どうするか／ほかの自治体にしなかった理由／10年後のキャリアプラン

PART
5

個別面接データバンク

面 接 カ ー ド（裏）

試験区分		受験番号		氏名	

（志望理由）

（さいたま市職員として取り組んでみたいこと）

（これまでの経験の中で最も努力したと思えること又は、達成感を得たこと）

（これまでの経験の中で失敗や挫折感を味わったこと）

（日ごろ興味を持って取り組んでいること）

（あなた自身を、アピールポイントを含め自由に表現してください）※ただし、糊やテープを使って写真等を添付することはできません。

（アピールポイント）

さいたま市（裏）

　これまでの経験や興味を持って取り組んでいることといった項目が並んでおり，受験者の人となりや個性を知りたいということがうかがえます。スペースが狭いので，キーワードを盛り込みつつ簡潔に書きましょう。「あなた自身を自由に表現してください」欄は，スペースは広いものの，写真等を添付することはできないので注意。アピールにつながる簡単な図やイラストであれば描いてもよいでしょう。

手書き様式

面接カード

年　　月　　日記入

受験番号	－		職種		氏名	

1　新潟市職員を志望した動機、理由について（１２０字以内）

2　試験に合格し、採用された場合、どんな仕事をしてみたいですか（１２０字以内）

3　学校生活について
　（1）特に研究したもの（卒業論文やゼミナールなど）（４０字以内）

　（2）大学や高校で参加したクラブやサークル（2つまで・各２０字以内）

　（3）クラブやサークルであなたはどのような役割を果たしていましたか（８０字以内）

4　趣味、娯楽などについて
　（1）趣味でやっているもの（２０字以内）　　　（2）普段行っている運動（２０字以内）

5　性格などについて
　（1）優れていると思うところ　（２０字以内）　　（2）改善したいと思うところ（２０字以内）
　（3）アピールポイント　（４０字以内）

6　今までに最も力を入れ取り組んできたことについて（８０字以内）

○就職活動状況（この欄の内容は、合否の判定には一切関係ありません。）
　他の就職試験等の受験の有無及び結果等（現段階の途中経過・予定を含む）について記入してください。
　記入の際は、○○市一般行政（1次合格）、㈱△△（内定・受験予定）など分かりやすく記入してください。

・公務員	有・無		
・民間企業等	有・無		
・本市の受験歴 （今回を除く）	有・無	受験（　　　）回 （　　　）年度　受験職種（　　　　　　　　）	

新潟市

　3「学校生活について」の（1）「特に研究したもの」は，面接で具体的な内容を話すことを前提に書く必要があります。また，（3）「クラブやサークルでのあなたの役割」は，他者との関係を意識して書いたほうが，面接官の興味を引くことができます。

自治体名	面接の種類	【時間，面接官の人数，（受験者の人数）】実際質問例
横浜市	二次：個別面談	【20分，面接官2人】横浜市を志望した理由／やりたい政策／なぜ子どもの貧困に興味を持ったのか／なぜ社会学を専攻したのか／インターンシップの内容／インターンシップで学んだこと／職員と接してみてどう感じたか／アルバイトの内容。アルバイトで大変だったこと。子どもとの接し方で何に気をつけたか。アルバイトで親とかかわって大変だったことは何か。アルバイトから何を学んだか／併願状況／すべて受かったらどこに行きたいか／卒論の内容／公務員を志望した一番の理由は／活動的なようだが，ストレスを感じたりしないか／悩みなどは抱えずに周りに相談できるほうか
	三次：個別	【30分，面接官3人】併願先とその状況／横浜市の魅力は何か／横浜市に興味を持ったきっかけは／インターンシップについて／携わりたい仕事について／（長所として挙げた）責任感が強いことを示すエピソードは／アルバイトについて／中高の部活動／まち歩きの魅力は何か。おもしろかったまちは。まち歩きは1人でするのか／なぜ横浜市を志望したのか。（地元の）さいたま市でも良いのではないか。民間ではダメなのか／すべて受かったらどうするか。すべて落ちたらどうするか／なぜ区役所に行ったのか。区役所に行ってみて何を感じたか。区役所の良かったところと課題／友人にはどんなタイプの人が多いか／苦手なタイプはどんな人か／苦手なタイプの上司がいたらどうするか／横浜市の課題を解決するには予算がいるが，財源をどう確保するか／市職員となるに当たっての意気込み
川崎市	一次：個別面談	【20分，面接官2人】併願状況／民間は受けているか／自分の強みをどのように活かして働いていけるか／川崎市の志望動機／やりたい仕事，なぜその仕事を川崎市でやりたいのか／川崎市の魅力と課題／サークル活動について。サークルでの自分の立ち位置／趣味／アルバイトでの立ち位置／ストレスを感じることとその対処法／短所と長所／ゼミの研究について／最後に何か一言
	二次：個別	【30分，面接官3人】志望理由／川崎市の魅力／併願先／趣味／ボランティアで大変なこと／卒業研究について。それを仕事にどう活かせるか／研究の課題／川崎市の好きなところ／希望の部署に配属されないかもしれないが，大丈夫か／川崎市に足りないところ／川崎市で職員としてここを直したいというところ。なぜそう思うか，どうしたらよいと思うか／よく考えるタイプか，即決できるタイプか／公務員になるうえで自分に足りないところは何か／アルバイトで一番大変だったこと／アルバイトで客ともめた経験はあるか。どういった対処をしたか／今までで一番満足感のあったこと／短期目標と長期目標／自己PR／周りからはどういう人だと言われるか／苦手な人について／今まで苦労してきたこと／これだけは絶対人に負けないということは何か／サークル活動で力を入れていたこと
相模原市	二次：個別面談	【20分，面接官3人】緊張しているか／今○○市に住んでいるのはなぜか／経歴について（大学卒業後のこと）／大学の学部を選んだ理由。そのときは将来のことをどのように考えていたか。なぜそのように考えたのか／卒業後はどのような仕事をしていたか／ほかにアピールしたい資格は。資格を仕事でどのように活かしているか。またこれから活かしたいか／今の仕事のやりがいについて／（話を聞いていると）周りに気を遣うタイプなのか／面接シートに書いた併願状況の確認。そのほかに受験予定はあるか／最後に言っておきたいこと
	三次：個別	【30分，面接官4人】大学時代のサークルではどのような活動をしていたか／初めての受験か／落ちたらどうするのか／前職について／学科での勉強について／受かったらどのような仕事をしたいか／根気強いとはどのようなところか
新潟市	二次：個別	【12分，面接官2人】志望理由／前職を辞めて公務員をめざした理由／ストレス解消法／難しい市民にはどう対応するか／併願状況。ほかの試験の進行状況。ほかの試験や民間企業を受けた理由。全部合格したらどうするか／専攻と市の行政には関係があるのか
	三次：個別	【1回目：15分，面接官3人／2回目：15分，面接官4人】
静岡市	個別1回目	【20分，面接官4人】自己紹介（1分程度）／達成感を覚えるのはどんなときか／友人や同僚と意見が衝突した場合の対応／苦手なタイプはどのような人か／市職員としてどのような知識・スキルが活かせるか／責任感を貫いたこと／失敗談／三保の松原の景観問題についてどう思うか／志望動機。なぜ公務員か。なぜ市役所か／具体的にどの部署で働きたいか／ほかにやってみたい仕事／大学で頑張ったこと／学業以外で頑張ったこと／自分が行っている環境に優しいことは何か／最後に一言（1分程度）
	個別2回目	1回目の面接はどうだったか／アルバイトで学んだこと・得たこと（その経過・理由・具体的なエピソード・そのエピソードの何が影響して今に至っているのか）／働くに当たっての心構え／休日は何をするのか／友人を誘うほうか／人見知りするか／人との付き合いで意識していることは何か／趣味

自治体名	面接の種類	【時間，面接官の人数，（受験者の人数）】実際質問例
浜松市	二次：個別	【20〜30分，面接官2人】就活の状況／志望理由／挑戦したい仕事／大学で何をやってきたか，重点的に学んだこと／卒論について／ストレス耐性／アルバイトでは何が大変だったか。どう対処したか。公務員になったときにどう活かせるか／望まない部署に配属されたらどうするか／学生時代を含めて，目標に向けて一番努力したことは何か／ストレス解消法／リーダータイプかそれともサポータータイプか／なぜ前職を退職したのか。退職を決意するまでの経緯
名古屋市	個別1回目	【20分，面接官2〜3人】志望動機／ゼミの内容／リーダーをやったことはあるか／部活動で担っていた役割。どう貢献していたか。対立があったときはどのように対処していたか／資格取得のために行ったこと／どのポストまで登り詰めたいか／自己PR／どんな役割を集団で担っているか／友人からはどう思われているか。自分ではその評価についてどう思うか
	個別2回目	【15〜20分，面接官3人】志望理由／グループ内では積極的なほうか，調整派か／さまざまな世代が所属する組織で活動した経験はあるか／アルバイトで苦労したこと／組織で対立したときはどうするか／ゼミの内容／コロナ禍になって苦労したこと／キャリアプラン／会社員を辞めて公務員になる理由／落ちたらどうするか／ほかに受けている自治体はどこか
京都市	一次：個別	【10分，面接官2人】学業について／受験の動機／趣味／サークルは何かやっていたか／セールスポイント／いつから公務員をめざしたのか／京都市をめざしたきっかけ
		【Web：10分，面接官2人】［京都方式］オンラインでの面接は初めてか／志望動機／なぜ京都市なのか／（エントリーシート記載の自分自身を成長させた有意義な経験について）この経験をするうえで生じた困難をどのように乗り越えたか。同じくその経験について，挑戦するうえで不安はあったか／興味はとことん追求するタイプか／人前で話すのが苦手とのことだが，どのように対策し，克服したのか／友人からどのような人だと言われるか
	二次：個別	【25分，面接官3人】志望動機／○○市はなぜ受けたのか／長所／アルバイトについて／研究内容を1分間で／インターンではどこに配属されたか／京都市でやりたい仕事。その仕事が行われている事業を知っているか，ハード面ではどういうことをするべきか／自身の将来像／スポーツと勉強の両立。スポーツの成績，自身の役割／周りからどういう人だと言われるか
		【20分，面接官3人】［京都方式］志望動機／配属希望部署／なぜそれに取り組みたいのか／配属は希望どおりでなくても良いか／自宅通いかどうか／もし京都で住むならどこが良い／京都の良いところ，改善すべきところ，どんな取組みで改善できそうか／京都にしかない魅力は
	三次：個別	【20分，面接官3人】［京都方式］志望動機／併願状況／取り組みたいこと，興味ある政策／京都の一番の魅力を発信するためにはどうすれば良いか／市民生活と経済のどちらが大切か／財政についての知識確認／ゼミ，研究テーマ／学生時代の取組み，そこから得たこと・そこでの失敗／今までに後悔していること／自分の短所，周りから言われる短所／苦手な人に出会ったらどうするか／意見の合わない場面になったことはあるか
大阪市	二次：個別	【20分，面接官4人】志望動機／国家公務員ではなく，大阪市を志望する理由／文化振興をやりたいのはなぜか／大阪市の文化振興の良い点，改善するために必要な取組み／これまでの経験をどう活かして仕事をしていくか／困難だったことと，それをどのように乗り越えたか／アルバイトで学んだことと，それを大阪市職員としてどう活かしていくか／市職員として働くに当たり心掛けたいこと，今までやってきたことをどう活かせるか／価値観の違う人と接するときに気をつけていること／チームで活動するとき，意見が合わない場合はどう対処してきたか／職場の人と意見が合わなかったときにどう対処するか／時間にルーズな人やルールを守らない人にどう対処するか／計画が上手くいかなかったとき，どう対処したか，原因はどこか／併願状況
	三次：個別	【15分，面接官3人】志望動機／大阪市のニュースで気になったもの／大阪市の改革の問題点：大阪市の改革が急ぎすぎると思っているのか。職員になったらどのように取り組むか。市民に反論されたら，どう対処するか／現在の受験状況／上司と意見が対立したらどうするか
堺市	二次：個別	【20〜25分，面接官3〜4人】志望動機／併願先，その理由と順番／公務員の志望理由ときっかけ／公務員と民間の違い／アルバイトを掛け持ちした理由／どの業務が自分に合うと思ったか／地方貢献の経験（チャリティーイベントやボランティアへの参加）／サークルで心掛けていたこと，苦戦したこと／短所のエピソード，失敗談／ゼミを選んだ理由を詳しく／実際に制度や法が地域に影響を及ぼしていると思ったこと／卒論で参考にした文献／公務員をめざすに当たって勉強してきたこと
	三次：個別	不明

名古屋市（1枚目）

経歴は高校卒業（または中退）以降，間断なく記載します。就職活動の状況も正直に書きましょう。希望する職務については，名古屋市で行われている（必要とされる）施策について研究が必要です。また，自己の経験や関心に基づいた具体的なものを書く必要があります。その職務で活かせる力がある場合は併せて書くとよいでしょう。

自己紹介書（第1類・免許資格職）

試験区分		氏名			（写真貼付欄）6ヶ月以内に撮影の脱帽，正面顔写真
受験番号		生年月日	（西暦）　　年　　月　　日生 2024年4月1日現在 満　歳		（4cm×3cm）顔写真の裏面には氏名・受験番号を記入してください ※写真裏の写真と異なっても可
現住所			都・道府・県	市・区町・村	

最終学歴	1　どちらかに☑をいれる　→　□卒業　□卒業見込 2　学校の種類に☑をいれる □大学院　□大学　□短大 □高専　□専門学校　□高校 □その他（　　　）	3　学校名・学部・学科・専攻内容等

18歳からの経歴 経歴には，高等学校卒業や無職の期間を含め，順に全て記入すること。	（西暦）年	月	学校名及び勤務先名称等	学部、学科、専攻内容及び職務内容等	職歴コード
			（○で囲む）高等学校　卒業・中退 （入学していない場合は二重線で抹消）		

就職活動の状況（□は該当するものに☑してください）

1．今回の名古屋市職員採用試験は何回目の受験ですか。（　　　回目）

※2回以上の方のみ回答　「前回の結果（平成・令和　　年度試験）」

□ 第1次試験不合格・□ 第2次試験不合格（面接が2回ある区分の場合→□個別面接①不合格・□個別面接②不合格）」

2．この採用試験以外の就職活動を具体的に すべて 記入してください。

なお、国家公務員総合職・一般職の場合は志望官庁についても記入してください。

名古屋市の職員として、どのように名古屋市に貢献したいと考えているか記入してください（希望する職務やその理由、特に力を入れて取り組みたいこと等）

R5-N

（2枚目）

2つ目の「組織の一員としての取組み」については，単にどのようなチームに所属して何を頑張ったかについて書くのではなく，チームだからこそ成し遂げられたことを書くようにしましょう。チームのメンバーの相互協力を中心に，自分の役割を意識した記述を心掛けてください。記入欄が大きいので，見やすいレイアウトになるように工夫しましょう。

学業（勉強・研究等）・資格取得・これまでの職務について、取り組んだ内容（テーマ）及びあなたがその過程で努力・工夫・改善したこと等を具体的に記入してください

部活動・アルバイト・これまでの職務等、あなたがこれまでに所属していた組織やグループの規模や頻度等の状況について簡潔に記入した上で、あなたが組織の一員としてその目標達成に向けてどのようなことを心掛け、またどのようなことに取り組んできたかを具体的に記入してください

以下の事項を確認し、本書作成年月日の記入と署名をしてください。

・採用試験につき、試験案内にある記載事項をすべて了承のうえ、申し込んだこと。
・試験案内に記載のある受験資格がない又はなくなったことが判明した場合、合格・採用決定等の時期を問わず、合格・採用の取消し等、あらゆる処分を受けること。
・採用試験に関する提出書類は、合否に関わらず返却を求めないこと。
・採用候補者名簿に登載された場合、採用手続き及び人事管理のため、人事委員会が保有する合格者についての情報一切を任命権者（市長等）に提供すること。

私は名古屋市職員採用試験を受験するにあたり、上記の内容に同意します。

（西暦）　　　　年　　　月　　　日（氏名）

※個人情報については、試験結果に関わらず全ての方につき、試験案内に記載されているとおり適正に取扱います。

令和5年度　神戸市職員（大学卒（一括募集集枠、消防））採用試験　エントリーシート

受験番号		写真欄
※記入しないでください		写真欄 このスペースに合うように、データで貼り付けてください。	一6か月以内に撮影した写真を貼ってください
試験区分・選択区分	フリガナ	
選択してください	名前	

1．あなたが神戸市職員を目指そうと思った理由について、会社選びや仕事選びで重視する点を踏まえて記入してください。（200字程度）

2．神戸市の求める人材像に関する、あなたの経験について記入してください。
※（1）～（3）の項目の中から1つ選び、選んだ項目の内容について具体的に記入してください。
（1）【チャレンジ精神】：直近3年間において、あなたが自分から積極的に困難な状況にも怯まず最後までやりきったことにより大きな成果を挙げた事例について、具体的に記入してください。（300字程度）
（2）【リーダーシップ】：直近3年間において、あなたがグループの中で方向性を示し、グループメンバーから協力を得て何かに取り組んだことにより大きな成果を挙げた事例について、具体的に記入してください。（300字程度）
（3）【デザイン力】：直近3年間において、あなたが今までにない新しい方法等を取り入れるなど工夫して取り組んだことにより大きな成果を挙げた事例について、具体的に記入してください。（300字程度）

選択してください

3．直近3年間において、あなたが地道に取り組み、最も達成感を得たことについて、具体的に記入してください。（300字程度）

4．直近3年間において、経験した最大の挫折とそれをどう乗り越えたかについて、具体的に記入してください。（300字程度）

2では、神戸市の求める人材像の（1）チャレンジ精神，（2）リーダーシップ（3）デザイン力の中から一つ選び，記入します。自分が神戸市の求める人材に該当することを具体的な経験とともにしっかりと伝える必要がありますが，300字程度という文字数の指定を守るようにしましょう。

試験区分		氏名		受験番号	

① あなたが北九州市役所を志望する理由について、具体的に記入してください。
（200字程度）

② あなたが入職後にどのように経験を積み、将来どのような活躍がしたいと考えているか、関心を持つ本市の施策や分野を踏まえて、記入してください。（200字程度）

③ あなたがこれまでの生活や仕事の中で経験した最も大きな困難や苦労と、それをどう乗り越えたかについて、具体的に記入してください。（250字程度）

④ あなたがこれまでの生活や社会的活動、職務などにおいて、自分から積極的に挑戦し、成果を挙げた経験について、成果を出すために新たに工夫した点を踏まえて、具体的に記入してください。（250字程度）

いずれの項目も文字数の指定があるので，1行当たりの字数をそろえて書くようにしましょう。②の項目を書くためには，北九州市が現在行っている施策をしっかり調べる必要があります。④は「成果を出すために新たに工夫した点を踏まえて」とあるので，その指示に従って書きましょう。

自治体名	面接の種類	【時間，面接官の人数，（受験者の人数）】実際質問例
神戸市	一次：個別面談	【20分，面接官2〜3人】志望動機／やりたい仕事／学校生活について／グループワークの感想／併願先，志望順位／長所，短所／災害のときも来られるか／残業もあるが大丈夫か／リーダーシップをとった経験はあるか／リーダーシップを発揮するうえで大切なことは何か
		【Web面接】［特別枠］志望動機／なぜ神戸市なのか／神戸に関する気になるニュース／大学時代チャレンジしたこと／次の目標は何かあるか／研究テーマ，具体的な内容について／自分の意見で物事を進めるタイプか／ストレスに感じることは／希望の部署／興味がない部署に配属されたらどうするか／物事に対するモチベーション維持のコツは／大学で学んだことで，職員として活かせそうなことは／併願状況，希望順位
	二次：個別	【20分，面接官2〜3人】自分の性格について／志望動機／なぜ神戸市を選んだのか／なぜ公務員なのか／どんな仕事をやりたいか，その理由。それ以外にやりたいことはあるか／休みの日は何をしているか／民間企業は考えなかったのか／趣味／ボランティア経験／併願先
		【15分，面接官2人】［特別枠］グループワークの感想（共感できた意見は何か，共感できなかった意見はあるか）／意見対立の経験は今まであるか。どう乗り越えてきたか，そこから学んだこと・気をつけていることはあるか／なぜ神戸市か／神戸市の取組みで興味があるもの／神戸市でどんなことをやりたいか／興味ある部署はどこか。そこに配属されなくても良いか／大学での研究テーマ／自分の長所を職員として活かせそうか／ほかの自治体は受けているか／どんな社会人，職員になりたいか／理想とする人，憧れている人はいるか。なぜその人に憧れているか，その理想に近づくために必要なことは何か
岡山市	二次：個別	【20分，面接官2人】面接カードにいろいろ書いているが，あなたの一番の売りは何か。それが仕事にどう役立つのか／民間企業は考えなかったのか／第一志望はどこか／趣味はランニングとあるが，ほかにはあるか／1人でできる趣味ばかりだが集団で何かをすることはあるか。その中であなたは提案を積極的にするほうか。それは採用されるか。集団内ではどんな役割を担うことが多いか。あなたのどういう性格によってその役割を担っていると思うか
	三次：個別	【20〜25分，面接官4〜5人】
広島市	二次：個別	【15分，面接官3人】志望動機／接客は得意か／学生のときに○○の資格を取っているようだが，ほかに取りたい資格は／なぜあなたは今働いている大企業を辞めて市役所を受けるのか／学生のときは市役所を受けたか／社会人と学生の違いは／ほかの自治体は受けていないのか／短所を具体的に／大学の学部を選んだ理由／現在の仕事を辞めて公務員をめざそうと思ったきっかけ／現在の仕事内容／入庁したらどのような仕事をしたいか
	三次：個別	【20分，面接官4人】学部を選んだ理由／大学を選んだ理由／大企業に勤めているようだが，なぜ市役所に転職したいのか／広島と東京の違い／志望動機／いつから公務員をめざしていたのか／落ちたらどうするか。来年も受けるか／公務員をめざした理由／併願状況。すべて受かったらどうするか／併願先の志望動機／長所，短所／友人にどう思われているか
北九州市	一次：個別	【15分，面接官3人】併願状況／大学時代の活動／趣味について，そのきっかけ／あなたが住んでいる自治体と北九州市を比較して，それぞれの魅力は何か／あなたが住んでいる自治体と北九州市が連携するとしたら，どのようなことをすべきか／アルバイトで勤めていたお店はキャッシュレス決済を導入していたか／最後にアピールしたいこと（20秒）
	二次：個別	【20分，面接官4人】緊張しているか。緊張しているときの対処法／併願状況／地元はほかのまちだが，ほかの政令市を受けることは考えなかったのか／長所と短所を2つずつ／短所を改善するためにしていること／管理職をめざす気持ちはあるか／学業で頑張ったこと／周りからどのような人だと思われているか
福岡市	一次：個別	【20分，面接官3人】志望動機／合格できなかったらどうするか／大学で頑張ったこと／アルバイトについて／ストレス解消法／福岡と東京の違い／福岡市の区の数／意気込み
	二次：個別	【20分，面接官4人】志望動機／併願先／語学はどの程度できるか／リーダーシップを発揮した経験はあるか／チームメイトからあなたはどのようなリーダーだと思われていたと思うか／リーダーをしていて反発されたことはあるか／理不尽なことを言われたらイライラするか，理不尽なことを言われても対処できそうか／単位の取得状況／どんなところが優柔不断なのか／職員になってどんな仕事がしたいか／友人と付き合っていて，自分は友人より大人だと思うか，子どもだと思うか／ストレスを感じたときの対処法
熊本市	個別1回目・2回目	【20分，面接官3人】民間の就職活動は現在も続けているか／公務員受験は初めてか／県ではなく市を受けた理由／進路変更のきっかけ／自己PR／短所／合格したら熊本に来るか／特技／熊本市でどのようなことをやりたいか／行政の立場で問題に携わりたい理由／第一志望か／熊本市に貢献できること（1分程度で）／災害対応など急な出勤もあるが，大丈夫か

■ 市役所

自治体名	面接の種類	【時間，面接官の人数，（受験者の人数）】実際質問例
（秋田県）湯沢市	個別	【面接官6人】自己PRを含めて自己紹介／湯沢市をPRするならどのようなことか／職員として一番大切にしたいことは何か／人として大切にしていることは何か（「誠実」など二字熟語で表す）／湯沢市の課題を是正するために何をするべきか／併願先に合格した場合はどうするか
（山形県）鶴岡市	個別	【15分，面接官6〜7人】自己PR（1分間）／志望動機／大学での専攻／ガクチカ／鶴岡市出身か／ストレスを感じたときの対処法／友人からはどのような人と思われているか／希望する部署に配属されなかったらどうするか／併願状況／鶴岡市についてどう思うか
（栃木県）宇都宮市	二次：個別	【25分，面接官3人】なぜ今の大学・学部・学科を選んだのか／挫折した経験／最近気になっている宇都宮のニュース／就活の状況／不合格だったらどうするか
	三次：個別	【20分，面接官3人】1分間で自己PR／地方公務員を志望する理由／宇都宮市の抱える課題は何か／なぜ宇都宮は住みやすいと感じるのか／自分の性格をどう考えているか／併願状況
（埼玉県）所沢市	三次：個別	【15分，面接官3人】市役所までどうやって来たか／志望動機／運転免許について／アルバイトの中で一番経験になったと思うものは何か／浪人したことについて／併願状況／民間企業を受けていないのか／今住んでいる市は受験しないのか／自分の意見と180度違う意見に対応しなければならないときは，どうするか／教員免許を取得するのに教員にならないのか／一番のリラックス方法
	四次：集団	【20分，面接官4人】公務員の志望理由。所沢市の志望理由／譲れない強み／天から能力を得られるとしたら何が欲しいか／20代のうちにしたいこと／所沢市の人口減少対策について
	四次：個別	【15分，面接官3人】前回の面接の感想／子ども支援に興味を持った理由／ボランティア活動で大変だったこと／コミュニケーションで気をつけること／人生を変えてくれた人は
（千葉県）柏市	三次：集団	【25分，面接官3人，受験者4人】自己PR（30秒間）／ほかの地域の人に柏市の魅力を一つ伝えるとしたら何か／あなたを漢字一文字で表すと何か／組織の中で意見が対立した経験はあるか／ガクチカ／ストレスを感じるときはどのようなときか／入庁したらやりたい仕事
	四次：個別	【15分，面接官3人】志望動機／長所，短所／アルバイトについて（新人教育をしたことがあるか，クレームへの対応）／あなたのキャリアプラン／リーダーシップ，リーダーに必要な素質とは／責任感とは何か／政策を実際に作る側になりたいか，発信する側になりたいか
（東京都）八王子市	二次：個別	【面接官1人】志望動機／失敗談，失敗にいつ気づいたか，どうやって気づいたか／趣味／職員になるに当たって大切だと思うこと，意気込み
	四次：個別	【面接官4人】なぜ地元ではなく八王子市なのか／（適性検査を踏まえて）勉強は好きか／友人と何をするときが楽しいか／人生を楽しむには計画的に行動することが大切だと思う理由
（神奈川県）横須賀市	二次：個別	【20分，面接官2人】自己紹介（1分間）／自分を一言で表すと，どのような言葉か／今まで一番長く続けたこと，そこから学んだことはあるか
（新潟県）新発田市	二次：個別	【10〜12分，面接官2人】周りからどのような人だと言われるか／気持ちが削がれるのはどんなときで，元に戻すためにどうするか／挫折した経験と，どう乗り越えたか／人とかかわるうえで大切にしていること
	三次：個別	【10〜12分，面接官3人】サークル活動について／卒業研究をどう仕事に活かせるか／希望しない部署に配属されたらどうするか／今の若者は指示待ち世代と言われるが，どんな環境だと積極的に取り組むことができると思うか
（石川県）金沢市	二次：個別	【10分，面接官5人，司会1人】10年後の金沢市はどうなっていると思うか，あるいは，どうなっていてほしいか／10年後の自分はどうなっていたいと思うか／現在住んでいる市以外に住んだ経験があるか／趣味／金沢市で働きたいのか，公務員になりたいのか／併願状況
（滋賀県）大津市	個別1回目	【5分，面接官2人】大津市で好きな場所は／観光振興のためにはどうしたらよいか／長所について，それを市役所の業務でどう活かせるか／志望動機
	個別2回目	【5分，面接官2人】1回目の面接で何を聞かれたか／志望動機／長所の具体的な例／海外ボランティアの経験を仕事にどう活かせるか／アルバイトについて
（京都府）城陽市	二次：集団	【面接官3人，受験者5人】志望動機／城陽市でやりたいこと／城陽市じゃないとダメな理由／自分の強み。それを職員としてどう活かせそうか／自分の弱み。それに気づいたのはなぜか，カバー方法は／理想の職員像。そうなるために必要なことは／公務員に必要なこと
	最終：個別	【15分，面接官3人】志望動機／興味ある政策／今まで一番力を入れて取り組んだこと。そこから得たこと，学んだこと／今後チャレンジしたいこと／最近読んだ専門書／最近の気になるニュース／アルバイト経験／普段の過ごし方／ためたお金の使い道／サークルでの役割

自治体名	面接の種類	【時間，面接官の人数，（受験者の人数）】実際質問例
（大阪府）吹田市	三次：個別	【15分，面接官3人】志望動機／取り組みたいこと／なぜ地元ではないか／併願状況／公務員をめざしたきっかけ／なぜ地方公務員なのか／研究テーマ／ゼミ／卒論／大学での成績
（兵庫県）西宮市	二次：個別	【20分，面接官3人】志望動機／なぜ西宮市か／併願状況・第一志望はどこか／アルバイトは何をしているか。やりがい・失敗したこと／／趣味／やってみたいスポーツ／チャレンジしたい趣味／西宮市の良いところ・改善すべきところ／興味のある取組み／自分の強み・弱み
（奈良県）生駒市	二次：個別	【15分，面接官2人】志望動機／生駒市の印象／生駒市でやりたいこと／リーダーはよくやるのか，大変だったか／人間関係のトラブルがあったらどうするか／部活で得たこと
	三次：個別	【15分，面接官2人】創意工夫した経験／リーダーとして気をつけたこと／アルバイトで気をつけたこと／コロナ禍で1年をどう過ごしたか／大学生活でやっておけばよかったと思うこと／希望の部署に配属されなくても大丈夫か
（福岡県）太宰府市	二次：個別	【30分，面接官3人】志望動機を含む自己紹介／太宰府の課題は何か／併願先／地元と太宰府市の違い／市職員になったら太宰府市に住むのか／試験前に太宰府市を訪れたか
	三次：個別	【20分，面接官3人】自己PR／住んだことのない太宰府市を受けた理由やきっかけ／太宰府市の取組みに関して参加したことや問合せをしたことはあるか／太宰府市の取組みで興味があるものは何かあるか／家族に就職活動について話しているか
（鹿児島県）鹿児島市	二次：個別	志望動機／してみたい仕事／鹿児島市の地域資源は何か／併願しているが鹿児島市で働きたいという思いはあるか／環境の変化，プレッシャーに強いか／困難な課題にどう向き合うか
	二次：集団	公務員をめざした時期と親の反応／誰にも負けない強み／自分を色にたとえると／長所と短所／趣味やストレス発散方法

試 験 区 分		氏 　 名	

令和5年度6月試験 柏市職員採用試験
エントリーシート

受験番号
〔記入不要〕

【記入上の注意】
1　必ずこの用紙の所定の枠内に記入し，「別紙のとおり」とはしないでください。
2　黒インクのボールペン又は万年筆等で記入してください。（消えるボールペン不可）
3　誤りを訂正する場合は，修正液等を使用せず誤りの部分に二重線を引き，訂正印を捺印してください。
4　文字のサイズは設問の文字と同等の大きさとしてください。（1行30文字程度）
5　記載事項に虚偽があった場合，職員として採用される資格を失う場合があります。

1　あなたが柏市役所を志望した理由を，あなたが就職先（転職先）を選択するうえで大切にしている軸・譲れない価値観等と併せて述べてください。

10

2　あなたが直近3年間において，対人関係にて強くストレスを感じた出来事はどのようなことですか。

10

1

（裏面に続く）

面接カードの例

柏市（千葉県）

　罫線が引かれていますが，「1行30文字程度」という指示があるので，記入前にコピーを取って書く練習をしましょう。字間が詰まりすぎないよう注意が必要です。表・裏ともに，受験者の人となりを探るような項目が並んでいます。通り一遍の内容にならないよう，じっくり考えて記入しなければなりません。過去・現在・未来の時間軸を意識してまとめることが大切です。

令和5年度泉佐野市職員採用試験自己PRシート

受験職種		※ 受験番号		フリガナ 氏　名	

1. 泉佐野市を志望する理由をご記入ください。

2. 本市の業務の中でやってみたい仕事をご記入ください。

3. あなたが最近関心を持った事柄をご記入ください。

4. あなたの趣味や余暇の過ごし方をご記入ください。

5. あなたのアピールしたい点、業務に活かせる経歴等ご記入ください。

※手書きの場合は黒色のペン又はボールペンでご記入ください。

（大阪府）泉佐野市 面接カードの例

　記入欄いっぱいに文字を詰め込むと読みにくくなるので注意が必要です。文字の大きさ，字間の空け方などを工夫しましょう。質問内容は典型的なものばかりなので，差別化が必要です。関心を持った事柄や余暇の過ごし方は，「個性や人柄」がよく表れます。エピソードを効果的に用いてアピールしましょう。

応募職種	一般事務職	氏名		受験番号	※記入しないでください

令和5年度　瀬戸内市職員採用試験　エントリーシート【一般枠用】

○下記の質問に対し、黒ボールペンを用いて自筆でご記入ください。（消えるボールペンは不可）

1. 公務員を志望した理由と、その中で瀬戸内市を選んだ理由を具体的に記入してください。

2. あなたはどんな人ですか。自由に自己PRを記入してください。

3. 瀬戸内市で勤務してみたい部署を3つ挙げて、理由を記入してください。

	部署名	理由
1		
2		
3		

※部署名は、部名および課名（例：総務部総務課）を記入してください。

面接カードの例　（岡山県）瀬戸内市

　文字を詰め込みすぎると見た目が悪くなることや，ダラダラとした文章を書くと内容的にも把握しづらくなるという点に注意しましょう。文章構成では，段落分けを工夫し，どこに何が書いてあるかが一目でわかるようにする必要があります。2の自己PRでは「自由に」とあるように，オリジナリティのある記述を心掛けてください。

■ 経験者

試験名	面接の種類	【時間，面接官の人数，（受験者の人数）】実際質問例
法務教官A（社会人）	個別	法務教官のイメージと志望動機／これまでの経験を踏まえ少年たちに伝えたいこと／入所している少年たちのイメージは／面接カードに書いてあるボランティア活動について／人前で話すのは得意なほうか／現在の職場で人間関係で悩むことはあるか
刑務官A（社会人）	個別	【25分，面接官3人】志望動機／併願状況／前職の退職理由，業務内容など／興味を持って取り組んでいること／好きな学科，得意な分野／体力について／上司が年下でもやっていけるか／拳銃を扱う覚悟はできているか／厳しい仕事だが乗り切る自信はあるか
札幌市（社会人経験者の部）	個別	【15分，面接官2人】以前から何度か受験しているが，過去3年は筆記試験を通過したか。そのとき最終面接まで行ったか／転職を希望した理由／今までの職種と異なる職種に配属されることをどのようにとらえているか／未経験職種の中で興味がある分野は／強みは何か／上司に配属転換の希望を出したことはあるか／休日はどのようなことでリラックスするか／札幌市を志望する根底の理由は
名古屋市（職務経験者）	二次：個別	【10分，面接官2人】なぜ名古屋市を受験したのか／今はどのような仕事をしているか。営業としてどのような仕事をしていたか／友人からはどのように見られているか／学生時代はどのようなところを志望したか／名古屋市は魅力のない都市と言われるが，どのような印象を持っているか／名古屋市役所の印象は／忙しいときもあるが，大丈夫か
	三次：個別	プレゼンテーションを踏まえて，質疑応答

面接カードの例 **国家一般職**（社会人）

[受験の動機]では，将来のキャリアビジョンを明確にして，公務でそれをどのように達成できるかを示すことが必要です。志望官庁等があれば，それに合わせて書いておくと面接で受け答えがしやすくなります。民間企業や前職を否定するようなことは決して書かないように気をつけましょう。

面接カード（一般職社会人）2023

事前に記入して人物試験当日に3部持参してください。
・直接入力してA4で3部印刷するか，又は，A4で用紙を印刷後ボールペンで記入して3部コピーしてください。該当する□には／を付けてください。なお，様式の変更はしないでください。
・出身校や会社名などが特定されるような記入は避けてください。
※このカードは，人物試験の際に質問の参考資料として使用するものであり，記入内容が直接評価に影響することはありません。

試験の区分	第1次試験地	受験番号	ふりがな 氏 名

[最終学歴]　　　　　※西暦
□ 高校　　　　　　□ 修了・卒業
□ 短大・高専　　　（　　年　　月）
□ 専門学校　　　　□ 在学
□ 大学　　　　　　（　　年　　月修・卒見）
□ その他　　　　　□ 中退
（　　　　）　　　（　　年　　月）

[職　歴]　□ ある　　□ ない
主な職種

[受験の動機]公務を志す理由

[志望官庁等]
□ 未定
□ ある → 具体的に

[印象に残っている体験]学校生活や職務，社会生活，ボランティア活動その他での体験

[関心事項]最近関心を持った出来事，日頃興味を持って取り組んでいることなど

[趣味，特技など]　　　　　　　　　　　　　　[好きな学科・得意な分野]

[自己PR]自分の長所について

様式B(第1次試験時に提出)

青森県職員採用試験（大卒程度・社会人枠）
アピールシート（表）

≪注意事項≫
・この「アピールシート」は、第1次試験の試験科目となるだけではなく、第2次試験の参考資料としても使用します。

試験職種		受験番号		（フリガナ）氏名	（　　　　　　　　　　　　　）
					※学校名・学部・学科等を記入
生年月日	昭和平成　　年　月　日（　歳）年齢は令和5年4月1日現在			最終学歴	（　　　年　月　卒業・修了・見込）

1　志望動機
あなたが青森県職員を志望する動機について以下から三つまで選択し、優先度が高い順に、□の中に、「1」～「3」の数字を記入してください。（この設問への回答に対しては評価を行いません。）

□ ①青森県民や青森県、地域への貢献のため
□ ②能力（知識・技術等）や経験の活用のため
□ ③UIJターンを希望しているため
□ ④携わりたい業務や解決したい課題がある
　（詳細を簡潔に記載してください）

□ ⑤やりがいがある職業であると考えたため
□ ⑥現在（直近）の職業・仕事に対する不満があるため
□ ⑦県職員は安定した職業であるため
□ ⑧家庭（家族）事情のため
□ ⑨その他
　（詳細を簡潔に記載してください）

2　民間企業等における業績や実績（600字以内）
これまでの民間企業等での職務経験における業績や実績、成果について、具体的に記入してください。

アピールシート（裏面）

3　県職員としてどのように貢献できるか（600字以内）
あなたがこれまで培った知識や能力を生かし、青森県職員となった場合にどのように貢献できるか記入してください。

「民間企業における業績や実績」では、職務内容がなんであっても、前職で身につけた仕事のノウハウや経験が公務に役立てられる要素を含んでいるようにまとめなければなりません。原稿用紙の形式ですが、作文調のダラダラとした文章は好まれません。業績や実績のレポートを作成するつもりで簡潔な表現を心掛けてください。

公務員としてというだけではなく、青森県職員として貢献できる知識や能力をアピールしてください。そのためには青森県の仕事研究が欠かせません。青森県のビジョンを実現するため、希望する仕事を遂行するために、どのような人材が求められているかしっかりと分析しましょう。

集団討論・グループワーク

～模擬討論と評価基準！～

近年，多くの自治体では個別面接に加えて集団討論やグループワークなどが課されるようになってきた。これらの試験も，個別面接同様，準備しないで臨むのは厳禁。何が見られているのか，頻出の課題は何か，など事前にチェックすべきことはたくさんある。

\ 集団討論の基本と対策／グループワークの基本と対策／

篠原功治（しのはら・こうじ）

サインキャリアデザイン研究所代表。国家資格キャリアコンサルタント，CDA（キャリア・デベロップメント・アドバイザー）。JDCA 日本キャリア開発協会会員。株式会社日本ブレーンセンター（現エン・ジャパン株式会社）で企業の採用活動支援業務を歴任。2009 年に独立，学生・若年者キャリア支援業務を軸とした「サインキャリアデザイン研究所」を立ち上げ，全国の大学等で就職支援活動，講演・セミナー等を行っている。

集団討論の基本と対策

●篠原功治

集団討論とは？

　公務員試験における集団討論は，通常，4～12人ほどのグループで討論し，1つのテーマについてグループとしての結論を出す，というものです。討論の時間は45～60分が一般的で，最初に10分程度，考えをまとめる時間が与えられる場合もあります。討論の進め方は受験者に任されることがほとんどですが，最初に各メンバーの意見を述べたうえで討論に入るという流れも多く見られます。基本的な流れは116ページの記事や，118ページ以降の「集団討論シミュレーション」も参考にしてください。

　集団討論の課題は，事前に通知される場合（たとえば一次試験の合格通知と一緒に送られてくる）と，試験当日に通知される場合があります。**課題は多岐にわたり，社会のさまざまな動向に関するものが見られます。**地方自治体では，その自治体の抱える問題点が取り上げられるケースが多いようです。

　公務員試験特有の傾向としては，それらの課題に対して「どうすればよいか？」という，グループとしての「解決案」をまとめさせることがあります。したがって，日頃から社会動向や地方自治体の問題点，解決への取組みなどの情報収集に努めましょう。課題例は128ページ以降にまとめてあります。

　討論と聞くと，「それぞれの意見を戦わせて競う」というイメージを持つかもしれませんが，これは的外れです。集団討論は，「競合する者による討論」ではなく，「同じ組織に属する者による会議」に近いものです。**時間内に，全員が協力して，全員の同意による結論を出すことが期待されています。**したがって，ほかのメンバーをライバル視して，とにかく自分が優位に立とうとする姿勢はNGです。

　集団討論では，最初に各メンバーがそれぞれの意見を述べてから討論開始というケースもあります。この場合，その後の進行が単に「誰の意見がよいか？」を選ぶだけになってしまうことがあります。しかし，このような討論ほど単純で意味のないものはありません。集団討論はグループとしての最良の結論を見いだすものであり，「選ぶ」のではなく，メンバーから出た意見をもとにしながら，新しく「生み出す」という意識を持って臨むことが大切です。

　形式としては，下の図のように受験者が机を囲んで行うケースが多いようです。すべての受験者に聞こえるように，**なるべく大きい声ではっきりと発言することが肝要です。自分の後ろの試験官にも聞こえるよう意識しましょう。**

集団討論の評価基準

　最初に，集団討論では何がチェックされているのかを押さえましょう。115ページの「集団討論評定表」にあるように，評定項目としては「貢献度」「社会性」「指導性」などが挙げられます。
「貢献度」とは，議題の解決へどの程度貢献できたか，ということで，主に個人の発言をもとに以下のような内容がチェックされます。

【論理性】

　説得力のある発言，根拠に基づく思考や発言ができたかどうか。ここで大切なのは，**発言に説得力をもたらすのは，「結論＋根拠」という論理的表現力だということです。**その根拠とは，理由や事例，すなわち知識です。したがって，**日頃から積極的に社会動向などのさまざまな知識の習得に努めているか**

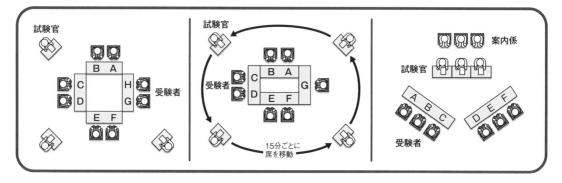

どうかの差が表れます。その意味で，日頃の取組みや受験に対する準備もチェックできます。

【発想力】

ひと言でいえば**「アイデアを生み出す力」**。個人のアイデアだけでなく，討論の途中でグループ内で出た意見をもとにした発想力も評価されます。ただし，奇抜なものやその場のひらめきが求められるのではなく，ここでも論理性と同様，説得力のある根拠が大切です。

一方，「社会性」「指導性」は，主に集団に対するかかわり（対人能力）のこと。具体的には以下のような内容がチェックされます。

【協調性】

公務員だけではなく，社会人は，**さまざまな立場にある人が互いに助け合ったり譲り合ったりしながら同じ目標に向かって任務を遂行します。**その素質としての協調性を評価するために集団討論が課されるともいえます。独り舞台や，相手を打ち負かすような姿勢はNG。全員でゴールをめざし取り組みましょう。積極的に議論に参加していない場合も協調性に欠けていると見られます。

【受け止め・聞く力】

コミュニケーションは聞く側の積極的な姿勢があって成り立ちます。大切なのは**それぞれの意見にしっかり目線と耳を傾け理解に努める**と同時に，発言に対して「うなずき」「あいづち」など，**その理解を態度で示す**こと。聞いてもらえている，理解に努めてくれているという気持ちがメンバーの発言に勇気を与え，議論そのものが活性化していきます。

● 集団討論における役割分担

集団討論では，役割分担や討論の進め方自体もグループに任される場合が多いようです。特に指示がない場合は，スタートするときに，どのように進行するか，全員で確認しましょう。

通常，役割として，司会，書記，タイムキーパーを決めるケースが多いようです。それぞれの役割のポイントを紹介しましょう。

【司会】

司会は進行役を務めますが，議論を引っ張ってリーダーシップを発揮するというよりも「確認する役割」だと理解しましょう。司会の発言のキーワードは「いかがですか？」「こうしましょう」「ああしましょう」とグイグイ引っ張るというよりも，**場を把握し，皆が発言しやすい環境を作り，全員参加・全員合意を実現していくのが役割**です。もちろん自分自身もそのような進行を担いながら，意見を述べるメンバーの一人であることも忘れずに。

集団討論評定表

試験官氏名（　　　　　　　　　　　　）

評定項目	着眼点	評定段階	A	B	C	D	E	F
貢献度 議題の解決にどの程度寄与しているか	・適切な論点を提供するか	かなりの程度貢献　+2						
	・課題解決に役立つ知識を提供するか	比較的貢献　+1						
	・もつれた議論を解きほぐし，的外れの議論を引き戻すか	普通　0						
	・論旨が明確で筋道の通った意見を出せるか	あまり貢献しない　-1						
		ほとんど貢献しない　-2						
社会性 自己を失わずに社会環境にとけこんでいるか	・仲間と協調していけるか	かなりの程度社会的　+2						
	・進んで周囲の人と力を合わせていくか	比較的社会的　+1						
	・社会に適合する考え方をもっているか	普通　0						
		あまり社会的でない　-1						
		ほとんど社会的でない-2						
指導性 仲間を統率し意見を調整し集団目標を達成しうるか	・気迫があるか	かなりの程度指導的　+2						
	・計画力があるか	比較的指導的　+1						
	・大局的な判断ができるか	普通　0						
	・集団を引っ張っていく能力があるか	あまり指導的でない　-1						
		ほとんど指導的でない-2						

評　点		
観察記録及び意見	A	
	B	
	C	
	D	
	E	
	F	

合否	優良可
	良
	可
	否

備考
・評定該当欄にチェックをしてください。

集団討論の基本的な流れ

　試験によっては「役割は決めても決めなくてもよい」「最初に各自が１分で考えを発表してから討論開始」「最後のまとめは不要」などと進め方を指定されるケースがあります。その場合には当然それに従いましょう。特に指定がない場合は，次のような流れがスムーズです。

1	2	3	4	5
役割分担を決める	話し合いの方向づけ※1，定義づけ※2を行う	おおまかな時間配分を決める	討論	全員合意の下，グループとしての意見をまとめる

※１ 方向づけとは？……議論の手順や進め方について確認すること。「まず課題を出し合い，次に改善点を討論する」といった内容。3の時間配分も方向づけの一種といえる。

※２ 定義づけとは？……課題について，とらえ方や認識が違う可能性がある事柄について，共通認識を持つこと。たとえば「目玉となるイベント」の「目玉」とは何を意味するのかなど，共通認識を持っておいたほうがよい場合に，それを定義する。ただし，ターゲットを根拠なく決めるなどの「絞り込み」と勘違いすると，議論の幅を狭めてしまうので注意。

【書記】

　書いて記録する役割というイメージを持つ人が多いと思いますが，むしろ「分析し，まとめる人」です。**書くという手段を通じて意見や情報を分析し，まとめ，常にグループ内に発信していくのが役割**です。ですから，積極的に発言すべきです。発言が苦手だからと書記に遠慮がちに立候補する人がいますが，発言しない書記がいるグループはうまくいきません。書記こそグループの頭脳だといえる重要な役割なのです。

【タイムキーパー】

　文字どおり時間管理の役ですが，ただ残り時間を「音声時計」のごとく伝えるというものではありません。残り時間を正確に把握しながら，時間によっては次の展開を促したり，残り時間での展開を意見したりなど，**時間と議論をうまくコントロールする役割**だと認識しましょう。しばしば司会から「あと何分ですか？」と聞かれるたびに，「○分です」とだけ応じている場面を目にしますが，主体的に議論に参加することが大切です。

役割分担と注意点

司会（進行）	働きかけと確認作業のキーパーソン。一人舞台にならないこと。特に確認が重要
書記（筆記）	書くのが役割ではなく，まとめ役。手もとにある情報を活かすこと（要約など）
タイムキーパー	時間配分を正確に把握する。ただ時間を伝えるのではなく，コントロールする

● 集団討論の３つのスキル

　集団討論では，お互いのコミュニケーションが大切です。常にメンバーどうしのかかわりを意識して，バランスの取れたやり取りが求められます。そのために必要となる３つのスキルを紹介しましょう。

【発言】

　単に頭に浮かんだアイデアを発表しても，メンバーの納得は得られません。なぜそう思うのかという根拠が大切です。前述したように，**特に実際に行われた取組みや成功例など，事例を伴う根拠が説得力を高めます**。

　集団討論の練習をすると，「どこを向いて発言しているの？」という場面をしばしば目にします。発言する際は，各メンバーとアイコンタクトを取り，メンバーの理解度を確認しながら発言しましょう。それが共感や賛同にもつながっていきます。また，発言するタイミングがつかめないときは，小さく挙手して意思表示するのも有効です。

　課題によっては，よい意見やアイデアが浮かばないケースもあるでしょう。そこで黙り込んではいけません。集団討論はグループとしての結論を見いだすことがゴールですので，ほかのメンバーへの賛同や自分の経験談などの情報などでも提供していくことが大切です。

【受け止め】

　発言者に対して，しっかり目線を向けて聞き，発言に対する反応を示すことが大切です。**うなずきや「なるほど」「そうですね」などといったあいづちを**

打ち，理解に努めている姿勢を示すこと。それが発言者の「聞いてもらえている」という自信と積極性につながり，グループはより協力的になって議論も活性化します。聞く力こそコミュニケーションをリードするといわれるゆえんです。

また，たとえ自分とは違う意見であっても，まずは「なるほど」という姿勢で好意的に受け止めて，協調し合う姿勢が崩れないようにしましょう。反対意見がある場合には，意見を受け止めたうえで自分の意見を述べる，「Yes But 法」が基本です。

【働きかけ・確認】

ここまで何度か触れたように，集団討論は全員の合意形成を行うもので，誰かが一方的に進めるものではありません。**常に「皆さん，いかがですか？」という周囲への働きかけと確認，その反応によって全員参加型にしていくことが大切です。**

たとえば，最初に役割を決める場合にも「私が司会をやります」ではなく「司会をやらせていただきたいのですが，よいでしょうか？」というように，あくまでも合意を得ながら進めていきましょう。

働きかけの注意点としては，次々に「〇〇さんはいかがですか？」と指名し，逆にチームワークを乱してしまうケースが挙げられます。指名する側は気遣っているつもりでも，指名された側は「自分の発言が少ないのだろうか？」と，疑問や反感を持つことがあります。基本的には常に全員が気兼ねなく発言できるように気を配り，全体に対して「いかがですか？」と働きかけ，それでもなかなか意思表示がない場合には，直接指名してもよいでしょう。

● 集団討論の準備・対策

集団討論では個人の発言と集団へのかかわりがチェックされることはすでに述べました。個人の発言において，知識は最大の武器になります。知っていることは考えることもできますが，知らないことは考えることすらできません。また，知識は，［結論＋根拠］という論理的発言を可能にします。集団討論では，論理的な発言こそがプラス評価のポイントになります。実際に集団討論の練習をすると，普段，積極的にリーダーシップを取っている学生が急に黙り込み，逆に，いつもはおとなしく口数の少ない学生が水を得た魚のように積極的に発言する，というケースがあります。これはまさに，課題に対しての

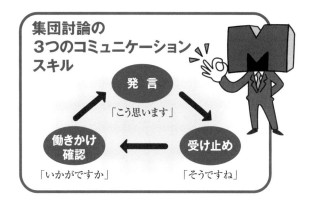

知識の差が招いた結果です。したがって，**日頃から時事ニュースに気を配り，国や自治体などの問題点に敏感になることは必須です。**これは筆記試験の時事対策とも重なります。

【準備すること】

より実戦的な準備としては，**過去の出題例を調べること**が挙げられます。128ページから，試験の実施状況と課題例を掲載しました。これを見ると，前述したように，社会のさまざまな問題について出題されていることがわかると思います。受験する試験だけではなく，すべての課題例に目を通すことをお勧めします。また，自治体の場合は，その自治体ならではの課題が見られます。「〇〇市のよいところと悪いところ」というような課題もあります。受験する自治体については，目玉となる政策や問題点はもちろんのこと，産業や観光地などといった基本的な情報もしっかり押さえておきましょう。

課題例をチェックしたら，**その集団討論に参加したつもりになって，自分の意見をまとめてみましょう。**あくまで事前練習なので，その場でわからないことは調べて OK。調べることによって知識が増えるだけでなく，討論で必要となる知識はどういったものなのかも理解できるはずです。118ページからは，編集部で実施した集団討論の模様を掲載しています。これも，自分が参加したつもりで読み進めると，試験官のコメントや講評，参加者の感想なども一段と参考になると思います。

そして，**最も有効な対策は，集団討論の練習に参加すること**です。大学の就職対策講座などで，集団討論・グループディスカッションの対策講座が開かれています。公務員試験向けの講座がなければ，民間企業就職向けでもかまいません。公務員をめざす友人どうしで集まって練習するのもオススメです。

PART**6** 集団討論・グループワーク

集団討論シミュレーション

参加者	
Aさん 国家総合職，国家一般職，地方上級等志望	**D**さん 市役所，地方上級志望
Bさん 国家一般職，地方上級等志望	**E**さん 基礎自治体志望
Cさん 地方上級，国家一般職志望	

(試験委員) ただ今から集団討論を行います。課題用紙をお配りします。

> ### 集団討論課題
>
> 　近年，台風，大雨などの自然災害が頻発化・激甚化しており，災害時に地域住民の命と暮らしを守るための防災対策が求められています。
> 　地域における防災体制の構築に向けた課題を考察したうえで，行政が取り組むべき具体的な対策について討論し，グループの意見をまとめなさい。
>
> ※市役所（基礎自治体）の採用試験における出題を想定して討論を行ってください。

(試験委員) 討論の進め方と趣旨について説明します。

　皆さんはこの課題の解決にどの程度寄与したかで採点されます。そのために役立つ良い意見を出すことは大切ですが，それだけでなく，グループ全体が一つの意見をまとめていくことにどの程度貢献したかという点も採点されます。したがって，積極的に発言していただくのはかまいませんが，だからといって一人で長く話し続けたり，グループ全体として成果を上げられなければ全員が低く評価されることになります。

　なお，討論の時間は，課題の検討に10分間，その後の自由討論が50分間です。それでは，注意事項を読み上げます。

1　討論に際しては，「Aさん」「Bさん」……という標識名で呼び合ってください。
2　特に司会者は決めません。どなたからでも自由に討論に参加してください。
3　すべての人が平等に討論に参加できるよう，お互いに配慮してください。
4　グループの全員が協力し合って，課題に対する結論を導き出すように心掛けてください。結論がまとまらなければ，グループ全体の評価が低くなります。
5　与えられた課題に対して，どのような立場をとっても，また，どのような発言をしても，そのこと自体は評価に関係ありません。

　では，10分間時間を差し上げますので，課題をよく読み，自分の考えをまとめてください。

　　　　　⋮
（10分経過）
　　　　　⋮

(試験委員) では，討論を始めてください。

(全員) よろしくお願いします。

Aさん まず討論の進め方ですが，進行役，タイムキーパー，書記，それぞれ役割分担

注：この集団討論は2023年12月に実施した。

試験官からの コメント

01 討論の第一声は勇気がいる。役割決めの提案は良い。

02 進め方の提案にメンバーが即座に応じたことで、グループの一体感が生まれた。

03 手が挙がらなければ自分が行うという態度は、「社会性」や「積極性」の評価につながる。

04 積極的な申し出により、討論が進めやすくなった。

05 討論に入る前に、タイムキーパーがタイムスケジュールを確認しておきたい。

06 単なる「課題」ではなく、「防災体制の構築に向けた課題」を挙げるよう促したほうが、議論の方向性がより明確になった。

07 課題を「人・モノ・金・情報・時間」などのカテゴリーで整理するとわかりやすい。

08 全員が順に答えることで、発言回数の偏りを少なくすることができる。

09 発災前と発災後という新たな時間軸が示された。

10 課題を3点で整理し、平時と発災前後を分けた点が高評価。

11 「外国人」という新たなキーワードが示された。なお、「これまでの意見に加えて」など、ほかのメンバーの意見を尊重する姿勢を示すと、「貢献度」の評価が増す。

12 「重なってしまう」ではなく「同感!」と、仲間との協調を発信しよう。

を決めてから始めるという形でよろしいでしょうか。　**01**

全員 はい、いいと思います。　**02**

Aさん 皆さんの中で特に希望がなければ、私が進行役をしようと思うのですが、いかがでしょうか。　**03**

全員 よろしくお願いします。

Cさん 私、タイムキーパーでよろしいでしょうか。　**04**

全員 よろしくお願いします。

Eさん (手を挙げて) 私、書記を務めさせていただきます。　**04**

全員 よろしくお願いします。　**05**

Aさん それでは討論に入りたいと思います。まず、「防災体制の構築に向けた課題を考察したうえで」ということですので、それぞれの方が思っている課題を挙げていただきたいと思います。　**06**

　私が考える課題は4つありまして、1つ目がインフラの老朽化、2つ目が被害状況の確認の困難さ、3つ目がスムーズな避難の実施の困難さ、4つ目が人員不足だと考えておりますが、ほかの方はいかがでしょうか。　**07**

全員 ………。

Aさん それでは、Bさん、Cさん、Dさん、Eさんの順にお願いいたします。　**08**

Bさん それでは私から述べさせていただきます。

　私が考える地域の防災体制における課題は、津波対策の防波堤とか、高台とか、避難場所とか、そういうハード面の整備はもちろんのこと、住民への啓発、たとえば避難方法であったり、避難生活をどうするか、救援物資は何がどれぐらい必要かという検討だったり、届いた後の割り当てだったり、防災対策だけじゃなくて、災害が起きてしまった後にどう行動して混乱を防ぐかということも課題だと思います。　**09**

Cさん 私は課題を3つの状況に分けて考えておりまして、災害発生への備えが1つ、2つ目は災害発生前における課題の検討、3つ目は災害発生後における検討です。

　1つ目の課題としては、耐震とかのハード面とか、2つ目は避難計画がしっかりし

ていないという課題、3つ目の災害発生後の課題としては、情報が錯綜(さくそう)してしまうという課題があると思います。以上です。　**10**

Dさん 私が考える課題は、主に2点あります。1つ目が避難所に関する課題です。コロナ対策をどうするかという問題と、避難所生活の中でのプライバシーの問題です。もう1つは、外国人に向けての対策が考えられるかなと思っていて、どの自治体においても今は外国人が住んでいると思うので、言葉の問題で指示が伝わらないとか、避難所生活の中で文化の違いで困ったことがあったり、大きくその2点が問題かなと考えました。　**11**

Eさん 私が考える防災対策としては、2点挙げられると思います。1つ目は、BさんとCさんに重なってしまうんですけど、避難経路の徹底だと思います。避難経路が徹底していないと、災害が起きたときに住民を災害からしっかり防ぐことができないと思いますので、避難経路を念入りに徹底するほうがいいと思います。2つ目は救援物資の充足です。避難場所に避難しても、救援物資がなければ生きていくことができませんので、救援物資の充足が大切だと思います。以上です。　**12**

Aさん 皆さんから挙げていただいた課題を大きく分類すると、ハード面にかかわるものとソフト面にかかわるものがあると思います。

　皆さんから共通して挙げられていた避難計画の作成が、ソフト面における対策の柱になると思いますので、まず避難計画に

PART **6**

集団討論・グループワーク

面接完全攻略ブック ● **119**

関することを具体化していく必要があると思います。ソフト面の避難計画の充実や策定について，何かご意見がある方はいらっしゃいますか。**13**

Ｃさん 住民の皆さんが避難するうえにおいて，若者はすぐに避難できますが，高齢者や障がいのある方など，人の助けが必要となる方々もいらっしゃるので，その方々の命を救うためにも，行政が事前に個別の避難計画を立てることが重要だと思います。障がい者や高齢者施設の職員の方に，誰がどのように動けばいいというガイドラインを行政が事前に作って示しておけば，実際に被災したときに適切な行動が取れると思います。**14**

Ａさん 私も，避難計画を立てるうえで，避難行動要支援の方々がどのぐらいいらっしゃるかの把握が必要だと思います。

また，Ｄさんがおっしゃったように，外国人の方も増えているので，そのような方に情報発信できるように，英語や，その他その地域の中で多く使われている言語に特化したハザードマップの作成も必要だと思います。**15**

Ｅさん Ａさんに質問なんですが，Ａさんは今，外国人への情報発信ということを言われましたが，災害が起こった際に，英語とか，そのほかの言語が話せる人の配置については，どのようにお考えですか。**16**

Ａさん 災害が起こる前からそのような人材が必要だということはわかっていると思うので，ボランティアのような形ででも，そういうことに協力できる方がいらっしゃ

るかどうかを把握して，その方々にあらかじめ呼びかけることも必要ですし，ほかの市町村の取組みなども参考にして，人材確保をあらかじめ準備しておく必要があると思います。**17**

Ｄさん 今の点なんですけど，避難する際に，学校のほうとも連携して，外国人の生徒さんが通っている学校もあると思うので，ついている指導員の方と協力することも1つの案ではないかと思います。**18**

Ａさん ここまで出てきたソフト面での意見をまとめてみますと，避難する人のタイプを，すぐに避難できる人と支援が必要な方とを分けて把握する必要があるということと，外国人の方に対して，英語やその他の言語による支援が必要であるという意見が出てきました。

ほかに，ソフト面での強化ですとか，取組みが必要であると考えていらっしゃる方がいれば，教えていただきたいと思います。**19**

Ｂさん 支援物資について少し検討したほうがいいかなと思います。外部から支援物資が届いても，需要と供給のバランスが取れなかったり，たとえば千羽鶴など，実際の緊急支援とはかけ離れたものがたくさん届いたという事例が過去の災害であったと思いますので，物資を届けてくださる地域との意思疎通といいますか，被災地以外の地域への情報発信も必要かなと思います。**20**

Ｅさん 地域住民に，必要なものをあらかじめ1週間分用意してもらっておけば，被災した際に，支援物資が届くまで少し余裕が持てるのではないかと思います。**21**

Ｃさん 支援物資の供給に関して，普段からほかの市町村と協力体制を築いておけば，被災していない市町村からの供給も望めるのではないかと思います。

Ｄさん そうですね。普段からほかの市町村と協力関係を結んでおけば，需要と供給の不一致みたいなことも解決されると思います。絶対に必要なものをほかの市町村と連携してリストアップしておいて，あっちが被災したらこっちから支援するという形

13 ▶「ハード面・ソフト面」で課題の深掘りにつなげている。「防災体制の構築」を意識すると議論が盛り上がるだろう。

14 ▶ 住民の視点は，とても大切。「自助・互助（共助）・公助」のすみ分けも重要。

15 ▶ Ｄさんの意見を発展させた発言は，「指導性」が評価される。

16 ▶「人の配置」という「体制構築」のキーワードが示された。

17 ▶ 進行役なので，言い切らず，メンバーの意見も聞くようにしよう。

18 ▶「学校」「指導員」といった連携先が示された。

19 ▶ 他の意見を促す姿勢は議論を深め，高評価。

20 ▶「支援の受入体制」につながると良かった。

21 ▶「自助」を促す対策も重要。

㉒ 経験を踏まえた意見は説得力がある。

㉓ 討論を冷静に聞き，論点を「ソフト面」に引き戻した。

㉔ 在宅避難については，災害の種類や強度も考慮に入れる必要がある。

㉕ 避難訓練に参加する若者は少ない傾向にある。

㉖ グループの意見を積極的に喚起する発言は高評価。

㉗ 住民相互の関係性構築のために自治体は何をすべきかについても触れたい。

にしておけばいいと思います。

Eさん そうだと思います。ただ，東日本大震災が起こった際に，私，静岡県に住んでるんですけど，東北の被災地に静岡県の市町村が救援物資を届けていたので，協定を結ぶとなると，被災地から距離の離れたところと協定を結んだほうが，そこはおそらく被災していないので，救援物資が届きやすいのではないかと思います。 **㉒**

Aさん 確かに災害が起きていない離れた地域から支援をしていただくことも必要なのですが，距離が離れているぶん，物資が届くのに時間がかかることと，物資を届ける道程にがれきなどがあると，輸送が滞ってしまうと思いますので，災害が起きた際のがれきの処理とか，保管しておく場所などを，あらかじめ設定しておく必要があると思います。

また，がれきなどを除去する場所を確保する際に，住民との対話も必要になってくると思いますので，平時にあらかじめ住民と相談しておく必要があると思います。

Bさん 遠くの自治体と協定を結ぶと，インフラが途絶えたときに物資を届ける手段がなくなってしまうので，常日頃から近隣の自治体と連携しておくことが必要だと思います。 **㉓**

Cさん Aさんがさっきおっしゃった住民との対話という観点で言いますと，災害関連死を防ぐには在宅避難ということも重要だと思うので，高齢者とか障がい者の方について，住民の方とよく対話しておくことが必要だと思います。

Aさん 在宅避難も一種の避難だと思うのですが，どのような場合に在宅避難が適しているのか，その判断基準を策定しておく必要があると思います。 **㉔**

Dさん Cさんに質問なんですけど，先ほど「住民との対話」とおっしゃいました。それは避難訓練の最中に住民と対話をするということですか。

Cさん そうです。避難訓練に参加するのは若者であると想定してまして，高齢者の方とか障がい者の方は，実際にお宅に赴いて状況を確認するということを考えており

ます。 **㉕**

Dさん 確かに避難訓練に全員が参加することは難しいと思いますけど，参加できない人たちにどうやってアプローチするかが課題かなと思います。若い世代はデジタルという方法もいいと思うんですけど，高齢者にとっては紙のほうがいいと思うので，その辺が難しいと思うんです。皆さん何か意見があれば教えていただきたいんですけど。 **㉖**

Eさん 高齢者の方は紙でないとわかりづらいと思うんですけど，デジタルがわかりにくい高齢者の方に対しては，支援員が教えるような対策を行って，高齢者が少しでもデジタルに慣れてくだされば，災害が起こった際にデジタルで対応できるのではないかと思います。

Dさん 確かに支援員の方が教えるとコミュニケーションが取れますし，そこでつながりが生まれるかもしれないですね。 **㉗**

Aさん 避難訓練については，ほかに意見とか課題がございますか。

Eさん 避難訓練といっても，さまざまな避難訓練があって，災害別に避難訓練を行っておけば，住民はより避難しやすくなると思うんですけど，皆さんはどうお考えでしょうか。

Bさん 災害別もそうなんですけど，たとえば地形別の避難訓練も有効かなと思います。地震の場合，都市部はインフラが止まる，沿岸部だったら津波が来る，山だったら土砂崩れといった災害別のほかに，避難訓練の種類を地域ごとに変えることもあり

なのではないかと思っています。

Cさん 私はEさんの災害別の避難訓練に同意していて，洪水ですと川から離れなければいけない，地震とか土砂崩れだと山から離れなければいけないとか，どこに自分が逃げたらいいかを明確にするためにはすごくいい案だと思います。**28**

（時計を見て）そろそろソフト面からハード面の対策に移ったほうがいいかなと思います。**29**

Aさん それではハード面の対策について話し合いたいと思います。

道路とか水道管などの老朽化によって，地震などの災害が起きた際に壊れてしまって，避難経路をふさいでしまうなどの問題があると思いますので，インフラの老朽化に対応する必要があると私は考えております。**30**

Eさん 地方の小さな自治体などでは，1本しか通っていない主要道路が土砂災害で通れなくなってしまうと，住民の方は中心市街地に出ることができないと思いますので，自治体は主要道路の代わりとなる道路を建設すべきだと思います。それは災害時の孤立を防ぐことにもつながると思います。**31**

全員 ………。（しばらく沈黙）**32**

Aさん そのほか，ハード面の対策について感じていることはございませんか。

Cさん インフラの老朽化については，基礎自治体では対応しきれないところもあると思うので，国とか県とかの力を借りてなんらかの対策をしていったほうがいいと思います。**33**

Aさん 予算面でも基礎自治体だけでは対応が厳しいと思いますので，どこからハード面の作り直しが必要なのかを，平時から専門家を交えて優先順位を決めて見極めていく必要があると思います。**34**

Dさん 今のお話とズレるかもしれないんですけど，設備が実際に使えるかどうかを，先に調査しておいたほうがいいかなと思います。老朽化して使えないこともあると思うんですけど，それ以外に，たとえば避難所にしても，そこの使い方を知らない住民が多いかもしれません。「私，入ったことないんだけど，ほんとに入って大丈夫？」みたいなところもあると思うので，実際に使えるかどうかをチェックしておくことが大切ではないかと思います。**35**

Cさん それに関連して，災害が起きたときに住民が頼りにするのは役所だと思うんです。災害で役所が機能を果たせない状態になってしまったとき，たとえば内線が使えなくて，電話での情報収集ができなくなってしまったときは，ほかの庁舎を利用するなどして対応する必要があると思います。**36**

Eさん それに付け加えて，災害が起こった際に一般企業にも協力してもらって，使っていない部屋を使わせてもらうなど，役所だけではまかないきれないところを一般企業に協力してもらうことも大切だと思います。**37**

Aさん インフラの老朽化のほうに目が向いていますが，その前の平時のときに，耐震化など，復旧しやすいような町の設計をあらかじめ進めていく必要もあると思います。**38**

Cさん 復旧しやすい設計というお話にすごく興味を持ちました。たとえばどんな感じなのか，もし知っていることがあれば教えていただけますか。**39**

Aさん 具体的には，耐震化の基準を厳しくして，丈夫な建物を造ることで倒壊を防いで復旧しやすくするとか，道路がふさがってしまって復旧が追いつかない，などということがないようにする。そのようなことを考えております。

28 「マイ・タイムライン（住民一人一人の防災行動計画）」というキーワードも押さえておきたい。

29 残り時間の提示も必要。

30 命にかかわる「ライフライン」への対策と，「防災体制」を結びつけて議論をリードできると良かった。

31 建設に要する時間や費用を考慮し，ハード面の対策を「短期・中期・長期」の視点で見直すことが大切。

32 沈黙しそうな場合は，進行役が書記に，ここまでの議論の整理を促そう。

33 国・都道府県・市区町村の役割分担と連携は大切なポイント。

34 優先順位は重要な視点。

35 町内会や消防団などとの連携について指摘があっても良かった。

36 役所の「防災本部機能」を調べておこう。

37 自治体内の企業，学校，官公署，病院などとの連携は不可欠。

38 災害からの早期復旧は重要な視点。

39 提案を受け止める発言は，「貢献度」が評価される。

㊵「災害に強いまちづくり」の視点は重要。受験先の自治体の助成制度を調べておこう。

㊶ 議論のまとめに良いタイミング。

㊷「津波タワーの建設」はハード面なので，ここでは「垂直避難とその基準づくり」とすべき。また，自治体間の連携が抜けている。

㊸「家屋の耐震化」についての対策が抜けている。

㊹ さらに意見を喚起しており，好印象。

㊺ 書記のまとめで抜けていた項目を，批判せずに付け加えている。「社会性」や「協調性」が評価される。

㊻ タイムキーパーとして積極的な姿勢は良いが，討論の冒頭でタイムスケジュールを示しておけば，よりスムーズだった。

㊼ 即座に賛成することで，グループの一体感がアップ。「指導性」が評価される。

㊽「ハザードマップの作成」や「情報発信」など，課題の解決に向けた「体制整備」の視点が欲しい。

㊾ 学校との連携の重要性を述べ，グループの意見喚起につながった。

㊿ 世代の壁を越えるヒント。

51 グループの一体感を生む発言で，好印象。

Eさん 耐震化といいましても，金銭的な面で耐震化できないこともあると思うんです。その際に私の考えとしては，行政が一部お金を負担して耐震化を行うことによって，より多くの人が耐震化することができると思うんですけど，その点はどうお考えですか。**㊵**

Aさん 確かに，すべての住民がすぐに耐震化できるわけではないと思いますので，行政の側からの支援が必要であると考えています。また，そのような支援があるということを住民に周知していなければ普及しないと思いますので，その辺りの情報発信が重要になってくると思います。

ほかに，ハード面について，何かご意見がある方はいらっしゃいますか……。それでは，意見が落ち着いたようですので，ソフト面，ハード面を含めて，これまでの議論で出てきたことを，書記の方に一度整理していただいてもよろしいですか。**㊶**

Eさん わかりました。まずソフト面では，避難訓練の徹底や，災害別の避難訓練に重点を置くべきだということ。災害別といいましても，地域によって地形などが違いますので，山でしたら土砂災害の対策，都市でしたら建物倒壊など，関連する被害として火災などから守っていかなければいけない。海岸部では津波の心配があるので，津波タワーの建設などをする。**㊷**

次にハード面においては，道路の老朽化の整備，インフラの老朽化の整備が挙がっておりました。インフラの老朽化を防ぐためには，道路の優先順位を決めて，専門家に道路の具合などを見てもらって，よりスムーズに災害対策を行っていくということでした。また，災害の避難場所に関しましては，一般企業などにも協力してもらうという意見もありました。以上です。**㊸**

Aさん ありがとうございました。今の整理に対して，疑問点とか，さらに付け加えることなどがありましたらお願いします。**㊹**

Cさん 今のまとめに付け加えて，先ほど支援物資のお話が出ましたが，必要なものを事前にリスト化して，市町村などの協力

を仰ぐことが必要だと思います。**㊺**

（時計を見ながら）時間があと17分程度ですので，まとめの時間を10分残すとして，あと7分ぐらいで，まだ議論しきれていないところを議論していきたいと思います。いかがでしょうか。**㊻**

Bさん はい，いいと思います。**㊼**

Aさん 訓練のところで，災害別とか地域別の訓練の案が出ていましたが，災害別にハザードマップを作ることと，地域別により詳しく避難場所を記した地図のようなものを作成して，それもSNSなどで周知する。それに加えて，高齢者の方へは紙媒体で作って周知させていく必要があるのではないかと思います。**㊽**

Dさん Aさんの意見，すごくいいなと思いました。それに加えて，学校などにも配ることで，子どもはもちろん，その家族にも行き渡るのではないかと思っていて，学校も協力してくれるとなったら，ハザードマップに書かれているところに子どもに実際に行ってもらって，本当に危険かどうかを確認するということをやったら，児童生徒も実感を持てるのではないかと思います。**㊾**

また，3世代世帯だったら，おじいちゃんおばあちゃんに伝えて，「ここは危ないから一緒に避難しようね」という話題にもつながって，防災意識が広がるかなと思います。**㊿**

Cさん 家族一体となってつながりを大事にしていくというDさんの意見は，とてもいい意見だと思います。**51**

Bさん 私もDさんの意見に賛成で，ハザー

PART **6** 集団討論・グループワーク

ドマップを用いた啓発活動を学校行事として行えば，さらに徹底した周知とか啓発ができるかなと思います。**52**

Aさん 今のお話は住民の方にも目線が行き渡って，とてもいい意見だと思いますが，たとえば日中に自然災害が起こった際，企業では地元住民以外の方も働いていらっしゃると思いますので，企業とも連携して，地元以外から働きに来られている方にも，情報を伝達しておく必要があると思います。**53**

そのほか，支援物資に関することとか，ハード面に関することで何か補足意見がある方はいらっしゃいますか。

全員 ………。**54**

Aさん 被害状況を把握するのに困難が伴うと思いますので，それを改善するための施策が必要だと思います。その一つとして，これはインターネットがまだ機能している場合ですが，SNSなど個人が発信する情報を集めれば，どの地域でどのような被害があるかを把握することに活用できると思います。その際にフェイクニュースなどもあると思いますが，AIによって，フェイクニュースを見分けて地図上に情報を集約するものもあるので，そのような新たな技術を活用して，被害状況の把握に努めることができるのではないかと思います。**55**

Dさん それに付け加えて，SNSにはどうしてもフェイクニュースが混じってしまうと思うので，旧来のラジオとか新聞とかも必要になってくると思います。インターネットの環境が壊れてしまっても，新聞だ

と信用してもらえるので，SNS以外に企業とも連携しておいたほうがいいのかなと思います。**56**

Cさん 企業との連携と行政の災害対策について，災害防災部という一つの部署だけに任せるのではなくて，ほかの職員にも分散させる。一つのところに任せると，責任が重くて精神的負担が大きくなりやすく，機能不全に陥るかもしれないので，行政からも企業に対して「分散化するように」と啓発するといいと思います。**57**

（時計を見て）あと10分なので，そろそろまとめの時間に移りたいと思います。**58**

Aさん それでは，書記の方にもう一度まとめていただきたいと思います。**59**

Eさん はい。ソフト面では，学校への通知が大切だということと，家族一体となって，家族のつながりを大事にするということを重点的に行っていく。

ハード面につきましては，被害情報をSNSで発信する。それだけではなく，SNSが使えないときに，旧来のラジオとか新聞を使って情報を収集していくということが挙げられました。以上です。**60**

Aさん ありがとうございました。

後半の部分をまとめていただきましたが，全体としては，ソフト面では政策として取り組むべきことが2つ提案されていて，1つ目が避難訓練の徹底，2つ目が支援物資の確保という指摘がありました。1つ目の避難訓練に関しては，すぐに避難できる人と，支援が必要な人を分けて把握しておく。また，災害別，地域別に対策を練って，ハザードマップなどを用意して訓練を行う。作ったハザードマップを学校で子どもに伝達して，子どもから家族へ情報が伝わるような仕組みをつくること。また，日中に災害が起きたときに備えて，企業にも対策を伝達しておくこと。

支援物資に関しては，需要と供給の不一致が起こらないようにするために，あらかじめ何が必要なのかを把握して用意しておくこと。支援者と物資を必要としている側との意思疎通をすること。そして，ほかの

52 学校との連携が「学校行事」という具体策につながった。

53 ほかの視点として，地元企業との連携の重要性にも忘れずに言及しており，視野の広さを感じさせる。

54 課題用紙に立ち戻り，討論に抜けている点がないか，確認すべきだった。

55 正確な情報の発信において，自治体が取り組むべき具体策について指摘している。

56 新聞には情報の即時性に課題があることを認識すべき。情報は，「ドダイ」（ド⇒どこで，ダ⇒誰が，イ⇒いつ発信したか）が大切。

57 自治体の防災対策は，防災所管部署だけが担うのではない。発災直後に「災害対策本部」が設置され，各部署が事前に決められた役割を担う。

58 意見を言いつつ，的確な時間管理ができている。

59 いよいよ最後の局面。その前に，書記に整理を促し，メンバー全員が確認することで，グループの集中力が継続した。

60 情報収集はどちらかというと「ソフト面」の対策。

市町村，距離が離れている市町村とも，距離が近い市町村とも連携して，滞りなく物資が届くようにすること。さらに，あらかじめ住民との対話によって，がれきの保管場所などを設定して，スムーズな支援が行えるようにすること。

　　ハード面に関しては，インフラ整備が重要であって，老朽化している道路や水道管などを，専門家の意見を聞きながら優先順位を決めて直していく。そして，耐震化などを進めて，あらかじめ被害が大きくならないようにすることで，復旧しやすい町づくりをめざす。そのための取組みの支援を行政が行い，それを周知する。また，被害状況の確認としては，SNSだけではなく，ラジオや新聞など旧来のメディアも活用する。

　　全体を通して，一つの行政に任せるのではなく，仕事を分担する。さらに企業とも連携を進めてリスクを分散しておく必要がある。

　　このような対策が出ていましたが，ほかに追加とか補足がありましたら，おっしゃっていただきたいと思います。 **61**

Cさん 簡潔にまとめてくださって，私はそれで大丈夫です。 **62**

Aさん まだ少し時間があると思いますので，補足とか質問がある方はいらっしゃいますか。 **63**

全員 ………。 **64**

Aさん ほかの都市との連携の話が出ていたと思うのですが，具体的にどのような形で連携を進めていく必要があるかを話し合いたいと思います。 **65**

Dさん 私が新聞で読んだ事例ですが，どこの県か忘れてしまったんですけど，東北と関東で，どのように避難対策をしているかを，お互いに相手の現地に行って話し合って避難対策の仕方を学んだり，「もう

少しこうしたらいいのではないか」という意見交換をしているそうなんです。他者の目というか，客観的な視点での意見を取り入れるためにも，ほかの県とのつながりが必要だと思います。 **66**

Aさん 支援物資に関して，距離の近いところ，離れているところという話が出ていましたが，支援物資にもいろいろな種類があると思います。たとえば衣服とか，女性の場合は生理用ナプキンなど衛生品も必要だと思うんですが，離れている地域にも近い地域にも同じような物資をお願いするのか，それとも，食品などは期限がありますので近い地域でまかなう，期限にあまり関係がない物資は距離が離れているところから受け付けるなど，地域によって支援してもらうものの差別化が必要なのか，それとも特に制限を設けないでいいのか，皆さんの意見を伺いたいと思います。 **67**

Bさん 食品など賞味期限があるものについては，近いところから調達したほうがいいと思います。

　　ちょっと話がそれてしまうんですが，たとえば食品を届けていただく場合，腐りやすいものとか，賞味期限が短いものとか，成分表示がわからないサプリメントとか，実際に摂取して安全かどうかわからないものが届くケースもあると思うので，どんな食品が欲しいかを合わせて提示したほうがいいと思います。 **68**

Cさん 残り時間があと2分程度ですので，追加のまとめに入ったほうがいいと思います。 **69**

Aさん Eさん，今のところまでのまとめをお願いします。 **70**

Eさん はい。支援物資の話が出ていましたが，最終的には食品などは近隣地域から集めるということで，衣服や衛生用品などは遠くからでも問題ないということになりました。

　　ソフト面においては，行政の中でリストを作り，効率良く行っていくということになりました。以上です。 **71**

試験委員 時間になりましたので，これで集団討論を終了します。

61 進行役は進行に注力し，まとめは書記に任せたい。

62 メンバーへの感謝は，良い雰囲気を醸成する。

63 最後まで議論を深めようとする姿勢は好印象。

64 残り時間が少ない場合は，職員として実行したい具体策を示しても良い。

65 ほかの自治体との連携に焦点を当てた深掘りは良い。

66 広域連携や客観的視点の重要性への言及は高評価。

67 残り時間を勘案し，自分の意見を示したうえで，他の意見を促すことは有効。

68 避難所の備蓄品を総点検したうえで，必要な支援物資を求めることが大切。

69 追加のまとめの発言時間を考慮した時間管理ができていて良い。

70 進行役が自分でまとめず，書記に指示したことで，役割が明確になった。

71 「ほかの自治体との連携」にも言及すべきだった。

●試験官の講評

少し難しい課題でした。しかし，課題をよく読めば，この中にヒントが隠されていることに気がつくはずです。

今回の課題のポイントは，後段の「地域における防災体制の構築に向けた課題を考察したうえで，行政が取り組むべき具体的な対策について討論しなさい」というところです。

求められているのは「地域における防災体制の構築」で，討論の前半で皆さんが指摘されたさまざまな防災対策は，その背景にあるものです。指摘されたさまざまな課題を克服していくためには，実際に

どのような体制が必要なのか，どのような準備をしておけばいいのか，その担い手は誰なのか，という討論の流れにすべきで，そこまでの討論が十分とはいえませんでした。

討論自体は活発なもので，その点は非常に評価できます。与えられた課題に対してグループとしての結論を出そうという姿勢が，十分に感じ取れました。

ただ，ほかのメンバーの発言をメモすることに集中し，「そうですね」とか「なるほど」といった，議論を誘発する言葉が少なかったのが残念です。

各人の評価は以下のとおりです。

Aさん 「私が進行役を」という積極的な第一声から始まり，討論の方向性の整理，最後のまとめ方も含め，常にグループの全体をリードしていた点は高く評価できます。発言の内容も評価できます。

Bさん 進行役などの役職に就いていなかったので，発言の機会がもう少し多くても良かったと思います。ただ，一つ一つの発言は，新しい視点のものだったり，討論の方向を変えたりするものでした。

Cさん タイムキーパーとして時間の管理をしながらも積極的な発言が目立ち，グループに活気を与えていました。きちんと自分の意見を述べていた点が評価できます。

Dさん 前の人の発言で欠けている部分を埋めたり，ほかのメンバーの発言に確認の質問をしたり，エピソードを披露したり，発言を誘発する姿勢が目立ち，討論の活性化に貢献していました。

Eさん 書記としてほかのメンバーの発言をメモしながら，自分の意見もきちんと過不足なく述べていました。発言内容も新しい視点のものが目立ち，討論に幅を持たせていました。

集団討論の評価結果 （評定項目の詳細は 115 ページを参照）

		Aさん	Bさん	Cさん	Dさん	Eさん
貢献度	面接官A	＋1	＋1	＋2	＋1	＋1
	面接官B	－1	－1	＋2	＋1	0
	面接官C	＋1	0	＋2	＋1	＋2
社会性	面接官A	＋1	＋1	＋1	＋1	＋1
	面接官B	0	0	＋1	＋1	0
	面接官C	＋1	0	＋2	＋1	＋2
指導性	面接官A	＋1	＋1	＋2	＋1	＋1
	面接官B	－1	－1	＋1	＋1	0
	面接官C	＋1	－1	＋2	0	＋1
総合	面接官A	良	良	優	良	良
	面接官B	可	可	良	良	可
	面接官C	良	可	優	可	優

優…6点〜5点 ／ 良…4点〜3点 ／ 可…2点〜－2点

集団討論の感想

 Aさん　災害対策というテーマは論点が多く，どのような流れで討論を進めたら良いのか，難しさを感じました。進行役に立候補しましたが，責任を負いすぎてしまい，俯瞰的な目線が欠けてしまったと感じています。集団討論はメンバー全員で活性化させるものであると意識し，冷静に討論を進める必要があると思いました。

　うまくできたと思う点は，率先して討論を始めるきっかけを作ることができた点です。また，進行役をしつつ，自分の意見を述べるとともに，メンバーの意見もまとめることができたと思います。反省点は，メモを取ることに集中してしまい，相手の意見に対するリアクションが十分にできなかった点です。また，意見の分類をハード面とソフト面の２つのみで考えていましたが，時間軸など，そのほかの重要な要素もあったため，テーマを多角的に捉える必要があると感じました。課題文をよく読み込むことで出題者の意図を汲み取るとともに，テーマを多面的に分析することができるよう，日頃から課題を多角的に捉える習慣をつける必要があると思います。

 Bさん　アイデアが出せるかどうか，またそれをうまく全員に伝えられるかどうかが不安でした。そこで，情報整理のパターンを決めました。具体的には，防災に対するハード面とソフト面という，側面ごとに分類して意見をまとめ，提示しました。その結果，メンバーにはっきりと自分の考えを伝えることができ，予想以上に議論に貢献できました。反省点は，沈黙する時間が多かった点です。補足意見を考えたり，相づちを打ったりするなど，工夫しようと思いました。

 Cさん　うまくできたと思います。タイムキーパーとして議論が時間内に終わるよう状況を見て，「次はこれについて考えましょう」と促すことができました。また，相手の考えに共感しつつ，関連した自分の意見を言えたことも良かったです。さまざまな分野の課題が出題された場合でも意見が言えるよう，事前にアイデアをため込んでおくことが必要だと思いました。

 Dさん　討論自体は楽しく，自分にはない意見を知ることができました。ただ，意見を言うタイミングを逃したり，意見を言い始めたもののまとめ方がわからず，焦ってしまったりしました。それでも，Aさんが方向性を示してくれたので，意見を提示しやすかったです。ほかのメンバーの意見に付け加えたり，出ていない視点や足りていない点について発言したりすることができたのは良かったと思います。積極性が足りなかったという点が反省点です。今後の対策としては，課題を読み込み，話し合うべきことを的確に提示することや，他人の意見に相づちを打つこと，ほかのメンバーの表情を見るようにすることが挙げられます。

 Eさん　書記としてメンバーの意見をしっかりと聞いてメモを取っていたのですが，うまくまとめることができず，焦りました。また，書記であるにもかかわらず意見を言うことが多く，書記としての役目を十分に果たしていなかったように感じます。書記としてまとめを述べる際には口ごもってしまい，メンバーに迷惑をかけてしまったと思いました。一方，自身の意見を伝える際には，事例と絡めて述べることができました。また，相手の意見に付け足すことにより，討論が活発になりました。討論中に沈黙の時間があったので，「ほかに意見はありますか？」など，質問すればよかったと思います。また，緊張のあまり相手の意見を書きそびれたことがあったので，キーワードのみメモして，正確に意見をまとめるようにしたいです。

　ほかの人の意見に対して，「いいと思います」「私もそう思います」などと発言することで，その場の雰囲気を盛り上げることができ，討論がより活発になると思いました。今後，模擬面接などで，進行役や書記，タイムキーパー，盛り上げ役のすべてを経験しておくことが大切だと思います。

集団討論・グループワーク

●集団討論　実施状況&課題例

|集|団|討|論|実|施|状|況|

　以下に，令和5年度に集団討論を実施した試験をまとめた（地方上級は主に一般行政系区分）。なお，この数年はコロナ禍により，集団討論の実施が予定されていたが見送られるというケースもある。令和6年度（2024年度）試験については，受験案内で必ず確認してほしい。

　国家総合職，国家一般職では，官庁訪問において集団討論が行われる場合がある。

　表中，特に記述のないものは二次試験で実施されている。その他の市役所の実施状況は，『受験ジャーナル』6年度試験対応Vol.6の特集2「全772市　事務系試験データ」を参照してほしい。

国家公務員	●外務省専門職員（グループ討議として）　●裁判所総合職[裁判所事務官]（三次） ●裁判所総合職[家庭裁判所調査官補]
地方上級 （一般行政系）	●宮城県　●山形県　●福島県　●茨城県　●栃木県（集団試験として）　●山梨県 ●新潟県　●岐阜県　●静岡県　●愛知県（行政Ⅱ）　●富山県　●石川県　●福井県 ●滋賀県　●鳥取県　●島根県　●山口県　●香川県　●愛媛県　●高知県 ●熊本県（三次）　　●沖縄県　●さいたま市（集団面接の一部として） ●千葉市事務（行政B）●岡山市（集団活動として）　　●広島市（三次）　　●熊本市

|集|団|討|論|課|題|例|

＊集団討論（グループディスカッション）の課題や形式について，以下にまとめた。課題が多数公表されている場合は，適宜抜粋している。また，編集部で表現や表記を修正・統一するとともに，長文の場合は課題文を省略していることがある。

＊〈公開〉は実施機関の公開問題，〈受験者情報〉は受験者からの情報，〈アンケート〉は実施機関へのアンケートによる。なお，自治体が課題を公表している場合，自治体により「例題」の場合と「課題例」の場合がある。

地方上級

宮城県

5年度〈受験者情報〉

●鳥獣による農作物の被害を減らすためには，行政としてどのような取組みを行うべきか。（検討5分・討論45分，受験者9人，試験官3人）

感想：個別面接の前に実施しました。

5年度〈受験者情報〉

●地域の防災力向上のための取組み。（45分，受験者9人，試験官6人）

感想：最初に5分間自分の考えをまとめる時間があります。自分の考えを1人1分ずつ発表してから討論が開始。リーダー役は置きませんが，討論を進めるうえでリーダーのような声掛けは可能です。

4年度〈公開〉

●宮城県の特産品を1つ挙げ，その特産品の販路を拡大するためには，どのような取組みが有効か。

山形県

4年度〈公開〉

●令和4年3月，公益財団法人全日本柔道連盟は，心身の発達途上にある小学生が勝利至上主義に陥ることは好ましくないとして，全国小学生学年別柔道大会を廃止すると発表した。ついては，次の点について討論し，グループとしての意見をまとめなさい。

(1) 小学生をはじめとした義務教育段階における全国競技大会廃止の是非

(2) 上記（1）の結論によって生じる課題に対する対応策

※以下，出題テーマの要旨

○ワーケーションの普及に向けた課題。その課題を踏まえた対応策。

○プラスチックごみの削減に向けた課題。その課題を踏まえたプラスチックごみ削減に向けた方策。

○インターンシップで取得した学生情報を民間企業の採用選考活動に活用することのメリット，デメリット。そのデメリットを踏まえた対応策。

福島県

4年度〈公開〉

●公立学校における部活動を，学校単位から地域単位の活動に移行することについて，賛成か反対か，グループとしての意見をまとめなさい。

3年度〈公開〉

●高等学校において，ボランティア活動など社会奉仕体験活動を必修化することについて，賛成か反対か，グループの意見をまとめなさい。

3年度〈受験者情報〉

感想：60分，受験者6～7人，試験官3人でした。試験官から説明があった後，課題が書かれた紙が配布されました。受験者にはアルファベット（A～F）が割り振られます。10分で自分の意見を考え，50分討論をして，5分でまとめと発表を行いました。まとめと発表の仕方はグループ内で決めることになっており，司会を立てるかも自由です。さまざまな観点から討論するようにとの指示がありました。

茨城県

4年度〈公開〉

●人口減少，少子高齢化や経済・社会のグローバル化の進行などにより社会情勢が変化していく中，茨城県が「活力があり，県民が日本一幸せな県」を実現するためには，女性，若者，障がい者，外国人等の多様な人材の活躍が重要です。このような中，茨城県では，年齢や性別，国籍や障がいの有無，性的指向などにかかわりなく，一人一人が尊重され，誰もが個々の能力を発揮できる社会を実現することを目的に，関係団体等と共に「いばらきダイバーシティ宣言」を発表しました。そこで，以下の点について討論し，グループとしての意見をまとめてください。

1 多様な人材の活躍について，現状と課題の整理を行ってください。

2 1を踏まえて，多様な人材の活躍できる環境を整備するため，行政はどのような取り組みを行っていくべきかを考えてください。

3年度〈公開〉

●5GやAIなどデジタル技術の進歩により，これまで常識であったさまざまな壁（距離の壁・言語の壁・技術の壁等）が低減され，さまざまな新事業や新サービスが創造される時代となっています。これらの技術は，企業等の生産性向上による競争力の強化や新しい生活様式への対応などさまざまな地域課題に対する処方箋となりうる可能性を持っており，本県では「茨城県DXイノベーション推進プロジェクト」により，デジタル技術の活用による本県の地域課題の解決に資するプロジェクトを推進しています。このような状況を踏まえ，以下の点について討論し，グループとしての意見をまとめてください。

1 本県における地域課題のうち，「医療・福祉」「交通」「農林水産業」「災害」「教育」「産業振興」の分野から，グループで議論のうえ，分野を2つ程度選択してください。

2 1で選択した分野の各課題について，デジタル技術を活用した解決策を考えてください。

3年度〈受験者情報〉

感想：受験者8人，試験官3人で，司会役やタイムキーパーなどの役割は決めず，自由に発言するよう指示がありました。10分で個人の意見を考えた後，1人1分で意見を述べてから，討論をしました。

栃木県

4年度〈公開〉

●とちぎの強みを生かした県の産業振興について。

3年度〈公開〉

●脱炭素社会の構築を推進する取組みについて。

2年度〈受験者情報〉

感想：課題は一次試験の合格通知とともに送られてきました。試験当日は一番初めに自分の提案を2分で述べることになっているので，事前に提案内容を考えておく必要があります。受験案内には約40分とありましたが，最初に受験者（6人）全員が各自2分程度で提案を行った後に討論がスタートするため，実質的な討論時間は25分程度でした。

山梨県

4年度〈公開〉

●海洋プラスティックごみが国際的な問題となっているが，ごみを減らし海洋生物などを守るためには，個人，企業あるいは自治体等がどのような取組みをしなければならないか。

新潟県

2年度〈公開〉

●子育てしやすい環境づくりについて。

元年度〈受験者情報〉

感想：軽い自己紹介の後，5分間各自で考える時間があり，そこから1時間討論を行います。45分以上討論をする必要がありますが，それ以降は好きなタイミングで終了できます。四隅に試験官が4人いて，15分ごとに場所を入れ替わっていました。

岐阜県

4年度〈公開〉

●コンパクトなまちづくりについて。
●県産木材の使用推進について。
●「スマート農業」の推進について。
●小中学校への児童生徒のスマートフォン持ち込みについて。
●「食品ロス削減」について。
●消防団員・水防団員の確保について。
●「関係人口」創出事業について。
●ローカル鉄道対策について。
●マイナンバーカードの取得促進方策について。

3年度〈受験者情報〉

感想：受験者8人，試験官4人で，「賛成か反対か結論を出すこと」と言われました。最初に試験官から，①司会者など役割は決めない，②3分間個人で考え，1分間ずつ発表する，③その後討論を始める，というルールの説明があります。個人発表の終了時間になると，試験官がタイマーで知らせてくれました。紙が用意されており，筆記用具が必要でした。

静岡県

5年度〈受験者情報〉

●マイナンバーカードの申請件数を増やし，さらに普及させていくにはどうしたらいいか。（25分，受験者6人，試験官5人）

4年度〈公開〉

●国内各地で地震や台風，集中豪雨などの自然災害が相次ぎ，県内で生活する外国人に対する避難情報の発信が課題となっています。外国人に対し，必要な情報をいち早く確実に伝えるために，静岡県はどのような取組みを行うべきか。

愛知県

《行政Ⅱ》

4年度〈公開〉

●県民に，愛知のことをもっと知ってもらい，これまで以上に愛着や誇りを持ってもらうためには，県としてどのような取組みを行うのがよいか。

4年度〈受験者情報〉

感想：40～50分，受験者4～5人，試験官4人でした。2日目の個別面接の合間に決められたグループ順で実施され，個別面接が先の人もいればグループ面接が先の人もいました。課題は1回目面接の際に発表されます。試験当日に配られるスケジュールに従って進んでいくため，受験番号によらずに早めに試験が終了する人もいましたし，昼ご飯を挟んで15：00頃に終了する人もいました。

3年度〈公開〉

●愛知県では，他の大都市圏に比べて「住みやすさ」の面で強みがあるとして，広くPRしているが，移住を検討している人に，一番のお勧めを挙げるとしたら何か。

富山県

4年度〈公開〉

●人口減少，少子高齢化が続いている富山県では，特に若者の県外流出が続いていますが，若者の県内定着を図るために，県はどのようなことに取り組めばよいか，自由に話し合ってください。

※以下，出題テーマの要旨。

○地域行事の在り方について。
○国内外からの観光客の受け入れ方。
○富山県の魅力をより効果的に伝えるSNSによる情報発信。
○持続可能な公共交通の構築。
○ヤングケアラーと呼ばれる子どもたちの存在について。

3年度〈公開〉

※以下，出題テーマの要旨。

○コロナの自粛疲れが問題になっているが，緊張感を持って感染防止対策を行うにはどうすべきか。

○大雪で県内の道路，公共交通機関が混乱した。これを教訓に県はどのような取組みをすべきか。

○学生の貧困の問題が顕在化しているが，このことについてどのような対策が必要か。

○若者や女性等，新たな農業の担い手を確保するために県はどのようなことに取り組めばよいか。

○県外への流出を防ぎ，県外からの移住を促進するためには県はどのようなことに取り組むべきか。

○男性が育児休業を取得する意義，また，取得率を上げるためにどのような取組みを県は行うべきか。

3年度〈受験者情報〉

感想：1グループ8人でしたが，欠席者がいたため，6人で実施しました。時間は20分で，試験官は4人でした。

石川県

3年度〈公開〉

●脱炭素社会への取組みについて。

●過疎地域におけるICTの活用について。

●農林水産物のブランド化の推進について。

●外国人との共生について。

2年度〈公開〉

●人口の社会減対策について。

●男性の子育てへの参加促進について。

●文化の継承・発展と新たな文化の創造に向けた取組みについて。

●高齢者が安心して暮らせる社会づくりについて。

2年度〈受験者情報〉

感想：①10分程度のアイスブレイクタイム→②課題発表・課題検討（10分）→③集団討論という流れでした。最初に順番に自分の意見を述べるのですが，前の人と内容が重ならないよう，余裕のある人は代案も考えておくとよいです。

福井県

4年度〈公開〉

●北陸新幹線福井・敦賀開業に向けた誘客・誘致について。現在，本県では北陸新幹線福井・敦賀開業を控え，観光誘客や企業誘致を進めている。そ

の一方で，新型コロナウイルス感染症拡大の影響により，アウトドアレジャー人気の高まりやテレワークの推進など，個々の旅行スタイルや企業の経済活動に変化が見られている。

　課題：本県に観光客や企業を呼び込むために解決すべき課題を踏まえたうえで，県が取り組むべき施策について議論してください。

※以下，出題テーマの要旨。

○公務員志願者の増加対策について。

○マイナンバーカードの取得促進について。

○県産農林水産物の販路開拓・消費拡大について。

○共家事（トモカジ）の促進について。

○ふくい桜マラソンについて。

元年度〈受験者情報〉

感想：試験開始15分前くらいにメンバー間（9人）で自己紹介をし，課題が配布されました。初めに司会者を決め，課題1つ（25分）が終わるごとに簡単なまとめを行いました。

滋賀県

4年度〈公開〉

●自宅から都合の良い時間にスマートフォンで県立施設の予約や補助金の申請ができるようにするなど，県民が行政サービスを利用しやすくするためには，どのような課題があるのか，また，どのようにこれを解決していくのかを討論して，結論としてまとめてください。

3年度〈受験者情報〉

感想：受験者7〜8人，試験官5人でした。個別面接の前に実施され，時間は役割分担を含めて45分でした。グループとしての意見を発表する必要はなかったです。討論の前に試験官から，発言が少ないと減点になること，試験官にも声が聞こえるように大きな声で話すこと，と説明がありました。テーマは二次面接の案内の書類とともに通知されました。

鳥取県

《キャリア総合コース》

4年度〈公開〉

●県内の既存観光地に新たな魅力を加え県内外から注目を集めるための戦略について討論してください。

※以下，出題テーマの要旨。

○就職活動中の学生による交流サイトへの投稿を企業が調査することの是非について。

○地方の公共交通機関が抱える課題と解決方策について。

○鳥取県の海産物や農産物のブランド展開について。

○VRの行政への活用について。

○自動音声に女性の声が多く使用されていることについて。

○大阪・関西万博の来場者を，鳥取県に観光客として呼び込むための方策について。

《追加募集》

4年度〈公開〉

●令和3年度鳥取県に関するイメージ調査結果によると，鳥取県の「特産物」の認知度は，上位 3 位が「二十世紀梨」60.3%，「砂丘らっきょう」34.0%，「カニ」30.2%となっている一方で，「ひとつもない」が 27.2%という結果でした。この「ひとつもない」をゼロ%にする方策について，さまざまな観点から討論してください。

島根県

《行政A》

4年度〈公開〉

●島根県の離島・中山間地域においては，人口高齢化・過疎化が進み，空き家が増加しています。空き家が増加することにより生じる問題点を挙げ，その問題点を解決するためにはどのような対策が有効か，自由に討論しなさい。（テーマ検討時間15分，討論時間60分）

4年度〈受験者情報〉

感想：受験者8人，試験官3人でした。最初に，試験官からの説明，役割決め，議論の進め方の相談，課題配布と自分の意見整理を行いました。議論開始時に，各自まとめた意見を1分程度で全員が発表するように指示がありましたが，その後の時間配分は自由でした。役割は，司会のみ決めるように指示があり，そのほかは自由でした。集団討論では積極的に話を切り出してくれる司会役の人や，普段の話し言葉に近いゆるさで話して場を和ませてくれた人がいたおかげで，かなりやりやすく，楽しさを感じました。

《行政B》

4年度〈公開〉

●昨今，全国各地の自治体でオリジナル動画を制作するところが増えており，島根県においてもYouTube「しまねっこチャンネル」等のWebやSNSにより，さまざまな情報を発信しているところです。全国に島根 県の魅力をPRし，島根県の良さを知ってもらうためにはどのような手法が有効か，自由に討論しなさい。

山口県

3年度〈受験者情報〉

●鳥獣被害対策における課題・現状を述べ，必要な取組みを述べよ。

感想：受験者6人，試験官3人で，時間は45分です。各自10分考えた後，順番に発表し，35分討論をしました。試験官から「役割は決めず，結論をまとめる方向で」と言われました。

香川県

4年度〈公開〉

●昨年6月に育児・介護休業法等が改正され，本年4月から，子の出生直後の時期における男性の柔軟な育児休業の枠組み創設など，育児休業を取得しやすい雇用環境整備が段階的に進められている。希望に応じて男女ともに仕事と育児等を両立できる社会の実現のため，どのような取組みが効果的か，あなたの意見を述べ，討論しなさい。

※以下，出題テーマの要旨。

○部活動の地域移行についての課題と意義。

○デジタル技術の活用して，より高度で利便性の高い医療や福祉を提供するための取組み。

○テレワークを推進していくべきかどうか。

○農林水産業の担い手不足が深刻となる中，農林水産業の持続的発展を図るための取組み。

○香川県の産業をより一層活性化するための取組み。

3年度〈受験者情報〉

（40分，受験者6人，試験官3人）

感想：受験者どうしで自己紹介はせず，名前はアルファベットで呼び合う形でした。役割は決めませんでした。課題について考える時間が5分あり，その後，1人3分程度で意見を発表してから，討論が始まりました（この討論が40分）。討論終了後，1人3

分程度で，討論の感想と，自身が討論で貢献できたと思うことを発表します。最初と最後の1人3分ずつの発表は，試験官が仕切りました。

愛媛県

《行政事務B以外》

4年度〈公開〉

- 男女共同参画社会づくりについて。
- 高齢者がいきいきと暮らせる健康長寿えひめの実現について。
- 戦略的なプロモーション活動の推進について。
- 魅力ある観光地づくりと国際観光の振興について。
- 地球温暖化対策の推進について
- 愛媛産品のブランド力向上について。

3年度〈公開〉

- 人権が尊重される社会づくりについて。
- 多様な人材が活躍できる労働環境づくりについて。
- 県民参加型の健康づくりについて。
- 快適に暮らせる市街地づくりについて。
- eスポーツの推進について。

《行政事務B》

4年度〈公開〉

- 地域を支える人材づくりについて。
- 安心して子どもを産み育てることができる環境づくりについて。
- スポーツを通じた豊かで活力ある地域づくりについて。

3年度〈公開〉

- 農林水産業の担い手の確保について。
- 商店街の活性化について。
- 若者の県内企業への就職促進について。

高知県

4年度〈公開〉

- 希望者が子どもを産み育てやすい社会について。
- 学童期のスマホやゲームとの付き合い方について。
- 県民の健康寿命の延伸について。
- 高齢者が住み慣れた地域で暮らし続けることができる県づくりについて。
- 過疎地の公共交通を守るための取組みについて。
- 自転車の交通事故防止について。
- 若者が住み続けたいと思える地域づくりについて。
- 地域における防災活動の推進について。

- 災害からの速やかな復旧・復興に向けた事前準備について。
- 大規模災害時の避難所の運営について。
- 家庭における男女共同参画の推進について。
- 高齢者の交通安全の取組みについて。
- 食品ロスの削減について。
- 県産品の販路拡大について。
- 新型コロナウイルス感染症対策と社会経済活動の両立について。
- 地場産業におけるデジタル技術の活用について。
- 移住促進による地域の活性化について。
- 第一次産業を担う人材の育成・確保について。
- 地域地域で若者が誇りと志を持って働ける高知県について。

熊本県

4年度〈公開〉

- 大手外国企業による熊本での新工場建設等に伴い，今後ますます多くの外国人の方が熊本で生活されることとなりますが，その方々にとってより住みやすい熊本になるために，本県としてどのような取組みが必要であるか，グループ内で討論してください。

※以下，出題テーマの要旨。

○人気漫画の像の活用を通じて県全体の交流人口拡大につなげるための取組み。
○本県への移住定住を推進するための取組み。
○男性の育児参加を促進するための取組み。
○食品ロスを減らすための有効な対策。
○ワークライフバランスの実現に向けた施策が求められる背景と，行政が取り組むべき具体的な施策。

沖縄県

3年度〈公開〉

- 少年法厳罰化について。懲役期間の延長や重大犯罪にかかわった18歳以上の少年の起訴後の実名報道を認めるなど，少年法の厳罰化が相次いでいますが，被害者の心情等を踏まえてこれを肯定する立場と，少年の更生や社会復帰を困難にするとして反対する立場があります。少年犯罪の凶悪化が問題視されながらも少年犯罪そのものは戦後一貫して減少傾向にあることや，少年法による更生活動の成果を主張する意見，遺族を含む被害者側

の声を重視する意見や少年法の意図や抑止力に疑問を呈する世論など，さまざまな意見があります。これらを踏まえて少年法厳罰化について討論してください。

※以下，出題テーマの要旨。

○自然環境の保護と地域経済について。

○救急車の有料化について。

○24時間営業について。

○離島の医療体制について。

○宿泊税制度の導入について。

○ジョブ型雇用について。

さいたま市

元年度〈受験者情報〉

●さいたま市ブランドを向上させるにはどうすべきか。（集団面接の中で実施，15分，受験者6人，試験官3人）

岡山市

《事務一般枠》

元年度〈公開〉

●岡山市では市制施行日である6月1日を，市民みんなが岡山市のことを考える日「岡山市民の日」と定めています。郷土・岡山への理解と関心を深め，愛着と誇りを育み，魅力あるまちづくりを進めていくきっかけとなるよう岡山市民の日のキャッチコピーをグループとして1つ決め，その理由をまとめなさい。

※以下，出題テーマの要旨。

○集団討論を実施しているこのグループのスローガンを作りなさい。

広島市

4年度〈公開〉

●我が国では各地で地震が発生しやすく，広島市においても大規模な地震や津波による被害が懸念されている。大規模な地震の発生に備えた安全・安心なまちづくりを進めるために広島市が取り組むべき具体的な対策について討論し，グループとしての考えをまとめなさい。（30分，受験者8人）

※以下，出題テーマの要旨。

○野良猫の増加によるトラブルに対して，行政としてどのように取り組むべきか。

○メディア芸術を活用した地域活性化策と，広島市において推進するための取組み。

○エシカル消費について，広島市としてどのように取り組むべきか。

○小学校への学習者用デジタル教科書の導入の促進について，効果的に導入するために広島市としてどのように取り組むべきか。

3年度〈受験者情報〉

感想：受験者7人，試験官4人で，最初に，各自で考察する時間（5分）と，意見発表（1人1分）がありました。その後は，役割決め（1分）→出た意見の分類（1分）→討論（20分）→まとめ（3分）→まとめへの付足しと最終のまとめ（5分）という流れでした。

熊本市

4年度〈公開〉

●公務員は職務の公共性や公益性から，より高い職業倫理が求められるが，昨今のニュースなどで公務員の不祥事にまつわる報道が数多く取り上げられている。公務員にとって必要とされるコンプライアンスとは何か，グループで話し合い，意見をまとめなさい。

※以下，出題テーマの要旨。

○自転車利用時に市民にヘルメット着用を促すための取組み。

○本市において，インバウンド需要の持続可能性を高めるようにするための取組み。

○熊本地震の記憶の風化を防ぐための取組み。

○熊本市が「ヤングケアラー」を支援するための取組み。

○テレワークの推進で変わりつつあるコミュニケーションについて，熊本市職員として，円滑にコミュニケーションを図り，業務を進めていくための取組み。

○熊本市として，有権者に選挙に関心を持ってもらい，投票に行くような動機を醸成するための取組み。

○市民がSDGsの理念を理解し，自ら地域課題を解決するための取組み・支援。

○市民へ正確な行政情報の伝達と，インターネット等を使える人と使えない人との間の格差への対策。

市役所

北海道恵庭市

4年度〈アンケート〉

●市民が市職員に求めていることは何か。

●市内で埋蔵金100億円が発見されました。100億円でどんな事業をしますか。

●無人島に行くときに何を持っていきますか。5つ以内に絞ってください。

青森県むつ市

5年度〈アンケート〉

●住民の声を集めるアイデア。

岩手県遠野市

4年度〈アンケート〉

●景観資源の保全。

宮城県角田市

5年度〈受験者情報〉

●角田市では，住民が主体的に課題を見つけ，行動する力を「市民力」とし，力を伸ばすための取組みをしています。あなたなら，市役所職員としてどのように取り組んで向上させますか。（45分，受験者8人，試験官8人）

山形県米沢市

5年度〈アンケート〉

●次の事項について検討し，その結果を理由も含めて発表してください。米沢市職員採用試験のキャッチコピーを考えてください。

●大雨の中500人が参加するマラソン大会を決行しなければなりません。このとき，主催者はどのようなことをしたらいいでしょうか。

●近年，女性が活躍できる社会をめざす動きが強まっていますが，女性が活躍できる社会とはどのような社会かを説明してください。

●既存の行政サービスのうち，民間に委託したほうが効率的だと思うものを1つ挙げ，その理由も含めて発表してください。

●次の事項について検討し，その結果を理由も含めて発表してください。皆さんが仕事をするに当たって3番目に大切にしたいことを決めてください。

福島県会津若松市

5年度〈アンケート〉

●各自治体において，軽装勤務（ノーネクタイ・ノージャケット・スニーカー等での勤務）を通年化する動きが広がっています。本市においては，夏季に限り，ノーネクタイ・ノージャケットでの勤務を実施しているところです。本市において通年軽装勤務を制度化すると仮定して，軽装勤務を通年で導入することで，どのようなメリットやデメリットが生じるのかをグループで議論したうえで，具体的な通年軽装勤務のルールをまとめてください。

福島県須賀川市

5年度〈アンケート〉

●持続可能な「まちづくり」とSDGsについて。

茨城県龍ケ崎市

5年度〈アンケート〉

●龍ケ崎市に対して，「ふるさと納税」をしてくれる人を増やすための施策について

茨城県水戸市

5年度〈アンケート〉

●市におけるふるさと納税を促進するための具体的な提言。

茨城県ひたちなか市

5年度〈アンケート〉

●本市では現在，令和6年度11月に市誕生30周年を迎えることから，記念事業の実施を検討している。そこで，市民が本市の価値と魅力を再認識し，市に対するシビックプライドを高めるために，本市ではどのようなイベントを企画すべきか議論せよ。

茨城県潮来市

5年度〈アンケート〉

●進学や就職で潮来市を出ていく若者に「将来潮来市で暮らしたい，潮来市に帰ってきたい」と思ってもらうためには，どのような方策が考えられるかを討論し意見をまとめてください。

茨城県桜川市

5年度〈アンケート〉

●桜川市では，人口減少対策として「さくらがわ人生応援プロジェクト」を今年4月からスタートさせ，市内在住の方はもちろん，ほかの地域から移住してくる方に対してもお祝い金や補助金を支給し，桜川市での生活を支援しています。この取組みを踏まえ，Uターンも含めた都市部からの移住者を増やすために，さらにどのような取組みが必要か。

栃木県日光市

5年度〈アンケート〉

●令和5年6月にLGBT理解増進法（性的指向及びジェンダーアイデンティティの多様性に関する国民の理解の増進に関する法律）が施行されました。また，日光市では，同性カップルがお互いを人生のパートナーであることを宣誓し，市が証明書を発行する，「パートナーシップ宣誓制度」を令和3年9月から開始しています。しかしながら，現在の日本では，誰もが享受できるはずの公的サービスや社会保障の面においても，LGBTQの人々は困難に直面することがあります。多様な性の在り方が，より多くの人に理解され，すべての人が安心して生活できるようになるため，一人一人が取り組むべきこと，必要な考え方などについてグループでまとめ，発表してください。（前期）
○人工知能（AI）の技術とともに生きていくうえでの「人間の価値」について。（後期〈テーマ〉）

埼玉県鶴ヶ島市

5年度〈アンケート〉

●子どもたちが安心して暮らせるまちにするためには，どのような取組みが必要か。

千葉県八千代市

4年度〈アンケート〉

●カーボンニュートラルを達成するための取組みについて。
●マイナンバーカードの普及率を向上させるための取組みについて。
●残業時間を減らし，有給休暇取得を高めるための取組みについて。

東京都羽村市

5年度〈アンケート〉

●食品ロスを削減するための取組みについて。

山梨県韮崎市

5年度〈アンケート〉

●市外の方々に韮崎市への興味や関心を持っていただき，移住先として選んでもらえるようなキャッチコピーを提案してください。また，その理由についても発表してください。

新潟県南魚沼市

5年度〈アンケート〉

●ドラえもんの秘密道具で一番欲しいものはなんですか。

静岡県伊東市

5年度〈アンケート〉

●少子化対策「加速プラン」の中で，最も優先すべき項目は何か。また，その項目に関連して伊東市が取り組むべきことは何か。

愛知県刈谷市

5年度〈アンケート〉

●刈谷市の公共連絡バスについて。

三重県熊野市

5年度〈アンケート〉

●子育てのしやすいまちづくりについて。

福井県あわら市

4年度〈アンケート〉

●学生Uターンの促進について。
●若者に住み続けてもらうための取組みについて。

滋賀県草津市

5年度〈アンケート〉

●無人島に行くとしたら何を持って行きますか。

大阪府高槻市

4年度〈受験者情報〉

●マイナンバーを全国民に普及しようとしているが，

伸び悩んでいる。なぜ普及しないのかの要因と，それに対する施策を考えよ。（受験者6人，面接官2人，進行役1人）

大阪府寝屋川市

4年度〈受験者情報〉
- 日常生活で，コロナ対策としてのマスク着用を続けるべきか否か。（ディベート，35分，受験者7人，面接官4人）

大阪府門真市

4年度〈受験者情報〉
- 雇用のミスマッチを防ぐためには，採用前にどのようなことをすればよいか，採用者側の立場と求職者側の立場でそれぞれ議論して発表（60分）。

兵庫県明石市

5年度〈アンケート〉
- 明石市では，2036年度に市内で発生する燃やせるごみと燃やせないごみの量を，2018年度と比べて2割減らすことを目標に掲げ環境施策に取り組むこととしています。この数値目標を実現するために最も効果があり，企業・市民の理解と協力を得ることができる施策をグループで話し合い，発表してください。

奈良県宇陀市

5年度〈アンケート〉
- 宇陀市の魅力を活かして職員として取り組みたいことと，それを市の発展にどのように活かしていくのか。

鳥取県境港市

4年度〈アンケート〉
- ①地方議会議員のなり手不足の要因。
  ②①を踏まえた対応策。

広島県大竹市

4年度〈アンケート〉
- 現在，社会全体として，子育て支援を推進しています。大竹市として，どのような取組みが必要だと考えますか。

徳島県小松市

5年度〈アンケート〉
- 「小松市大型クルーズ船の寄港」という内容で30秒コマーシャルを制作してください。

香川県高松市

5年度〈アンケート〉
- 香川県では交通事故による人口10万人当たりの死者数が全国で最も多いが，交通事故を減らすためにはどのようにすればよいか。

愛媛県大洲市

5年度〈アンケート〉
- 「働きやすい職場」とは。皆さんが理想とする「働きやすい職場」とはどのような環境ですか。特に重要であると考える要素を3点挙げ，理由とともに発表してください。

長崎県諫早市

5年度〈アンケート〉
- 今，諫早市のために最も力を入れて取り組むべきことは何か，次の3つの中から選び，その理由を発表してください。環境対策，高度情報化対策，少子高齢化対策。

熊本県山鹿市

5年度〈アンケート〉
- インターネット等を使える人と使えない人の格差を埋めるためには。

大分県由布市

5年度〈アンケート〉
- 空き家対策。

鹿児島県鹿児島市

5年度〈受験者情報〉
- 公共交通機関の運転手が不足している中で，学生の学びを維持するためにはどうすればよいか。

感想： 大きな紙に最終案を書き出すという形でした。

グループワークの基本と対策

●篠原功治

● グループワークとは？

グループワークとは，受験者が数人ずつのグループに分かれて共同作業を行ったり，議論の末に提案をまとめて発表したりする試験です。国家公務員試験では，国家総合職や国家一般職の官庁訪問の際に実施されている可能性があります。地方上級，市役所では，近年，実施する自治体が増加傾向にあるため，要注意です。

5年度にグループワークを実施した自治体と過去の出題例（判明分）について，140～144ページにまとめました。自治体ごとの特徴や受験者からの情報（感想等）も交えて紹介しているので，受験予定以外の自治体の課題にも目を通して確認してください。

【集団討論との違い】

グループワークに似たものとして集団討論（グループディスカッション）があります。受験者からの情報によると，グループワークという名称で実施されていても，内容的には集団討論と変わりがないケースも多いようです。課題や評価のポイントなどには，それほど大きな差があるわけではありませんが，ここでは，集団討論との違いに留意しながら解説していきましょう。

グループワークは，提示された条件に添って，資料をもとに作業・議論を行い，模造紙やホワイトボードを用いてグループとしての意見をまとめ，最後に結論を発表する，というのが基本的な流れです。メンバー全員で協力し合いゴールをめざすという点で，集団討論との違いはありません。**違うのは，集団討論が「議論」であるのに対し，グループワークは「作業」であることです。**そのため，集団討論では課題に対する知識の量によって討論へのかかわり方に違いが出てしまいがちですが，**グループワークでは，知識が不足していても積極的に参加することが可能です。**たとえば，意見を述べることが難しいテーマであっても，作業過程を考えたり，模造紙やホワイトボードなどにまとめる役割や発表する役割などで，十分貢献することができます。もちろん，グループ全体として作業が円滑に進むように，全員のことを気にする姿勢も重要です。

民間企業の採用試験におけるグループワークは内容が多様化しており，パズルあるいはゲームに近いような課題も見られます。一方，公務員試験のグループワークは，集団討論と同様に，社会問題や自治体の課題に対する解決策を考えるというものが主流です。受験者情報によると，一部の自治体では「行政運営ゲーム」などが課されたこともあるようですが，数は多くありません。むしろ，集団討論とあまり変わらない課題が目立ちます。

とはいえ，グループワークは作業的要素が強く，より活動的，行動的なものです。また，時間設定がギリギリであることが多いため，時間内に完成させることに必死になりがちです。さらに，集団討論であれば，司会，書記，タイムキーパーなどの役割分担があるのに対して，グループワークは役割分担が決めにくいケースもあります。その意味で，受験者とグループに与えられている裁量が大きく，より自由度が高い試験といえます。

こうしたことから，**グループワークでは，受験者の普段の行動特性が出やすいという特徴があります。**集団の中で，冷静かつ協力的な行動がとれるか，リーダーシップをとるのか，補佐役に徹するのか，全体の進行を見守るのかなど，受験者の「ありのま

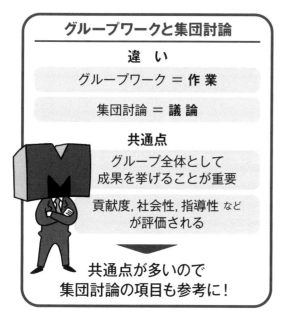

グループワークと集団討論

違 い

グループワーク ＝ **作 業**

集団討論 ＝ **議 論**

共通点

グループ全体として
成果を挙げることが重要

貢献度，社会性，指導性 など
が評価される

**共通点が多いので
集団討論の項目も参考に！**

まの姿」を試験官は見極めようとしており，それがこの試験のねらいともいえます。

グループワークにおける役割分担

　集団討論の評価基準と同様に，貢献度や社会性，指導性が重要な評価の対象となります。ただし，グループワークは「共同作業」であり，集団討論のような明確な役割分担が決めにくいため，それぞれがその都度，コミュニケーション能力を発揮して，協調しながら作業を行っていく姿勢が重要です。したがって，**協調性やコミュニケーション能力が特に重要である**と考えてよいでしょう。

　また，前述したとおり，時間の制約というのが大きな要素になります。まず，与えられた課題と時間から判断して，チーム全体でどのようにゴールまでたどりつくかという**「段取り力」が求められます**。タイムキーパー役を決めてもよいのですが，基本的には全員が時間に対する意識を持ち，進め方の手順や時間配分などをしっかりと共有し合いながら進めていくことが大切です。

　逆に，最初に決めた段取りに固執しない，**柔軟な対応力**も評価のポイントです。最初に決めたとおりの進め方では，制限時間に間に合わないこともあるでしょう。また，途中で課題で求められていることについて，足りないまま進行していたと気づくことも考えられます。このような，さまざまな「不測の事態」が起こったときに，いかに軌道修正や発想の転換ができるかといった柔軟性の発揮も期待されています。グループワークの練習をすると，「あのとき，自分はこうすればよいと思ったのに，みんなが一生懸命に取り組んでいたから言い出せなかった」と後悔する参加者がいます。気づいたときには，勇気を持って提案することも大切です。

　さらに，残り時間を気にするあまり，作業の完成ばかりに気をとられると，自分勝手な行動や，メンバーとの協調をないがしろにする姿勢をとってしまいがちです。また，自分は注意していても，そのような態度をとるメンバーに押されて何もできなくなってしまうことも考えられます。そういった際の行動こそがチェックされていると意識して，最後まで協調性と冷静さを失わないように心掛けましょう。

　実際の試験会場では，複数のグループが同時進行する形で行われるケースが多く，そのような場合，試験官（評価者）は，いくつかのグループを渡り歩きながら，受験者を観察していくことも考えられます。その際，基本的には，まず，**グループ全体で成果を上げているかどうかがチェックされます**。さらに，グループの中で個人的に最も能力がある受験者が評価されるのではなく，グループとして成果を生むための力を最も発揮できた受験者が評価されます。したがって，明るい表情やほかのメンバーの発言に耳を傾ける姿勢，積極的な動きなど，グループのメンバーとしてふさわしい姿勢や動きを意識して取り組みましょう。

　もし，グループワークが始まる前にメンバーと自由に言葉を交わせる時間があれば，積極的に雑談を行うなどして，良好な関係性を築いておくと，作業も進めやすいと思われます。

グループワークの準備・対策

【コミュニケーション能力を鍛える】

　どのような課題であっても，課題が求める内容と段取りを確認したうえで，流れを意識して役割を果たす，話し方や態度にも気を配る，といった注意点は，集団討論と同様，グループワークにも当てはまります。こういった能力は，一朝一夕には身につきません。大学のゼミ，サークル活動，ボランティア活動，アルバイトなどを通して，意識してコミュニケーション能力を高めるように準備していきましょう。

【社会問題や自治体の課題に関する情報収集】

　公務員試験におけるグループワークでは，前述のとおり，社会問題や自治体特有の課題がテーマになることが多くなっています。そのため，集団討論と同様に，社会の動向や，自治体における課題・取組みなどの情報収集に努めるとともに，その解決策として打ち出されていることや，別の自治体での課題解決事例などを調べておくとよいでしょう。

【グループワークの形式に慣れる】

　グループワークでは，資料や模造紙のほか，カードなどの道具を使うこともあります。過去の出題例を調べて，その課題について，自分ならどうするか考えてみましょう。もちろん，過去の出題例とまったく同じ出題になることはないと思いますが，当日いきなりテーマや資料を目の前にして焦る気持ちは軽減されるはずです。

●グループワーク　実施状況＆課題例

｜グ｜ル｜ー｜プ｜ワ｜ー｜ク｜実｜施｜状｜況｜

　以下に，令和5年度にグループワークを実施した試験をまとめた（地方上級の一般行政系，判明分のみ）。令和6年度試験については，受験案内で必ず確認してほしい。また，その他の市役所の実施状況は『受験ジャーナル』6年度試験対応 Vol.6 の特集2「全772市　事務系試験ガイド」を参照してほしい。

地方上級	●青森県　●岩手県　●東京都（Ⅰ類B行政新方式）　　●神奈川県　●長野県 ●大阪府　●奈良県　●岡山県（アピール型）　　　　　●長崎県　●静岡市　●神戸市

｜グ｜ル｜ー｜プ｜ワ｜ー｜ク｜課｜題｜例｜

＊グループワークの課題や形式について，以下にまとめた。課題が多数公表されている場合は，適宜抜粋している。また，編集部で表現や表記を修正・統一するとともに，長文の場合は課題文を省略していることがある。

＊〈公開〉は実施機関の公開問題，〈受験者情報〉は受験者からの情報，〈アンケート〉は実施機関へのアンケートによる。なお，自治体が課題を公表している場合，自治体により「例題」の場合と「課題例」の場合がある。

地方上級

青森県

4年度〈公開〉

●県が公表した就業状態等基本集計結果によると，2020年10月現在で，県内の15歳以上の人口に占める労働力人口（働く意思と能力を持つ人口）は5年前（2015年）と比較して22,266人減少している。労働力人口の減少は本県社会にどのような影響をもたらすか，また，それを克服するためにどのような取組みが必要か，グループでまとめ，発表しなさい。

●北海道新幹線が2030（令和12）年度末に札幌まで延伸される予定であるが，青森県に与えるメリット・デメリットを挙げ，それに関連して県としてどのような取組みが考えられるか，グループで検討し，発表しなさい。

4年度〈受験者情報〉

感想：60分，受験者6人，試験官4人で，個別面接の前に実施されました。私のグループは欠席者がいたので，5人でした。初めに7分の考える時間が与えられ，その後50分程度でグループワーク→発表という流れでした。ホワイトボードがあり，それに書いて発表する形式でした。試験官は，面接のときと同じ人です。県についての課題が毎年出るので，ニュースやHPをしっかり見ておくと良いと思いました。

3年度〈公開〉

●世界文化遺産登録をめざす「北海道・北東北の縄文遺跡群」は観光資源としても価値が高まることが期待されるが，コロナ禍において国内外にどのような観光PRをするべきか検討し，発表しなさい。

●「津軽塗」，「南部裂織」などの伝統工芸を後世まで引き継いでいくためには，どんなことが必要か。グループで意見をまとめ，発表しなさい。

岩手県

4年度〈公開〉

●「再生可能エネルギーの利活用」について。

●「三陸防災復興ゾーンプロジェクト」について。

●「移住・定住の促進」について。

●「地域コミュニティ」について。

●「結婚支援」について。

3年度〈公開〉

●「東日本大震災津波からの復興の取組みや教訓等の発信」について。

●「外国人県民等が暮らしやすい環境づくり」について。

●「人交密度向上プロジェクト」について。

- ●「若者の活躍支援」について。
- ●「世界遺産のPR」について。

3年度〈受験者情報〉

感想：受験者5人，試験官2人で，「役割決め（司会，タイムキーパー，書記，発表者）→各自テーマについて考える（5分）→話し合いと発表（45分）→講評」という流れでした。

2年度〈公開〉

- ●「自分らしく自由な時間を楽しむことができる岩手」について。
- ●「安心して子育てをすることができる岩手」について。
- ●「将来に向かって可能性を伸ばし，自分の夢を実現できる岩手」について。
- ●「やりがいと生活を支える所得が得られる仕事につくことができる岩手」について。
- ●「豊かな歴史や文化を受け継ぎ，愛着や誇りを育んでいる岩手」について。

東京都

《I類B行政（新方式）》

5年度〈公開〉（1題，50分）

- ●東京都では，東京が直面する風水害，地震等の危機及び複合災害に対し，強靭で持続可能な都市の実現をめざす「TOKYO強靭化プロジェクト」を推進している。あなたたちは，大地震があっても「倒れない・燃えない・助かる」まちづくりを検討するプロジェクトチームの一員となった。首都直下地震等から都民の命と暮らしを守るために，どのような取組みを行うべきか。チーム内で議論し，職場の上司に説明するために必要なポイントをホワイトボードにまとめなさい。
- ●東京都では，次世代へ希望を引き継ぐ社会を実現するため，「静かなる脅威」である少子化の問題に取り組んでいる。あなたたちは，望む人誰もが産み育てやすい社会に向けた取組みを進めるプロジェクトチームの一員となった。それぞれのライフステージに合わせた切れ目のない支援を展開し，次世代を担う子どもたちに輝く未来を継承していくために，どのような取組みを行うべきか。チーム内で議論し，職場の上司に説明するために必要なポイントをホワイトボードにまとめなさい。
- ●東京都では，2025年の世界陸上とデフリンピッ

ク開催を契機とした，すべての人が輝くインクルーシブな街・東京の実現に取り組んでいる。あなたたちは，誰もがスポーツの力を享受できる「スポーツフィールド・東京」の創出を推進するプロジェクトチームの一員となった。誰もがスポーツを楽しむことができる環境を構築するために，どのような取組みを行うべきか。チーム内で議論し，職場の上司に説明するために必要なポイントをホワイトボードにまとめなさい。

神奈川県

5年度〈受験者情報〉

- ●日常生活の中で努力義務としたほうがいいものを挙げ，定着に向けてどのような取組みが必要か，行政をはじめ取組み主体ごとにそれぞれ説明しなさい。（45分，受験者6人，試験官6人）

感想：個別面接の後に実施しました。最初に個人の意見を言うのですが，意見を言えていないメンバーもいて，少し動揺してしまいました。議論をしっかりとしていこうと思っていれば，よい流れを作れると思います。

4年度〈公開〉

- ●あなたは，神奈川県が開催するオンラインイベントの企画・立案プロジェクトのスタッフに選ばれました。グループでオンラインイベントの概要を決めたうえで，その実施に当たってのオンライン独自の課題を複数挙げ，その課題にどう対応したらよいか説明しなさい。

3年度〈公開〉

- ●10代，20代，30代の3つの世代のそれぞれの強みと弱みを挙げ，それを踏まえて，各世代の強みを今の社会にどのように生かせるか，グループで意見をまとめ，説明しなさい。

長野県

4年度〈公開〉

- ●人口減少・少子高齢社会において，過疎化が進む地域の活力を高めるために県としてどのような取組みを行うことが効果的か。
- ●2050ゼロカーボンに向けて，再生可能エネルギーへの転換を推進するために，県としてどのような取組みを行うことが効果的か。

《行政Ｂ〈SPI方式〉》

3年度〈公開〉

●企業等における業務中のスーツやそれに準じた服装の着用を定めた規定を撤廃する動きについて，賛成か反対か。

●日本の民法上，結婚に際して夫婦いずれか一方が必ず姓を改めなければならないが，選択的夫婦別姓に賛成か反対か。

《行政Ｂ〈SPI方式〉秋季チャンス》

3年度〈公開〉

●高齢化社会が進行する中，一般県民が行う県の行政手続き全てを電子化することについて，賛成か反対か。

●CO_2排出量削減のために，新築住宅の屋根に太陽光発電設備の設置を義務化することについて，賛成か反対か。

大阪府

4年度〈公開〉

●2020年の新型コロナウイルス感染症の世界的な感染拡大により，人の移動や集客が制限され，インバウンド需要がほぼ消失し，宿泊，飲食等の売上げが大幅に減少するなど，観光分野は多大な影響を受けています。皆さんは，観光振興に携わる大阪府職員です。この度，新型コロナウイルス感染症の状況を踏まえつつ，観光需要の回復を担う国内旅行を促進し，大阪の賑わいを取り戻すための企画案を作成することになりました。「大阪都市魅力創造戦略2025」にあげられている重点取組みなども参考にしながら，皆さんのアイデアで効果的な企画案を作成してください。

【参考】

「大阪都市魅力創造戦略2025」重点取組み（一部抜粋）

大阪の強みを生かした魅力創出・発信

○食，歴史，文化芸術，エンタメなど大阪の強みを生かした魅力の磨き上げ・発信

○博物館や美術館の文化資源の鑑賞・体験など文化観光の推進

○プロスポーツチーム・トップアスリート等と連携した魅力発信　など

さらなる観光誘客に向けた取組み

○AI，ICT等を活用した新たな観光コンテンツの開発・発信や受入環境整備

○国内観光の需要喚起，マイクロツーリズム・府域周遊の促進

○ウェルネスや特別感・上質感ある体験などの多様なニーズへの対応　など

元年度〈受験者情報〉

感想：討論40分，発表5分，受験者8人，試験官2人でした。模造紙とペン，クレヨンが用意されています。役割を決めさせる指示などはありませんでした。

奈良県

〈公開〉（HPに課題例として掲載。数年に一度更新される）

●厚生労働省は，平成29年度中に，全国210か所の児童相談所が児童虐待相談として対応した件数は133,778件（速報値）で，過去最多であると公表しています。また，新聞報道等によると，痛ましい虐待死亡事件も発生しています。このような状況の中で，児童虐待を防止するため，これまでさまざまな取組みがなされてきたところですが，今後，痛ましい事件が起こらないよう，児童虐待を未然に防止するためにどのような取組みが効果的か，グループとしての考えをまとめて発表してください。

●政府は，「第4次男女共同参画基本計画」（平成27年12月25日閣議決定）において，令和2年度までに男性の育児休業取得率を13％にする目標を掲げており，積極的な取組みを要請していますが，「平成30年度雇用均等基本調査（速報版）」によると，平成30年10月1日現在の男性の育児休業取得率は，6.16％でした。そこで，目標達成のためにどのような取組みが効果的か，グループとしての考えをまとめて発表してください。

（注：取組みの主体は，行政に限りません。）

（条件）

・関係団体や関係機関の協力は得られるものとする。

・予算，人員等は考慮する必要はないが，現実的で実現可能なものとすること。

岡山県

《アピール型》

4年度〈公開〉

●ふるさと納税は，体験型や思いやり型といったように，返礼品の形も多様化しています。岡山県外の人に対して岡山県の魅力を最大限に発信し，『項目名』したくなるような返礼品についてグループの案をまとめ，発表してください。

※『項目名』には次のいずれかが入ります。

（1）岡山県へ旅行　（2）岡山県へ移住

●あなたは岡山県の『項目名』担当者です。担当する地域の課題について効果的に対応するため，行政以外のパートナーと協働して，取組みを実施することになりました。どのようなパートナーと連携し，どのような取組みを行うのがよいか，グループとしての案をまとめ，発表してください。なお，連携するパートナーについては，団体・個人等の種類を問いません。

※『項目名』には次のいずれかが入ります。

（1）防災・減災　（2）子育て支援

3年度〈公開〉

●新型コロナウイルス感染症の影響により，さまざまな活動において制約や自粛を迫られている中，みなさんは県の『分野』部門の担当者として，関係団体や事業者，個人の活動を支え，県民に明るさと元気を届けたいと考えています。どのような支援方法がよいかグループの案をまとめ，具体的な事業を提案してください。

※『分野』には次のいずれかが入ります。

（1）スポーツ振興　（2）産業振興

神戸市

《一般枠》

4年度〈公開〉

●男性の育休取得の推進。令和3年6月に育児・介護休業法が改正され，男女とも仕事と育児を両立できるように，産後パパ育休制度の創設や雇用環境整備，個別周知・意向確認の措置の義務化などが令和4年4月1日から3段階で施行されていきます。厚生労働省によると，令和2年度の男性の育休取得率は，12.65%と初めて10%を超えて過去最高だったものの，80%以上の女性と比べ圧倒的に低くなっています。神戸市では，育児に積極的な男性職員を増やそうと，令和3年3月に神戸市役所内で有志によるグループを立ち上げました。子育てに有益な情報や悩みを共有し，若手の育児休暇取得を後押ししつつ，庁内の理解促進をめざしています。そこで，今後さらに育休取得を推進してくためには，行政・企業それぞれの立場でどのような取組みをすべきか，男性職員の育休取得率が低い原因を挙げたうえで，グループで議論し，具体策を提案してください。

3年度〈受験者情報〉

感想：60分（発表を含む），受験者6人，試験官2人でした。司会者を決めるよう指示があり，ホワイトボードを使うことができました。発表後，6人中3人が個別に質問されました。私は「今回のグループワークで何に気をつけましたか」と聞かれました。

《特別枠》

4年度〈公開〉

●多様な文化・芸術・魅力づくり。市民にこれからも神戸に住み続けてもらうためには，さまざまなシーンで居心地の良さを実感できることが不可欠です。同時に，市外の人に対しては戦略的なPRにより，神戸の魅力を実感し興味を持ってもらうなど，関係人口の創出・拡大を図っていくことが必要です。また，コロナ禍で先の見えない不安な時代の中で，文化・芸術がますます市民に求められています。神戸には多様な自然環境や国外の影響を受けながら発展してきた多彩な文化があるとともに，多様な背景を持つ人々が集まっています。これらの強みを活かしながら，文化・芸術面で，他都市にはない魅力づくりを進めるためには，どのようなことに取り組めばいいか，グループで議論し，具体策を提案してください。

4年度〈受験者情報〉

感想：受験者6人，試験官2人で，60分討論した後に，10分の発表時間がありました。

市役所

埼玉県川越市

5年度〈アンケート〉

●川越市に動物園を作ろう。

埼玉県上尾市

5年度〈アンケート〉

●「AI化が進んでも将来残る（変わらずに人が行う）職種」は何か？

栃木県烏山市

3年度〈アンケート〉

●JR烏山線「全線開業100周年記念」でプロジェクトチームの一員となり，各種事業を計画してください。

東京都八王子市

3年度〈受験者情報〉

●オムライスを知らない人に，オムライスを食べたくなるよう，どのような食べ物なのか説明してください。（50分，受験者6人，試験官4人）

感想：最初の3分で各自の考えをまとめ，最後の5分で発表（発表時は全員必ず発言）。ホワイトボードと画用紙を使うことが条件でした。ストップウォッチがないため，時計を持っていくと良いです。

東京都武蔵野市

4年度〈受験者情報〉

●社長が人事制度を検討している。異動について社員の申告制にすべきか，人事課がすべて決めるべきか。

感想：受験者6人，試験官3人，60分で，初めに10分ぐらい自分で考える時間が与えられました。その後，立場に分かれて討論（立場は試験官から指定され，折衷案を出すのは禁止）を10分グループワークを40分，報告を3分行いました。事前に模造紙とペ

ンが配布され，それに書いて発表するように指示されました。

香川県丸亀市

5年度〈アンケート〉

●最近話題になったニュースのうち，日本国内に住む成人の関心が高いものを5つ挙げ，順位をつけてください。ニュースについては，政治，経済，社会，国際関係，教育，科学，スポーツ，芸能，映画・アニメなど，分野は問いません。

福岡県福津市

5年度〈受験者情報〉

●パスタ麺6本とマシュマロ1個を使ってなるべく高い自立したタワーを作ってください。マシュマロは頂上に乗せてください。

感想：最初に自分で作業する時間が10分，グループで作業する時間が30分。個人で作業した後，グループで作業するときは「パスタ麺の本数を増やしました。マシュマロ2個は必ずタワーの頂上に乗せてください。タワーはそれぞれ別の建築方式でグループで2個作ってください」と言われました。「明るく元気で声の大きい」人が好まれているように感じました。しっかりイメトレをして元気で明るいキャラで二次試験に臨んでください。

佐賀県小城市

4年度〈アンケート〉

●DXの推進とマイナンバーカードについて。

長崎県雲仙市

5年度〈アンケート〉

●地域の環境保全のため，市民も参画してできる取組み（イベント，キャンペーンなど）を企画し，発表してください。発表する際は，企画内容のほか，環境の保全につながると考える理由も説明してください。

官庁訪問

～リアルな体験談！～

国家総合職・一般職試験の最後の関門である官庁訪問。その実態はベールに包まれている。この PART で基本事項を押さえてモチベーションを高めよう。先輩たちのリアルな体験談を読んで現場の雰囲気を体感し，しっかりと準備を進めてほしい。

＼ 官庁訪問の実態と心得 ／

池田俊明（いけだ・としあき）

CIMA アカデミー・シニアパートナー。東洋大学経済学部, 昭和女子大学全学共通教育センター非常勤講師。大手資格試験予備校で勤務の後, 2013 年に国家総合職対策に特化した CIMA アカデミーを立ち上げる。専門の経済学だけでなく, 政策論文試験, 政策課題討議試験, 人物試験, 官庁訪問といった国家総合職の全プロセスに精通。毎年のように, ゼミ生から上位合格者を輩出している。

官庁訪問の実態と心得

●池田俊明

官庁訪問は避けて通れない

国家総合職・一般職を問わず，国家公務員をめざす人にとって，試験合格＝採用ではありません。試験合格は，民間企業の就職活動でいえば会社訪問の権利が与えられたにすぎません。**官庁訪問とは，志望省庁に採用されるための重要なステップ（というより最終関門）であり，ここで志望省庁から内々定がもらえないと，国家公務員として働くことができません**。しかも，官民問わず人手不足が深刻な現在，官庁訪問における採用候補者の早期絞り込みが年々顕著になっており，たった一度の面接の失敗であっても，挽回は困難になっています。それゆえ，「面接って，自分のことについて語ればいいんでしょ？　そんなの，筆記試験に合格してから準備しても十分間に合うよ！」と，悠長に考えていたら，試験には合格したものの，どこも行き場がない事態に直面してしまいます（受験者の間では，こういう状況を「無々定」と呼ぶようですが，総合職の場合，内々定者に対し「無々定者」のほうが圧倒的に多いのが現実です！）。

ここでは，官庁訪問期間が約2週間（土日含む）と長期間かつ複雑な総合職を中心に説明しますが，やっていること自体は総合職も一般職も大差ないので，一般職志望者の方にも大いに参考になるかと思います。すでに各省庁の説明会等にしっかり参加し準備万端であると自負している人は，これまでの行動の再チェックのために，一方，試験勉強ばかりでまともに準備してこなかった人は，ここで意識改革しないとすべてが水泡に帰してしまうという危機感を持って向き合っていただけると幸いです。

官庁訪問の実態

官庁訪問は，基本的に面接（人事面接）と原課訪問（原課面接）の繰り返しです。 原課訪問とは，職員が実際に働いている部署を訪問し，そこで行われる比較的長時間（約1時間の場合も！）の面談のことです。原課面接では，業務内容や職員が過去に経験した仕事の話を長時間聞いたり，あるいは逆質問をしたりします。

官庁訪問では，1日に行われる面接回数，形式，

内容とも，省庁により異なります。 たとえば，ある省庁では，高評価の人は休む間もないくらい立て続けに面接が繰り返される反面，評価の芳しくない人は控え室で長時間の待機を強いられます。別の省庁では，1日における訪問者全員の面接回数を同じにすることで，誰の評価が高いのか表面上まったくわからないように，全員平等が徹底しています。また，形式面においても，①すべての面接が個別面接のみ，②最初の段階では，面接官1人に対し複数人の訪問者という形式の集団面接を実施，③海外赴任先の職員とのオンライン面接，④選考の重要な段階でグループディスカッションを課す，などというように省庁ごとで多様です（一般職の場合，①②が大半で，④は極めて稀なケースです）。その一方で，省庁問わず共通しているのが，コロナ禍以降改善の努力は見られるものの，**長時間に及ぶ控え室での待機です。** 控え室では，若手職員が訪問者の緊張を解きほぐすべく親身になって相談に乗ってくれるだけでなく，訪問者どうしでさまざまな情報交換もできます（だからといって，大声で騒いではダメです。控え室での様子も評価の対象であると思っていたほうが賢明です）。

こうして繰り返される面接を通じて，選考対象から外れた人から順番に帰されることになりますが，多くの場合，選考状況に応じて控え室が分けられるので（全員同じ部屋で待機というところもあります），自分がどの辺りに位置しているのかなんとなく把握できます。そして，その日最後に行われる面接（出口面接）で，個別評価とともに次回の訪問予約をもらうこととなりますが，このときの評価で，自分が

官庁訪問の特徴

- 基本は面接と原課訪問の繰り返し
- 面接方法はさまざま（集団討論，1分間アピールなども課される場合あり）
- 待機時間が長い

今どの程度の立ち位置にいるのかがわかってしまいます。たとえば、「他省庁も回ってもっと視野を広くして」と言われたら、微妙な立場にあるといえるでしょう。その場合、頭を切り替えて他省庁に全力を注ぐほうが賢明といえます（もちろん、こうした決断は容易なことではありません……）。なお、総合職（技術系）や一般職の場合は、「該当者には○○時までに連絡する」というように、その場では次の予約を取ることができないことが多いです。

このように、**総合職の官庁訪問では、約2週間後**

官庁訪問カードについて

　国家総合職・一般職とも、初回に訪問したとき、まず「官庁訪問カード」（面接カード、身上書、受付票など呼び名はさまざま）に記入し、提出する。官庁訪問カードは、当日渡されてその場で記入する場合と、事前にホームページからダウンロードし、記入したものを持参する場合がある。近年はWordやExcelのファイルに入力して事前に送付する形式が増えている。その後のやり取りは官庁訪問カードの内容に沿って進められるので、十分内容を練って記入しよう。記入項目はおおむね次のようなものである。写真が必要な場合もあるので準備しておこう。

官庁訪問カードの例

No.	国家公務員一般職（大卒程度）試験 官庁訪問カード
令和2年　　月　　日	受験番号：

ふりがな
氏　名
生年月日 平成　　年　　月　　日生（　　歳）
性　別 □男・□女

写真
（4cm×3cm）
業務説明会参加者シートを提出した方は貼付不要です。

現 住 所 〒（　　　―　　　）

電 話 番 号　　　―　　　―
携帯電話番号　　　―　　　―
（現在一人暮らしの方）実家のある都道府県
最終学歴（学校名・学部）

　　　　平成・令和　　年　　月　　日 卒業・中退・卒業見込
専攻分野

職　歴	勤務期間	勤務内容及び職務内容
□有 □無	～	
	～	

〔資格・免許〕

取 得 年 月	資格等の名称（自動車・英検・TOEIC・エクセル等）

〔趣味〕	〔特技〕

〔当局を志望する理由〕

※裏面もあります

〔最近関心を持った社会問題や出来事〕

〔これまで取り組んだ活動において、力を入れてきたこと〕

〔自己PR（長所、人柄などについて）〕

〔採用となった場合、採用希望時期〕（複数可）
□全て可
□令和2年12月 □令和3年1月 □令和3年4月
（その理由）

〔他の官庁訪問（予定）先〕

〔他の就職試験受験状況〕
（他の国家公務員試験（国家総合職・専門職含む）、地方自治体、民間等）

- ●学歴・職歴
- ●これまでに力を入れて取り組んだこと
- ●モットー・心掛けていること
- ●趣味・スポーツ
- ●取り組んでみたい分野・仕事
- ●他の志望先（官庁・民間企業）・志望順位
- ●海外体験

- ●専攻分野
- ●サークル・クラブ活動
- ●性格
- ●外国語のレベル
- ●関心のある政策
- ●最近の関心事
- ●健康状態・既往症

- ●成績・卒論テーマ・ゼミ
- ●自己PR
- ●特技・資格
- ●志望理由
- ●質問事項
- ●ボランティア歴
- ●希望勤務地・部局　など

の内々定解禁日まで相当の緊張を強いられることとなります。ただし，ルール上「内々定」という言葉は解禁日まで言われることはないものの，就活の早期化の影響もあり，実際には遅くとも第3クールまでに採用者がほぼ確定します。

官庁訪問の心得

　この書籍を手にした時点で，皆さんの官庁訪問までに残された時間は2〜3か月弱しかありません。一次試験直前もしくは二次試験対策に集中している頃ですので，残念ながらこの段階ではインターンシップやワークショップのような体験型イベントにはもう参加できないでしょう。しかし，公務員試験は就職試験ですので，筆記試験対策ばかりでは良い結果は望めません。近年は，本試験期間中でも各省庁の業務説明会は頻繁に開催されていますので，採用担当者と接触できる説明会には面倒くさがらず参加して，モチベーションを維持するように努めましょう。そうした時間的制約を踏まえたうえで官庁訪問を勝ち抜くためのポイントを挙げます。それは，①**相手に対して，自分の想いをしっかり伝える言葉の力**，②**緊張が強いられる2週間，常に前向き思考でいられる精神的タフさ**，③**過去のしがらみを断ち切る大胆な決断力**，の3点に集約されます。

　まず①についてですが，総合職・一般職にかかわらず国家公務員を志望する人の多くは，「仕事のスケールの大きさ」「ステークホルダーの多さ」を志望動機に挙げます。公務員に限った話ではないのですが，同じような志望動機を語っているのに，選考過程において雲泥の差が生じることに疑問を感じたことはありませんか。20年余の指導経験から私は，その言葉が**地に足ついたものなのか，それとも憧れの域にとどまったものなのか**，の違いにあると思っています（もちろん，前者のほうが好印象です）。このスキルを向上させるためには模擬面接を何度も繰り返し，指摘された問題点について真摯に向き合っていくことは当然のこととして，自分の原体験にまでさかのぼることを通じて志望動機を語る訓練をするしかありません。

　官庁訪問直前になると，各省庁採用関連HPに官庁訪問カード（民間就活でいうところのES）が掲載されますが，一部省庁では過年度のものを通年でHPに掲載しているところもあります。それゆえ，

まずは過年度のものであっても早めにダウンロードして，試験勉強の合間に作成し，信頼できる人に添削と模擬面接をお願いして，入念な準備をしましょう。また，省庁によっては，HPから申請すれば，内定者たちが独自に作成した冊子（内定者パンフレット）をもらえるところもありますので，イメージトレーニングに最適かもしれません。

　次に②についてですが，官庁訪問におけるライバルは全員，最終合格者です。しかも，訪問者数に対して採用数が圧倒的に少ないことから，極度の緊張を強いられますので（教え子で，極度の緊張のあまり，トイレで嘔吐した者もいますが，幸い内定を得られました），常に前向き思考でいることは厳しいでしょう。しかし，「うわさには流されない！」という姿勢を貫くことは訓練次第で可能です。最も多いうわさは「○○省は上位合格者または特定の大学しか相手にしない」といったものでしょう。大昔はともかく，**人物重視路線が定着した現在，そんなことはもうありません**。事実，採用とは直結しないので，私の予備校も公表は内定先のみにとどめています。順位は本人の努力の証という程度に考えましょう。それよりも，コロナ禍における不自由な学生生活の結果，いわゆるガクチカの壁に苦悩している人は，必死になって「これが自分だ！」と自信を持って語れるものを探し出してください。

　最後に③についてですが，内定者パンフレットにはサクセスストーリーが多く掲載されています。しかし，実際には，官庁訪問前における志望度が高くないところから内定を得た受験者もかなりいますし，私の予備校でも昨年の官庁訪問においてそうした学生が複数人いました。皆さんの多くは入念な準備をして官庁訪問に臨みますが，官庁訪問は「無々定」のほうが圧倒的に多いのですから，順調に進まないのが普通です。本命と異なる省庁に切り替える

官庁訪問を勝ち抜くポイント

1. 相手に対して自分の思いをしっかり伝える言葉の力
2. 緊張が強いられる2週間，常に前向き思考でいられる精神的タフさ
3. 過去のしがらみを断ち切る大胆な決断力

ことに抵抗があるのはわかりますが，自分を高く評価してくれるということは「必要とされている」ことを意味します。そうした想いに応えるのも人生の選択としてアリだと思います。また，第2クールからの訪問でも歓迎してくれる省庁の場合，業務内容に対する理解よりも，「そもそも数多ある職業の中からなぜ国家公務員なのか」という志望動機が重要視されます。**知識ではなく，公務員を考えるに至った原体験を言語化しましょ**う。

官庁訪問は各省庁の幹部職員に対して堂々と自分の見解を披露できる，合格者のみに許された機会です。とにかく楽しむ姿勢を持ちましょう。結果は必ずついてきますよ。

令和5年4月1日における国家総合職（大卒程度試験）の区分試験別・府省等別採用状況

（出典：人事院ホームページ。単位：人）

府省等＼区分試験	政治・国際	法律	経済	人間科学	デジタル	工学	数理科学・物理・地球科学	化学・生物・薬学	農業科学・水産	農業農村工学	森林・自然環境	計	教養	合計
会計検査院	2 (1)	1 (1)				1						4 (2)		4 (2)
人事院		2 (1)	2		1 (1)							5 (2)		5 (2)
内閣府	3 (1)	4 (2)	1	1 (1)								9 (4)	2 (1)	11 (5)
デジタル庁	1				1							2	1	3
公正取引委員会		2 (1)	3 (1)									5 (2)		5 (2)
警察庁	1	5 (1)	3 (2)			1						10 (3)	12 (3)	22 (6)
金融庁			5 (1)									5 (1)	3 (1)	8 (2)
消費者庁		2 (1)										2 (1)		2 (1)
総務省	7 (3)	11 (6)	3 (1)		3 (2)	1 (1)	1					26 (13)	26 (4)	52 (17)
消防庁										1		1		1
法務省	1 (1)	7 (2)	1 (1)	8 (5)								17 (9)		17 (9)
出入国在留管理庁	4 (1)	3										7 (1)		7 (1)
公安調査庁		3 (1)		1 (1)								4 (2)		4 (2)
外務省	14 (8)											14 (8)	16 (6)	30 (14)
財務省	8 (3)	8 (3)	4 (3)					1				21 (9)	16 (4)	37 (13)
国税庁	2 (2)	1	3					1 (1)				7 (3)		7 (3)
文部科学省		9 (6)	1			2	1 (1)					13 (7)	5 (1)	18 (8)
厚生労働省	5 (4)	10 (4)	7 (6)	1		1	1	2 (2)	2 (2)			29 (18)	9 (4)	38 (22)
農林水産省	3 (2)	9 (3)	3 (1)		2	1			30 (16)	14 (5)	8 (4)	70 (31)	10 (4)	80 (35)
経済産業省	7 (2)	3	4			4	4 (2)	1 (1)				23 (5)	18 (6)	41 (11)
特許庁					2 (2)	11 (1)		3 (2)	3 (2)			19 (7)		19 (7)
国土交通省	2 (1)	12 (6)	4 (2)		1	35 (7)			2 (2)	1	3 (1)	60 (19)	9 (2)	69 (21)
気象庁						1						1		1
海上保安庁														
環境省		7 (4)				1		1	3 (2)		3	15 (6)	2	17 (6)
原子力規制委員会	2											2		2
（独）造幣局						1						1		1
（独）国立印刷局					1	1						2		2
防衛省	8 (4)	1 (1)	1		1 (1)							11 (6)	4 (1)	15 (7)
防衛装備庁						2		1				3		3
衆議院法制局														
参議院法制局														
合計	70 (33)	100 (43)	45 (18)	11 (7)	12 (6)	63 (9)	7 (3)	10 (6)	41 (24)	15 (5)	14 (5)	388 (159)	133 (37)	521 (196)

（注）1．本表は，2022年度総合職試験の合格者で最終合格者発表日以後令和5年4月1日までの間に採用された者の数である（過年度試験の合格者で同期間内に採用された者を含む）。
　　　2．（ ）内は，女性を内数で示す。

2023年度における国家公務員採用一般職試験（大卒程度試験）（行政）採用候補者名簿からの採用状況 （令和5年4月1日現在）

（出典：人事院ホームページ。単位：人）

区分／府省等	北海道	東北	関東甲信越	東海北陸	近畿	中国	四国	九州	沖縄	合計
会 計 検 査 院	1		19 (7)	1	2 (2)	2 (1)				25 (10)
人 事 院	1	1	5 (5)	1 (1)				1	1 (1)	10 (7)
内 閣 官 房	1	1	4 (1)		1					7 (1)
内 閣 法 制 局			1							1
内 閣 府		1	12 (7)	2 (1)					8 (4)	23 (12)
デ ジ タ ル 庁			4 (1)							4 (1)
宮 内 庁			6 (5)			1				7 (5)
公正取引委員会	2 (1)	1	8 (5)	1 (1)				1		13 (7)
警 察 庁	3	7 (3)	11 (2)	4 (1)	4 (3)	4 (2)	1 (1)	2 (1)		36 (13)
個人情報保護委員会			3 (3)							3 (3)
カジノ管理委員会			1 (1)							1 (1)
金 融 庁		2 (1)	17 (10)			1		2 (2)		22 (13)
消 費 者 庁			2 (2)			1 (1)				3 (3)
こ ど も 家 庭 庁			1							1
総 務 省	13 (7)	10 (4)	45 (18)	10 (7)	12 (4)	6 (2)	7 (3)	9 (7)	1 (1)	113 (53)
消 防 庁					1 (1)					1 (1)
法 務 省	6 (2)	23 (12)	47 (23)	29 (15)	31 (17)	19 (9)	8 (6)	35 (21)	2 (1)	200 (106)
検 察 庁	6 (4)	13 (8)	47 (23)	27 (12)	33 (15)	10 (7)	9 (3)	15 (7)	1	161 (79)
出入国在留管理庁	21 (12)	9 (3)	25 (11)	23 (10)	20 (11)	7 (3)	5 (3)	11 (9)		121 (62)
公 安 調 査 庁	3 (1)	2 (2)	12 (6)		2 (1)	2 (1)	1 (1)	3 (1)	1	26 (14)
外 務 省										
財 務 省		1 (1)	7 (3)	1 (1)				1		10 (5)
財 務 省 財 務 局										
財 務 省 税 関	11 (7)	2 (1)	47 (23)	20 (8)	48 (21)	8 (4)	4 (1)	26 (10)	12 (6)	178 (81)
国 税 庁										
文 部 科 学 省	2 (1)	1	26 (13)			1 (1)				30 (15)
ス ポ ー ツ 庁										
文 化 庁										
厚 生 労 働 省	35 (17)	70 (34)	148 (65)	68 (25)	122 (59)	46 (20)	32 (20)	75 (36)	4 (2)	600 (278)
中 央 労 働 委 員 会										
農 林 水 産 省	14 (8)	22 (8)	48 (26)	20 (12)	14 (8)	11 (3)	3 (1)	12 (6)		144 (72)
林 野 庁	2 (1)	3 (1)	2 (2)	1	2	1 (1)				11 (5)
水 産 庁	2 (2)		5	1			1	1 (1)		10 (3)
経 済 産 業 省	6 (3)	5 (2)	23 (12)	9 (2)	11 (7)	4 (1)	4 (3)	9 (3)		71 (33)
特 許 庁			26 (15)	2 (1)				1		29 (16)
国 土 交 通 省	36 (13)	31 (9)	85 (30)	36 (16)	40 (15)	27 (10)	25 (11)	39 (14)		319 (117)
観 光 庁										
気 象 庁	2 (1)	1 (1)	13 (5)	1 (1)	2 (2)			5 (4)	2 (2)	26 (16)
運 輸 安 全 委 員 会		1 (1)	2							3 (2)
海 上 保 安 庁										
環 境 省			10 (4)							10 (4)
原 子 力 規 制 庁		2 (1)	3 (2)		1 (1)					6 (4)
行 政 執 行 法 人		1	11 (1)		4 (3)			1 (1)	3 (1)	20 (6)
合 計	167 (80)	210 (91)	726 (332)	257 (114)	351 (171)	150 (66)	100 (53)	249 (123)	35 (18)	2,245 (1,048)

特別職

区分／府省等	北海道	東北	関東甲信越	東海北陸	近畿	中国	四国	九州	沖縄	合計
防 衛 省	30 (7)	17 (8)	71 (31)	8 (2)	16 (8)	15 (5)	3	19 (9)	5 (3)	184 (73)
防 衛 装 備 庁	2		9 (3)	3 (2)				1 (1)		15 (6)
合 計	32 (7)	17 (8)	80 (34)	11 (4)	16 (8)	15 (5)	3	20 (10)	5 (3)	199 (79)

（注） 1．本表は，2023年度（令和5年4月1日現在）の採用者数（過年度名簿からの採用者を含む）である。
   2．（ ）内は女性を内数で示す。

●国家総合職　官庁訪問体験記

※日程はすべて過去の年度のものです。

Aさん

第1クール1日目：総務省
[1〜5回目個別面接]

入口面接は係長級の方と1対1で，志望動機などについて簡単に質問されるとともに，直近の面接の予定を伝えられた（1回目面接，10分）。その後，原課面接があり，課長補佐に対して終始逆質問をして話を深める形式だった（2回目，30分）。次も原課面接で，面接カードに沿って大学生活や専攻について質問を受けた後，職員の業務について現状と課題について伺った（3回目，30分）。4回目（30分）も3回目と同じような進み方だったが，志望動機とそれに関連する自分についての話がメインだった。夜に出口面接があり，1回目の面接と同じ方から評価を伝えられた（5回目，10分）。

第2クール1日目：総務省
[6〜11回目個別面接]

はじめは，1回目の訪問と同じ係長級の方との入口面接。別の省庁も見たうえでの今日の意気込みを聞かれた（6回目面接，5分）。その後，課長補佐の原課訪問を2度行った（7・8回目，各60分）。夕方になると，企画官面接があると聞かされ，志望動機を中心に話を広げて対話する形式の面接を行った（9回目，30分）。1時間後，秘書課の課長補佐の面接があり，志望動機や大学生・高校生時代のチームで動いた経験などについて質問を受けた（10回目，20分）。なお，第2クールまでは，皆同じような面接を受けており順番のみ異なったが，特に評価で順番を分けているような印象はなかった。全員が10回目までの面接を終えた後は，全員が晩御飯の休憩をとった。その後5人ずつぐらいが呼ばれ，その日最初にいた40人弱のうち半数程度が別室に案内された。しばらく待った後，秘書課の係長級の方とともに「総務省志望者への激励」として課長の講演会があった。講演会の後，秘書課の課長補佐級の方と1対1の面接があった（11回目，5分）。ここで，これまでの面接官が皆高く評価している旨を伝えられ，第3クールへの案内を受けた。

第3クール1日目：総務省
[12〜16回目個別面接]

最初の面接は入口面接。「第3クールの初日に来てくれてありがとう。この調子で頑張ってください」と言われた（12回目面接，5分）。3回目の訪問では室長・課長級の面接が前半にあり，その後に他分野を含む秘書課の課長補佐と顔合わせのような面接があった。室長の面接は，これまでの官庁訪問で聞いた話をきっかけにして，これまでのキャリアで制度改正にかかわった際の大変さについて伺った（13回目，60分）。課長との面接では，志望動機とこれまでの官庁訪問で印象に残った話について聞かれた後，職員が大切にしていることについて伺った（14回目，30分）。秘書課課長補佐との面接は顔合わせのような面接で，1人1問ずつ簡単に質問されて終わった（15回目，10分）。この日最後の面接は，地方自治分野の秘書課課長補佐と採用担当の2人で，「一緒に働きたいと思っているので第4クールも来てください」と伝えられた後，簡単に雑談をした（16回目，5分）。

第4クール：総務省
[17回目個別面接]

総務省の3分野全体の名前順に待合せ時間が異なり，後半組は9時頃に受付だった。後半組は親睦を深める意味でのグループワークのようなものを行い，午後は秘書課課長・参事官の面接を受けた（17回目面接，5分）。午前のグループワークは採用に当たっての評価に入らないと言われ，単純に他分野の理解を深めつつ親睦を深める目的だったようだ。秘書課課長・参事官との面接は，ほぼ顔合わせのようなもので，志望動機は聞かれず，面接カードで気になったところのみ簡単な質問を受けた。その後，17時の内々定解禁を待って内々定の通知を受けた。

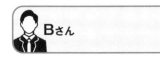

Bさん

第1クール：法務省保護局

[個別面接（オンライン）]（25分，面接官2人）

質問内容：昨日はよく眠れたか，朝ごはんは何を食べたか，志望動機，挫折の経験はあるか，またそれをどのように乗り越えたか，保護観察官としてどう接するか，ボランティアなどの経験の中で驚いたこと，（面接カードの中で）「内省」とあるが，どのように考え方が変化したか，（アルバイト先の）地域活動支援センターではどのようなことをしているか，心掛けていること，保護局専願だがその理由，（卒論のテーマである）精神障害者に対する差別や偏見はどのように解消するか。

第2クール：法務省保護局

[個別面接（オンライン）]（20分，面接官2人）

質問内容：志望理由，全部合格したらどこに行くか，（志望理由の）自立更生促進センターを退所した人の話について，企画立案の経験，挫折の経験，強みについて，予算がないときはどうするか，現場と企画立案のどちらがやりたいか。

第3クール：法務省保護局

[個別面接]（20分，面接官3人。その後，人事課面接30分）

質問内容：志望理由，観察官としてどういうかかわりをするか，福祉を学んだきっかけ，長所について，中学校での経験について，（面接カードで）聞き役とあるが，友人やボランティア先の人にはどう対応したか，

現場のほうが向いているのでは，（面接カードに）「内省」とあるがよく考えるか，弱みについて，医療観察法を知っているか，その課題は何か，学部・学科について教えて，福祉を学問的に教えて，より良い支援，より良く生きるためには，他省庁について，転勤・残業は大丈夫か。

人事課面接質問内容：国家公務員の不祥事についてどう考えるか（某省職員が逮捕されたことも踏まえ），ブラックと言われているが，国家公務員の働き方についてどう考えるか，定刻になったら帰る派かそれとも残る派か，あなたが部下として，なかなか帰らない上司にどう対応するか，あなたが上司として，なかなか帰らない部下にどう対応するか。（終了後，係員から）面接の感想，興味を持っていること，併願先，保護局が第一志望か。

第4クール：法務省保護局

[個別面接]（20分，面接官1人）専門観察官に逆質問する形式。

逆質問内容：差別や偏見へのアプローチ，保護司の課題，印象に残っているケース，ワークライフバランス，入口支援について，都道府県・市町村との連携，厚生労働省に出向したときの職務内容，コロナ禍での変化，デジタル化・ICT化について。

追加第5クール：法務省保護局

[集団面接]（20分，受験者3人，面接官3人）

質問内容：どのような国家公務員，法務省職員になりたいか，法務省に関する最近気になったニュース，他局に配置された場

合はどうか。

矯正局志望の受験者3人との集団面接だった。答える順番はランダム。終了後，控え室に戻り，約10分後に3人全員内々定と直接伝えられる。その後，雑談をして，総務課長に挨拶。

Cさん

技術系区分
既合格者向け官庁訪問

第1クール1日目：農林水産省

[個別面接2回]（1回10分）

質問内容：ガクチカ，やりたい仕事，研究内容，志望動機など

第1クール2日目：経済産業省

[個別面接4回]（1回20〜30分）

質問内容：志望理由，研究内容，やりたい政策，併願先など

第2クール：厚生労働省

[個別面接8回]（1回10分）

質問内容：志望動機，ガクチカ，興味のある仕事，時事問題の関心事，研究内容，印象に残った人の話，海外勤務，政策作り，公務とは，調整役を担った経験，歩みたいキャリアパス，改めて興味のある仕事，逆質問など。だんだん面接官の役職が上がり，うまくいっていると悟る。

第3クール：厚生労働省

[個別面接1回]

質問内容：面接カードの内容のみ。内々定の連絡をいただく。

●国家一般職　官庁訪問体験記

※日程はすべて過去の年度のものです。

Dさん
行政・東北

7/7　東北運輸局

[個別面接]（面接官3人）

質問内容：志望動機，理系なのになぜ行政職か，説明会の参加の有無，説明会の感想，学生時代に力を入れたこと，卒業研究のテーマ，専攻分野を業務に活かせるか，自分の長所・短所とそれぞれについての体験談，本当に第一志望か，希望勤務地や興味のある業務。

官庁訪問当日の面談でお話しした職員の方から聞いたのだが，官庁訪問前の個別説明会の参加の有無が合否にかなり影響するようだった。一次合格発表後の合同業務説明会における質問の有無なども同様。あまり見られていないようでも，しっかり顔や名前は覚えられているので，ぜひ説明会への参加をオススメする。

Eさん
行政・東北

7/8　青森労働局

[個別面接]（面接官3人）

質問内容：志望動機，理系なのになぜ行政職か，なぜ公務員か，説明会の感想，普段目標を立てるとき達成に向けてどのように取り組むか（考え方など），自分の名前の由来，もしあなたが文化祭の実行委員長になったらどのようなメンバーを何人集め

てそれぞれにどのような役割を与えるか，本当にここで働きたいのか，地元ではなく青森を選ぶ理由は，あなたが思う青森の魅力は。

面接の初めにリラックスのための深呼吸を面接官の方々と一緒に行った。初めての経験でびっくりした。面接内容についても，対策が難しいような突拍子のない質問が多く，焦ると止まってしまいそうになるような面接だった。「時間をください」と言えば待ってもらえるので，焦ってすぐに話し出すのではなく，しっかり考えてから話し始めるとよい。また，地元以外の人に対しては，なぜここが良いのか，本当に来る気があるのか立て続けに似たような質問をされた。地元以外の県を受ける人はその県の魅力を3～4個用意しておくと，質問攻めにも対応できると思う。

Fさん
行政・関東甲信越

7/9　厚生労働省

[個別面接]

質問内容：志望動機，労働基準，職業安定行政，雇用機会均等行政の志望順位，具体的にやってみたいこと，官庁訪問1日目と2日目は何をしていたか，最後に一言，併願先と状況，残業が多いが大丈夫か。

面接回数は3回で1回目は面接官1人，2・3回目は2人だっ

た。労働基準行政では業務に関することはあまり聞かれず，受験者自身のことについて深掘りされた。自己分析を入念にやっておくとよい。労働行政は，採用段階で労働基準行政，職業安定行政，雇用機会均等行政に分かれているので，それぞれの仕事の違いについて説明会に参加するなどして理解を深めておくとよい。

Gさん
行政・関東甲信越

7/31～8/2　総務省

[個別面接]

質問内容：総務省行政評価分野の志望理由，行政評価と行政管理のどちらに興味があるか，興味のある行政評価，行政組織のマネジメントをしたいなら人事院でもよいのでは，併願先とその理由，行政評価をどこで知ったか，自己PR，学生時代にやっていたこと，逆質問など。同じような質問が何度もされた。

総務省行政評価分野の官庁訪問は3日間にわたり行われ，全部で11回ほどの面接が行われた。形式はすべて1対1だった。3日間拘束され，面接回数も多いので，休息をしっかりと取り，高いパフォーマンスを出せるようにするとよい。待合室では学生どうしで話してよいと言われるが，話している人はそれほどいなかった。なるべく多くの時間をつぶせるものを持っていく

PART 7 官庁訪問

とよいと思う。また，興味のある行政評価はほぼ確実に聞かれるので，2〜3個用意しておくと安心。

Hさん
行政・関東甲信越

7/10　関東信越厚生局

[個別面接]

質問内容：関東信越厚生局の志望動機，関東信越厚生局でやってみたいこととその理由，本省への訪問は行ったか，ゼミでやっていること，休日の過ごし方，併願状況，長所と短所など。

　1日に2回面接があり，1回目は2人，2回目は3人の面接官だった。1回目と2回目の面接の間で4時間ほど時間が空いたので，大学の課題を持って行ったり，外に出てランチをしたりして時間をつぶすとよい。2回目の面接では，本省に比べて残業が少なくワークライフバランスがとりやすいことなどをアピールされた。関東信越厚生局は説明会をそれほど行っていないが，厚生労働省本省の説明会に参加すれば業務の内容は理解できると思う。また，場所がわかりにくいので，集合時間に余裕を持って行くことで，安心して面接に臨めると思う。

Iさん
行政・関東甲信越

7/8　特許庁①

[個別面接1回目（オンライン）]（15分，面接官1人）

質問内容：志望動機，ガクチカ，併願状況，（地方上級を受けていたので）地方上級と特許庁の違い，逆質問。

基本は深掘りせず一問一答形式で，提出した調査票どおりのことを聞かれ面接終了。10分後に電話がかかってきて次のステップについて案内された。

[個別面接2回目]（25〜30分，面接官3人）

質問内容：志望動機，職員の雰囲気の温かさはどこで感じたか，調査票に書いていない別のガクチカを教えて，待ち時間は何をしていたか，（パンフレットを見ていたと答えると）パンフレットの良いところ・悪いところ，自分を動物にたとえると何か，やりたい仕事，もしやりたくない仕事をすることになったらどうするか，最後にアピールor逆質問。

[個別面接3回目]（30分，面接官4人）

質問内容：志望動機，併願状況，地元の市役所のほうが志望度が高いのでは，それでも特許庁にこだわる理由は，やりたい仕事，やりたくない仕事にどう取り組むか，モチベーションをどう保つか，ストレス耐性はあるか，ストレスの発散方法は，クレームを受けたことはあるか，アルバイトで大変だったこと，それにどう対応したか，（趣味は旅行と書いていたので）旅行先で英語を使ったりしたか，英語はできるのか，自分の力をどう特許庁で活かせると思うか。

基本は2回目の面接で聞かれたことと同じだった。調査票に沿って聞かれたが，どのエピソードについても，困難だったこと，乗り越えた方法，そこから学んだことの3点を自分で話せるように準備しておく必要が

あると感じた。

7/11　特許庁②

[個別面接]（15分，面接官1人）

質問内容：意向確認の内容。

官庁訪問は省庁によって形式が全然違うので，情報収集も重要だと思う。同じ省庁でも，私のように7/8に3回面接をやって終了する人と，7/8，9，10と段階を踏んで面接を受けて，最後に内々定をもらった人もいるので，あきらめずに自分を信じて取り組み，周りに惑わされないようにすることも必要だと思う。私の場合は，7/10の21時に電話で補欠合格と言われ，そして，7/11の11時に「補欠だが次のステップに進めることになったから，今から特許庁に来てほしい」と言われ，急遽，特許庁に向かい最後の意向確認に参加できた。電話には必ず出るようにして，絶対に縁を逃さないでほしい。

Jさん
（行政・関東甲信越）

7/8　農林水産省

[面談2回]（各15分）

和やかな雰囲気で雑談をしただけであった。そのまま不合格。

7/10　関東農政局

特別区の面接と日程が重なったため，辞退。

7/12　水産庁

[個別面接4回]（各20分）

行政区分は3人しかいなかった。合格の場合はその日のうちに連絡が来る。1回目は若手職員，2・3回目は40代くらいの職員，4回目は1〜3回目の面接官の上司だった。

8/3　林野庁

[面談]（25分）

[個別面接]（25分，面接官3人）

　待機室にはお菓子が置いてあった。また，職員と会話もできる。さらに，食堂のメニューは絶品。ESには森林管理局の希望エリアとその理由を記入する。1か月後に内々定の連絡が来た。ちなみに，事務官であっても内定者は作業着のサイズを聞かれた。

8/9　防衛省関連（1回目防衛大学校，2回目防衛医科大学，3回目防衛装備庁，4回目地方防衛局）

[個別面接]（各15分，面接官2人）

　合格の場合は最終合格後にも面接がある。地方防衛局はその日のうちに結果が来なければ不合格。

8/18　横浜検疫所

[個別面接]（25分，面接官2人）

　最終合格後にスカウト電話があった。最初に説明を受けた。私1人しかいなかった。ESに運転免許を持っているか否かを書く欄があった。

8/19　国土交通省

[個別面接2回]（各20分，面接官2人）

8/25　国土交通省航空局

[個別面接]（面接官3人）

　待機時間は職員と雑談。8/31までに連絡がなければ，不合格。

Kさん
行政・関東甲信越

7/8　総務省①

　いずれの日も職員（大臣官房秘書課と志望分野の課）との1対1の面談（15分，面接官1人）。事前にメールで提出した訪問カードに沿って質問される。面接時には訪問カードはプリントされていて，面談を重ねるたびにどんどん書き込まれていく。9時間で6人と面接。7/9に再度訪問するように言われる。

[個別面接1回目]　窓口面接。かなりカジュアルな感じだった。

[個別面接2回目]　質問内容：残業しない人に対してどう思うか。

[個別面接3回目]　業務内容や職員の気質について，職員が話してくれた。

[個別面接4回目]　会話ベースの普通の面接。質問内容：志望動機，ガクチカ。

[個別面接5回目]　質問内容：併願先（特に県庁）の志望理由と現在の状況，アルバイト，サークル。

[個別面接6回目]　質問内容：なんのアルバイトのどこが楽しかったか，e-Statの改善点。

7/9　総務省②

　10時間で3人と面接。7/10に再度訪問するように言われる。

[個別面接1回目]　質問内容：なぜ働くのか，なぜ国家公務員か，採用する側のメリットは。

[個別面接2回目]　質問内容：e-Statの使いづらい点，ギターの良い点，アルバイト先で学んだこと。

[個別面接3回目]

7/10　総務省③

　7時間で2人と面接。

[個別面接1回目]　質問内容：

一次試験の点数，併願先，同省のほかの分野の志望順位。

[個別面接2回目]　質問内容：国家公務員をめざした志望動機と時期，札幌で楽しかったこと。

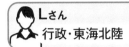

Lさん
行政・東海北陸

7/11　名古屋法務局

[集団面接]（受験者3人，面接官2人）

　質問内容：志望動機，窓口対応の際に気をつけたいことは何か，希望しない部署に配属されたらどうするか，上司と意見が違ったらどうするか，（社会人になって）新しい環境になじむために何をするか，ストレス解消法，逆質問。

　受験者3人が同じ質問に順番に答える形なので，こちらの発言を踏まえての深掘りや，面接カードの深掘りはなかった。

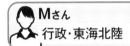

Mさん
行政・東海北陸

7/12　東海北陸厚生局

[個別面接]（面接官1人）

　質問内容：（面接カードに沿う形で）自己PR，志望動機，学生時代に力を入れたこと，部活動で学んだこと，役職はなんだったか，役職で苦労したことは何か，その苦労をどのように工夫して乗り越えたか，健康状態はどうか，専攻している法哲学では何を学んでいるのか，厚生局はクレーム対応が多いが経験はあるか，転勤は大丈夫か，説明会に参加したか，併願先の選考状況，逆質問。

　面接官は官庁訪問直前に行われた合同説明会で説明していた

方と同じ人だった。今後の予定については特に伝えられなかった。

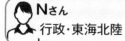

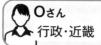

Nさん　行政・東海北陸

1日目　金沢地方法務局

[個別面接]（面接官3人）

質問内容：緊張しているか，別の機関はすでに訪問しているのか，簡単な自己紹介をしてほしい，（過年度名簿利用なので）面接試験の経験は豊富だと思うが，ちなみに，過去はどの官庁を受験したか，直近で最後に人事院面接を受験したのは2年前か，志望動機，昨日は，どこの官庁訪問を受けたか，明日は訪問予定がないのか。昨日受けた地元の法務局の感触，併願先について（地元ではなく隣県市役所を選んだ理由），業務説明会にも参加したと思うが，関心のある業務は，やはり（カードに記載のある）登記事務のみか，（前職が自治体非正規とあるが）学生時代は民間志望だったのか，学生時代にも公務員試験の受験歴はあったのか，高校時代や中学時代に部活動には入っていたか，吹奏楽部ではなんの楽器だったのか，なぜその楽器を選んだのか，楽器を演奏するのは，その時が初めてだったのか，9年習っていたピアノはなぜ辞めたのか，ピアノでは，発表会やコンクールには参加していたのか，部活動内では何か役職に就いていたのか，野球部の応援時は，誰のなんのサポートを行っていたのか，応援していた野球部は強豪だったのか，スポーツをやっていた経験はない

のか，どういうスポーツが好きか，高校時代以降は，スポーツに取組んでいなかったのか，（カードに記載のある）大学時代のサークルはどのような目的でやっていたのか，企画会議に参加できなかったのはなぜか，サークル活動よりも，就活を優先したということか，サークルでの経験で得られたものは何か，今パッと思い浮かぶ友人は何人か，そのうち，親友と呼べる人は何人か，自分に対する友人からの印象について，卒業後に友人たちとは会っているのか，会う際は自分から誘うことが多いのか，友人から誘われることが多いのか，自分から誘う際はどのような誘い方をするのか，前職を退職したのは2年前だが，その後は定職に就いていなかったのか，その間にも，公務員試験は受験していたということか，最後に意気込みを込めた自己PRを。この後に，「2度目の官庁訪問に招く場合は，明日，電話をする。なお，2度目の官庁訪問は，8月中に実施する」と伝えられる。

面接官は，面接仕様の固さではなく，どちらかというと，普段どおりの対話形式で，こちらも答えやすかった（職場の雰囲気が出ている？）。面接カードに記載欄があった，前職での主な業務や趣味は深掘りされなかった。（社会人だったためか）学生時代のアルバイトや社会的関心事は，質問すらされなかった。こちらが答えづらくなる質問がほぼなかった。（気のせいかもしれないが）首を傾げられることがなかった。

Oさん　行政・近畿

7/7　近畿公安調査局

[個別面接1回目]（15分，面接官2人）

質問内容：専攻分野，モチベーションの保ち方，語学力，志望順位，ガクチカなど訪問カードに沿ったこと。

面接後，人事の方が部屋に入ってきて「次はもう少しキャリアを積んだ人と面接してもらいます」と言われる。

[個別面接2回目]（15分，面接官2人）

質問内容：志望動機，志望順位，個別指導のアルバイトで生徒と接するときに大変なこと，ガクチカ，質問はあるか。

公安調査局の場合，面接官となる職員の方々は会話のプロなので，自分を取り繕うことなく素直な気持ちを話すとよいと思った。考えが足りない回答をするとすぐに見透かされている印象だった。業務内容は謎が多いため，志望理由はそこそこにして，自分自身の経験などを深く話せるように準備しておけばよいと思う。面接の雰囲気は穏やかなものだった。

Pさん　行政・近畿

7/7　大阪労働局①

[説明会]（30分，受験者30人）

業務内容，福利厚生についての説明が行われた。

[座談会]（90分，受験者8人，職員2人）

1分程度で自己紹介をした後，挙手制で職員に対して自由

に質問をしていく。質問は1人1～2回。職員の方はメモを取っている様子だった。

7/9 大阪労働局②

[面談]（10分，面接官1人）

今日の面談は選考に関係ないと言われ，リラックスした雰囲気で面談が行われた。訪問カードに書いた内容の確認，併願状況，志望順位，やりたい仕事が聞かれた。

7/11 大阪労働局③

[個別面接]（30分，面接官2人）

質問内容：1分で自己紹介，併願状況，併願先の志望動機，卒業研究の内容，ガクチカ，アルバイト経験，ストレス解消法など。

一つ一つの回答に対してかなり深掘りをされた。論理的な思考ができているか確認されているように感じた。

面接ではパーソナルな部分を深掘りする質問が多く，受験者の思考方法や人柄をしっかり見ているような印象だった。自己分析とそれに伴うエピソードをしっかりと準備しておくとよいと思う。訪問回数が3回と出先機関にしては多いため，スケジュール管理をきちんとする必要がある。面接日時の約束は，かなり融通を利かせてもらえた。ほかの官庁の訪問状況を踏まえて，素直に空いている日時を伝えるとよいと思う。3回目の官庁訪問の際に履歴書を持って来るように指示されていたが，私のグループでは持参忘れが2人いた。忙しい時期だが，忘れないようにしたほうがよい。

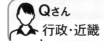
Qさん
行政・近畿

6/21 大阪法務局

[業務内容説明会]（60分，受験者15人，職員10人）

6/22 神戸地方検察庁

[業務説明会]（120分，受験者20人，職員10人）

6/23 兵庫労働局

[業務説明会]（60分，受験者40人，職員10人）

6/24 近畿管区行政評価局

[業務説明会（オンライン）]（60分，受験者3人，職員2人）

6/28 近畿経済産業局

[業務説明会]（受験者10人，職員10人）

7/4 近畿厚生局

[業務説明会（オンライン）]（受験者15人，職員5人）

7/7 官庁合同業務説明会

大ホールで開催。入退室自由。

7/8 神戸地方法務局①

[質問コーナー]（15分，受験者3人，職員2人）

1人1～2問質問した。質問している様子を3人ほどの職員が後ろで見ていた。

[個別面接]（20分，面接官2人）

事前に提出していた面接カードに沿って質問された。アルバイトについての質問や志望動機は深掘りされたが，終始穏やかな雰囲気だった。

7/8 兵庫労働局

[個別面談]（15分，面接官1人〈若手職員〉）

雑談のようにアルバイトや趣味，サークルなどについて話し，和やかな雰囲気だった。

[個別面接]（20分，面接官2人〈人事部職員〉）

個別面談とは異なり，緊張感のある面接だった。また，個別面談で話したことは面接官に伝わっているようだった。面談と面接の間に待ち時間があったため，その際に伝達があったと思われる。

7/9 近畿管区行政評価局①

[個別面接]（20分，面接官3人。1人ずつ集合時間をずらして行っているようだった）

基本的には面接カードに沿った質問だったが，行政の問題点に対する意見や，行政評価を行う際に選びたいテーマについて聞かれたのが印象的だった。

7/10 近畿管区行政評価局②

[個別面接]（20分，面接官4人）

幹部面接だった。部屋は広く，面接官はマイクを使用して質問。受験者は普段より大きい声を出す必要があった。緊張感のある面接だった。

8/1 神戸地方法務局②

[個別面接]（20分，面接官2人）

1回目に訪問した日の夜に電話があり，2回目も来てほしいと言われた。第一志望であるかの確認と軽い雑談をした。

Rさん
行政・近畿

7/7 大阪税関①

[グループディスカッション]

内容は「友達が大麻を密輸したと告白してきた。あなたならどうする？」というものだった。自分の意見を言うのはもちろん，周りの意見をフォローしたり，まとめたり，話せていない人に話題を振ったりすることが重要だと思う。ここで活躍すると2日目に呼ばれる。

PART **7**

官庁訪問

8/16　大阪税関②

[個別面接3回]（各20分，面接官3人）

　初めに緊張をほぐすためのアイスブレイク質問があった。「緊張していますか？」「ここまで来るのにどれくらいかかりましたか？」など。その後，面接カードに沿って質問された。

質問内容：経済学部なのに法律のゼミ所属はどうしてか，志望理由，税関を何で知ったか・いつ知ったか，英語の学習の際，何を意識したか，なぜTOEICを勉強し始めたのか，趣味の頻度・いつから始めたか，趣味の魅力，ストレス耐性，ストレス発散方法，長所，友達にはよく何と言われるか，転勤があるが良いか，当直があるが良いか，転勤した際は，自分より下の役職の人に教えてもらうこともあるが大丈夫か。

　転勤と当直については，絶対聞かれると思う。ポジティブに答えることが重要。面接は「笑顔でハキハキ元気よく」を意識していれば高評価につながると思った。ほかの官庁と比べても人物重視な気がした。

Sさん　行政・中国

8/1　中国運輸局

[集団面接]（30分，受験者2人，面接官2人）

質問内容：何回目の官庁訪問か，ほかの官庁は回っているのか，自己紹介（高校時代および大学時代のことを言っていただいてかまいません），軽音楽部に入部するに当たっての決め手は，試験問題はいつから作り始めた

のか，作成した試験問題は小テスト向けか，それとも期末試験向けか，作成した試験問題の内容，志望動機，趣味の料理では何を作ったのか，散歩はどのくらいの距離を歩いたのか（家から大学まで約10km歩いたと答えた），マツダスタジアムまで歩いて行ったのか，運輸局の関心事項，おそらく国家公務員が第一志望と言うかもしれないが，正直なところの志望度は（私は「公共交通機関がほかの県や市町村を結んでいることから，包括的な支援が国家公務員としてできると考え，国家公務員が第一志望です」と答えた）。

　非常に話しやすい雰囲気だった。開始前に「人柄を見たいので普段どおりに話してください」と説明された。話しているときもうなずいてくれるなど，こちらとしては話しやすい雰囲気であった。志望動機については率直に伝えていいと思う。そこから面接官が話をつなげてくれるので，流れに沿って話すことが大切だと思う。

Tさん　行政・中国

1日目　鳥取労働局

[個別面接]（面接官3人）

質問内容：緊張しているか，リラックスしていつもの様子を見せて，自己PR，（サークル活動のことを言ったので）どんなことをしているか，（工作イベントをしたと言ったので）どんな工作をしたか，イベント最中に困ったことは，どんな役割をしていたか，志望動機，（地域に貢献したいと言ったので）意地

悪なことを聞くが，併願している県庁でも同じことができますよね，なぜ労働局か（理由を言ったら納得してもらえたようだった），最近ではなくてもよいが，労働に関することで興味を持ったニュース，（男性の育児休暇について言ったので）それに対して自分から何かしようというのはあるか，（訪問カードに労働基準監督署を志望するにチェックを入れていたので）これに関する仕事は主に労働局で行っているが，そういう部署があることは知っているか，ハローワークの仕事についてはどう思うか，労働基準監督署は労働者のアフターケアをする所だが，そうなる前のフォローの仕事についてはどう思うか（志望部署と関係のないニュースを言ってしまったため，結構突っ込まれた），趣味はピアノと書かれているが，いつからしているか，（小学1年生から現在まで続けていると言ったので）それだけ長く続けた理由みたいなものはあるか，自己PRで真面目に取り組む姿勢が強みと言っていたが，どんなときに活かされたか，短所はどんな所か，確認しておきたいが，うちは第一志望か，もし希望の部署に行けなくても大丈夫か，最後に質問や確認しておきたいことはあるか。

　仕事内容をよく調べておくことが重要だと思う。また，労働に関するニュースについては結構深掘りされたので，自分が志望する事務官の種類（基準，共通）に合ったニュースを探しておくと答えに困らないかなと感

じた。

7/8　鹿児島地方検察庁①

[個別面接]（20分，面接官3人）

面接カード記載事項：学歴，併願状況，志望理由，自己PR，学業活動（ゼミ等）・課外活動（サークル等），地域活動（ボランティア等），趣味・特技，最近興味を持っていること，職歴，資格・免許等。

質問内容：志望動機，検察事務官という仕事は何で知ったか，裁判所事務官ではなくて検察事務官なのか，どんな業務があるか知っているか，どの業務に携わりたいか，学生時代に力を入れたこと，どんな困難があったか，十種競技とは・自己ベストは，自己PRについて，どう活かせそうか，資格をたくさん持っているようだが詳しく聞かせて。

　最初に業務説明が1対1で行われた。その後，面接に呼ばれた。面接官3人と書記のような感じの方が1人いた。部活動や学生連盟活動，趣味など気になったことを聞いてくる感じだった。職業柄なのか，深掘りはきついところを突いてくる感じだったが，経験をきちんと伝えられれば大丈夫だった。面接後に「8/15以降に電話をするかもしれません」と言われた。「しないこともあります」と念を押された。7/13に電話があり，業務説明会を行うが日程はいつがいいかと聞かれた。一般職の官庁訪問前の地検の業務説明会を総合職の官庁訪問でキャ

ンセルしたからなのか，選考なのかはわからない。

7/25　鹿児島地方検察庁②

[業務説明会]（50分）

　人事の方から詳しめに業務説明を受ける（50分）。総務課長から志望度や採用面接の詳細について説明を受ける（5分）。「最終合格後，なるべく早い段階で採用面接の電話をしてほしい」とのことだった。次席検事（10分）。

　私のほかに受験者が見当たらなかった。官庁訪問前の業務説明会を総合職の官庁訪問でキャンセルしたため，一回も業務説明会に参加したことはなかった。庁舎の各フロアの案内もしていただき，働くということをイメージしやすかった。

8/15　鹿児島地方検察庁③

[個別面接]（15分，面接官4人）

質問内容：志望動機，やりたい業務，併願状況と志望度，趣味について詳しく，趣味について車をどんなふうにカスタムしているのか，特技について（暗算と書いたので3つ問題を出された），陸上について，部活動で困難だったこと，あなたの強みは，几帳面な性格とあるが周りとうまくやっていけるか，片付けのアドバイスは，最後に何かあるか。

　9時過ぎに地検から電話がかかってきて，面接時間が決まった。履歴書のみ持参とのことだった。面接では官庁訪問のときと同じようなことを聞かれ，終了後，一旦別の部屋で待機になった。3分もしないうちに事務局長の部屋に呼ばれ，内々定通知書をもらった。

7/8　福岡労働局①

[集団面接]（60分，受験者3人，面接官3人）

質問内容：自己PRと志望動機，公務員として働くに当たって心掛けておきたいこと，ハローワークを利用したことがあるか，ストレス解消法，労働局で働くに当たって大切にしたいこと，仕事を探しに来ているように見えない人にはどのように対応するか，利用者を待たせてしまったときにはどう対応するか，上司と意見が合わないときはどうするか，ルールを守らない人がいたときはどうするか，自分と合わない人にはどう接するか，集団になじめない人にはどう接するか，逆質問。

　7/28に電話があり，2回目の訪問について案内。

8/16　福岡労働局②

[個別面接]（15分，面接官2人）

質問内容：1回目の面接で印象に残っていること，志望動機，アルバイトで苦労した経験，併願先の状況，長所・長所を仕事にどう活かすか，逆質問。

面接の最後に，「今後のことは追って連絡する」と言われる。「連絡には時間がかかることもある」，と言われたので，内々定は難しいと感じた。8/31（併願先の最終合格発表日）に，内々定の打診があった。承諾するか迷っていると答えたところ，翌日までに返答するように言われる。9/1に内々定を辞退。

試験情報・面接情報&合格体験記大募集！

■**試験情報・面接情報**：編集部では，本試験の情報を募集しています。大卒程度の公務員試験を受験された方は，ぜひ，筆記試験の出題内容や面接試験（人物試験）の形式，質問内容などについて情報をお寄せください。情報内容の程度により，謝礼（粗品）を進呈いたします。

※問題が公開されている（持ち帰りができる）試験の情報は不要です。情報をお寄せいただいても謝礼はお送りできませんので，ご注意ください。詳細は，巻末の試験情報用紙をご参照ください。

■**合格体験記**：公務員をめざす後輩のために，自分の学習方法や合格までのプロセスなどを合格体験記で伝えておきたいという方は，編集部までお知らせください。採用させていただく方には，当社規定により謝礼を差し上げます。

連絡先　[Eメール] juken-j@jitsumu.co.jp　　[TEL] 03-3355-1813

【個人情報の取扱いについて】弊社にご提供いただきました個人情報につきましては，個人情報保護法など関連法規を遵守し，厳重に管理・使用します。弊社個人情報の取扱い方針は実務教育出版ホームページをご覧ください。

受験ジャーナルのご案内

●**定期号**……
定期号（年間6冊）では，本試験までのスケジュールに合わせ，各種の試験情報・試験対策を「特集」として取り上げるほか，公務員の仕事FILE，合格体験記，自己採点方式の基礎力チェック問題など，合格に役立つ情報を掲載しています。発行日と特集の内容については，**弊社のホームページ**をご覧ください。

●**特別企画**……　『学習スタートブック』『公務員の仕事入門ブック』『直前対策ブック』『直前予想問題』
●**別冊**……　『国立大学法人等職員採用試験攻略ブック』

【実務教育出版ホームページのご案内】
公務員ガイドや試験情報案内などの「公務員合格ナビ」のほか，通信講座，書籍の紹介をしています。受験ジャーナルのバックナンバーも紹介。
X（旧Twitter）もやってます！「受験ジャーナル編集部」で検索してください。

https://www.jitsumu.co.jp/

受験ジャーナル編集部　検索🔍

受験ジャーナル特別企画4
6年度 面接完全攻略ブック

2024年3月25日　初版第1刷発行
第50巻5号　通巻第672号

編集人／加藤幸彦
[編集] 川辺知里／田村初穂／倉岡まき／笹原奈津子
　　　谷本優子
発行人／淺井 亨
発行所／株式会社　実務教育出版
　　　〒163-8671　東京都新宿区新宿1-1-12
印刷・製本／図書印刷
表紙デザイン／アルビレオ　表紙イラスト／北村みなみ
本文デザイン／中濱健治　本文イラスト／小林孝文，吉村堂
編集協力／アスラン編集スタジオ，明昌堂

《問合せ先》
●編集（記事内容について）
　FAX.03-5369-2237
　TEL.03-3355-1813
　E-mail juken-j@jitsumu.co.jp
　※原則として，メール，FAXでお願いします。

●販売（当社出版物について）
　TEL.03-3355-1951
　※万一，落丁，乱丁などの不良品がございましたら，当社にて良品とお取り替えいたします。

定番質問
回答シート

ここでは個別面接の定番質問をピックアップした。回答のポイントを参考に，自分なりの答えを書き込んでみよう。関連質問も挙げてあるので，併せて考えてみてほしい。

面接では「マニュアル」を丸暗記したような答えではなく，自分の考えや経験を自分の言葉で話すことが大切。また，それぞれの質問には，それなりのねらいや期待があるので，それをくみ取って，回答というボールを面接官に返すことが必要になる。じっくり考えて，あなたの魅力が伝わるような答えを準備しよう。

色紙のページを切り取ってとじれば，面接会場に持参できる小冊子になるよ！ 面接が終わったら，実際に聞かれた質問をチェックしたり，回答内容を補足するなどして，次の面接で役立つものにバージョンアップしていこう。

01 なぜ公務員になりたいのですか？

回答のポイント

志望の確かさを見るための質問。「公務員は安定している」「性格が公務員に向いている」「親や兄弟が公務員なので身近に感じられる」といった消極的，ステレオタイプな答えは×。「こういう仕事がしたい！」「こういう夢（社会的貢献）を実現するためにぜひ公務員になりたい！」という具体的かつ前向きな答えを用意しよう。

関連質問
- Q あなたのどういうところが公務員に向いていると思いますか？
- Q あなたの公務員に対するイメージは？

02 公務員と民間企業の違いはなんだと思いますか？

回答のポイント

公務員の役割や仕事の特質についての理解度を確かめるための質問。「全体の奉仕者」として「公共の利益」のために働くという公務員の義務は押さえておく必要があるが，「民間企業は利潤追求を行い，公務員は公共の利益を図る」というような回答では物足りない。社会の中で，それぞれが果たしている役割の違いを整理したうえで考察を進めよう。

関連質問
- Q なぜ民間でなく公務員を志望するのですか？
- Q 行政の仕事とは？
- Q これからの公務員に必要なものはなんですか？

03 なぜ○○省・庁（△△県・市）を志望するのですか？

回答のポイント

面接の「三大質問」の一つ。必ず聞かれる重要質問である。一口に公務員といっても省庁や自治体ごとに行政課題や業務内容はさまざまだ。志望先の担当行政分野や事業内容を十分に研究したうえで，自分の興味・関心，経歴や専攻などとの結びつきが感じられる回答を用意すること。オリジナリティのある内容が求められている。

関連質問
- Q なぜ国家公務員志望なのですか？
- Q なぜ県（市）ではなく市（県）を志望するのですか？

切り取り線

04 ○○県（市）の特色をPRしてください。

回答のポイント

その県や市に対する知識や関心度から，志望動機の確かさを見ようという質問。PRの内容としては，産業，歴史，文化，県民性，自然環境，特色ある事業・プロジェクトなどが目安になる。それを誰にでもわかりやすく，熱意のこもったものにまとめるとよい。そのためには，幅広い知識や県（市）外からの視点，表現力も必要だろう。

関連質問
- Q ○○県（市）の事業や特産物を知っていますか？
- Q ○○県（市）に足りないと思うところはなんですか？

05 どんな仕事をやってみたいですか？

回答のポイント

志望先の仕事に対する理解度や，やる気の程度を見るための質問。官庁・自治体の各部門の業務・事業内容や今日的課題を研究し，今後自分が取り組んでいきたいと考えていることを結びつけて答えるのがポイントだ。学生時代の専攻・ゼミ・卒論・経験や興味の方向との整合性も考え，説得力のある回答を用意しておこう。

関連質問
- Q どんな部署（職種）を希望しますか？
- Q ○○省（△△県）のプロジェクトで興味のあるものは？

06 希望しない部署に配属されたらどうしますか？

回答のポイント

公務員の職場では，一般的に本庁・出先機関を含め，部局を越えて幅広い人事異動が行われている。採用後の人事配置や転勤の有無などは事前に了解したうえで受験しているはずだ。「どんな部署，どんな仕事でも頑張りたい！」と前向きの意欲を見せることはもちろんだが，なぜ頑張れると思うのかという理由づけも大切である。

関連質問
- Q 転勤は可能ですか？　Q 遠隔地勤務もできますか？
- Q 地味な仕事でも嫌がらずに取り組めますか？

07　上司と意見が違ったときはどうしますか？

回答のポイント

組織の中での人間関係の取り結び方，協調性を問う質問。この質問の場合は，基本的には経験豊かな上司の意見に従うという答えが無難だろう。ただ，組織としても単なる"イエスマン"を求めているわけではない。「相互理解をしたうえで気持ちよく仕事ができるよう努力したい」という組織人としての協調性・柔軟性や，学ぶ姿勢を示すとよい。

関連質問
- Q 県（市）の施策と自分の意見が食い違ったときはどうしますか？
- Q 行政と住民が対立したときの解決法は？

08　公務員に転職したい理由を述べてください。

回答のポイント

最近は受験年齢の上限を引き上げたり，社会人経験者採用試験を行ったりする自治体が増えている。したがって，転職そのものを気にする必要はなく，率直かつ簡潔に理由を述べればよい。ただし，前の会社の批判や人間関係のトラブルを口にすると好印象を持たれない。公務員の仕事の魅力を転職理由の第一に挙げるのがよいだろう。

関連質問
- Q なぜ前の会社を辞めたのですか？
- Q 前職での対人関係はどうでしたか？

09　前職で得た経験をどう活かしたいですか？

回答のポイント

社会人経験者に期待されているのは，前職で得た経験や専門的知識・技能をはじめ，企画力，判断力，折衝能力，コスト意識などを活かしての貢献である。この質問に対する答えは，経験者の自己PRともいえる。前職で得た経験や能力の内容を簡潔に伝え，それを公務にどう活かしたいのかを具体的に述べればよいだろう。

関連質問
- Q 前の仕事で得た経験や資格を教えてください。
- Q 前職と比較して公務員に足りないものはなんだと思いますか？

切り取り線

10 学生時代に力を入れて取り組んだことと，そこから学んだことを教えてください。

回答のポイント

勉学をはじめサークル・クラブ活動，ボランティア活動などでどのような経験をし，何を学び，それを今後にどう活かしていくかについて，印象的なエピソードを用意しよう。ただし，派手な事例は必要なく，それよりもあなたの人柄と能力を端的に示すエピソードであることが重要だ。詳しく聞かれることを想定し，具体的な行動事例も準備したい。

関連質問
Q これまでに遭遇した困難な状況をどのように乗り越えましたか？
Q 学生時代に熱中したことは？

11 学部・学科の専攻理由を述べてください。

回答のポイント

大学でどのような学問分野を学んできたかは，一般的に将来の職業選択とも関連している。専攻分野の内容とその選択理由，その魅力とそこから得たものをコンパクトに紹介し，今後の仕事との関連性をまとめれば整合性のある答えになる。ただし，専攻と希望の仕事内容が直接結びつかなくても，そのこと自体は問題ない。学んだ成果を正直に伝えよう。

関連質問
Q ゼミ・卒論のテーマを紹介してください。
Q 専攻を仕事にどう活かしますか？　　Q 得意科目はなんですか？

12 アルバイト経験を教えてください。

回答のポイント

アルバイト経験に関する質問は，受験者の仕事への取組み方を見ようとするもので，基本的にアルバイトの内容自体が問われるわけではない。具体的にどんな仕事に取り組んだかだけでなく，アルバイトの経験から何を学んだか，仕事を進めるうえで工夫した点などを伝えよう。それを公務員の仕事にどう活かせるかまでを考えておきたい。

関連質問
Q 人と接する仕事の経験はありますか？
Q どんな仕事にやりがいを感じますか？

13 ボランティア活動の経験はありますか？

回答のポイント

公務員を志望しているからには，一度や二度はボランティア活動に参加した経験を持っている人が多いだろうが，面接官は別段その内容を事細かく知りたいわけではない。⓾〜⓬と同様に，経験から学んだことを的確に伝え，自己アピールに結びつけることが大切だ。ちょっとしたエピソードが，「人となり」を物語る強力な武器になる。

関連質問
◎ボランティアと公務員の仕事の違いはなんですか？
◎サークル・クラブ活動の経験は？

14 最近の時事問題で関心を持った事柄はなんですか？

回答のポイント

受験者の興味や傾向，ものの見方・考え方を知るための質問。普段からニュースに注意を払い，新聞・テレビ・インターネット等で知識を仕入れておくことが必要になる。加えて，その事柄に関心を持った理由と，それに対する自分の意見を述べられるようにしておこう。用語を正確に理解するとともに，大局的にものごとを見るよう心掛けることも大切だ。

関連質問
◎最近気になったニュースを3つ挙げてください。
◎関心を持った政治・経済・社会問題と，あなたの意見を述べてください。

15 ストレス解消法を教えてください。

回答のポイント

公務員の仕事はやりがいが大きいものだが，業務量が多かったり，クレームを受けることが多い職場もある。このような状況で，ストレスをうまくコントロールし，業務を円滑にこなす能力が求められる。まずは自分に合ったストレス解消法を見つけておこう。内容はスポーツや音楽などなんでもかまわないが，具体的に話せるようにしておきたい。

関連質問
◎休日は何をして過ごしますか？
◎趣味は何ですか？

切り取り線

16 自己PRをしてください。

回答のポイント

せっかくの売込みの機会なので，遠慮やはにかみは無用だ。大学生活，性格，経験，特技などを分析・整理し，周囲の評価や具体例も盛り込みながら自分のセールスポイントをアピールし，仕事への意欲も示したい。「1分間で」「3分以内で」などのように，時間を指定される場合は，与えられた時間に応じて，エピソードの量を加減しよう。

関連 質問
- Q あなたを採用するメリットは？
- Q これだけは他人に負けないというところを述べてください。

17 あなたの長所・短所はなんですか？

回答のポイント

単に長所や短所を一言で述べるのではなく，エピソードなどを交えて理由を添えるようにしよう。短所より長所を多めにし，短所については改善の努力をしていることをアピールする。この質問では客観的に自己評価ができているかどうかも問われているので，事前の自己分析が大切だ。マイナスイメージの表現を避ける工夫も必要である。

関連 質問
- Q あなたの性格について述べてください。
- Q 自分の長所が活かされたと思うエピソードを紹介してください。

18 友人からはどのように見られていますか？

回答のポイント

友人関係についての質問は，受験者の社会的な適応性や集団内での役割（リーダーシップ等）を見ようというのがねらい。また，自分を客観的に分析できているかをチェックするものでもある。無理をして「リーダー的存在です」と答える必要はない。「つきあいやすいタイプのようです」というように，自分の特色をさり気なくアピールすればよい。

関連 質問
- Q 友人関係の中であなたの役割は？
- Q 好きなタイプ・苦手なタイプの友人は？

切り取り線

19　民間企業は受けていますか？

回答のポイント

民間企業を受けている場合は正直に答えてかまわないが，やりたい仕事については整合性を持たせよう。ただし，「公務員が第一志望」であることは必ずアピールすること。公務員だけでなく，民間企業も研究したうえで，「やはり公務員として働きたい」ということがきちんと説明できれば，より説得力のある回答となるだろう。

関連質問
- Q 民間企業から内定をもらっていますか？
- Q 民間企業のほうが向いているのではないですか？

20　ほかの公務員試験も受けていますか？

回答のポイント

併願している試験を隠す必要はないが，併願先を選んだ理由をきちんと説明できるようにしておくことが大切。そのうえで，「ここが第一志望」とアピールするのが採用内定への条件だ。就職活動は自己の可能性を探すプロセスでもあるが，どの面接においても「ここが第一志望」という意気込みで臨んでほしい。

関連質問
- Q 併願状況と優先順位を述べてください。
- Q 両方に受かったらどちらに行きますか？

21　2度目の受験ですか？　また不合格だったらどうしますか？

回答のポイント

前回の公務員試験に不合格で，再度挑戦した人への質問。昨今，受験浪人自体が不利になるわけではないので，このような質問にもひるむことなく堂々と答えてほしい。「あくまでも公務員が第一志望」であることを告げ，「不合格だった場合は，その原因を分析し，対策を練り直します」というように，前向きな姿勢で述べるとよい。

関連質問
- Q 前回の受験先と結果は？
- Q なぜ前回はダメだったのだと思いますか？
- Q 卒業後からこれまで，どのように過ごしていましたか？

大卒程度公務員試験［一次試験情報］をお寄せください！

　弊社では，次の要領で大卒・短大卒程度公務員試験の一次試験情報，二次試験情報（面接試験などの情報）を募集しています。
受験後ご記憶の範囲でけっこうですので，事務系・技術系問わず，ぜひとも情報提供にご協力ください。

☆**募集内容**　地方上・中級，市役所上・中級，大卒・短大卒警察官，その他各種公務員試験，国立大学法人等職員採用試験の実際
　問題・科目別出題内訳等

※問題の持ち帰りができる試験については，情報をお寄せいただく必要はありません。ただし，地方公務員試験のうち，東京都，
　特別区，警視庁，東京消防庁以外の試験問題が持ち帰れた場合には，現物またはコピーをお送りください。

☆**ご謝礼**　情報内容の程度により，ご謝礼を進呈いたします。

☆**送り先**　なるべく Google フォーム（アンケート形式）をご利用ください。右の二次元コードを読み込んで
　いただくと，一次試験情報提供の Google フォームが開きます。下記とほぼ同じ内容を入力してそのまま
　ご送信いただけます。E-mail，郵送でも受け付けています。［E-mail の場合］juken-j@jitsumu.co.jp

　［郵送の場合］〒 163-8671　新宿区新宿 1-1-12　（株）実務教育出版　「試験情報係」

〒＿＿＿＿＿＿＿＿＿　　住所＿＿＿＿＿＿＿＿＿＿＿＿＿＿＿＿＿＿＿＿＿＿＿＿＿＿＿＿＿＿＿

氏名＿＿＿＿＿＿＿＿＿＿＿＿＿＿　　TEL または E-mail アドレス＿＿＿＿＿＿＿＿＿＿＿＿＿＿＿

●**受験した試験名・試験区分** （県・市および上・中級の別も記入してください。例：○○県上級・行政）

＿＿＿＿＿＿＿＿＿＿＿＿＿＿＿＿＿＿＿＿＿＿＿

●**一次試験日**　＿＿＿＿年＿＿＿＿月＿＿＿＿日

●**試験構成・試験時間・出題数**

・教養＿＿＿＿分＿＿＿＿問（うち必須＿＿＿＿問，選択＿＿＿＿問のうち＿＿＿＿問解答）

・専門（択一式）＿＿＿＿分＿＿＿＿問（うち必須＿＿＿＿問，選択＿＿＿＿問のうち＿＿＿＿問解答）

・適性試験（事務適性）＿＿＿＿分＿＿＿＿形式＿＿＿＿題

> 内容（各形式についてご自由にお書きください）

・適性検査（性格検査）（クレペリン・Y-G 式・そのほか〔　　　　　　　　〕）＿＿＿＿分＿＿＿＿題

・論文＿＿＿＿分＿＿＿＿題（うち＿＿＿＿題解答）＿＿＿＿字→＿＿＿＿次試験で実施

> 課題

・その他（SPI3，SCOA など）

> 内容（試験の名称と試験内容について，わかる範囲でお書きください。例：○○分，○○問。テストセンター方式等）

ご提供いただいた個人情報につきましては，謝礼の進呈にのみ使用いたします。
弊社個人情報の取扱い方針は実務教育出版ホームページをご覧ください（https://www.jitsumu.co.jp）。

●受験した試験名・試験区分 （県・市および上・中級の別も記入してください。例：○○県上級・行政）

_____

●教養試験の試験時間・出題数

_____分_____問（うち必須：No._____ 〜 No._____, 選択：No._____ 〜 No._____ のうち_____問解答）

●教養試験科目別出題数　※表中にない科目名は空欄に書き入れてください。

科目名	出題数	科目名	出題数	科目名	出題数	科目名	出題数
政　　治	問	世界史	問	物　　理	問	判断推理	問
法　　律	問	日本史	問	化　　学	問	数的推理	問
経　　済	問	文学・芸術	問	生　　物	問	資料解釈	問
社　　会	問	思　　想	問	地　　学	問		問
地　　理	問	数　　学	問	文章理解	問		問

●専門試験（択一式）の試験時間・出題数

_____分_____問（うち必須：No._____ 〜 No._____, 選択：No._____ 〜 No._____ のうち_____問解答）

●専門試験科目別出題数　※表中にない科目名は空欄に書き入れてください。

科目名	出題数	科目名	出題数	科目名	出題数	科目名	出題数	科目名	出題数
政治学	問	憲　　法	問	労働法	問	経済事情	問		問
行政学	問	行政法	問	経済原論	問	経営学	問		問
社会政策	問	民　　法	問	財政学	問		問		問
国際関係	問	商　　法	問	経済政策	問		問		問
社会学	問	刑　　法	問	経済史	問		問		問

_____

問題文 （教養・専門, 科目名　　　　　　　　　　　　）

選択肢 1

2

3

4

5

●**受験した試験名・試験区分**（県・市および上・中級の別も記入してください。例：○○県上級・行政）

問題文（教養・専門，科目名　　　　　　　　　）

選択肢 1

2

3

4

5

問題文（教養・専門，科目名　　　　　　　　　）

選択肢 1

2

3

4

5

大卒程度公務員試験［二次試験情報］をお寄せください！

☆**募集内容**　国家総合職・一般職・専門職，地方上・中級，市役所上・中級，大卒・短大卒警察官，その他各種公務員試験，国立大学法人等採用試験の論文試験・記述式試験・面接等

（※問題が公開されている試験の場合は，面接試験〈官庁訪問含む〉の情報のみお書きください）

☆**送り先**　なるべく Google フォーム（アンケート形式）をご利用ください。右の二次元コードを読み込んでいただくと，二次試験情報提供用の Google フォームが開きます（一次試験情報とは別のフォームです）。E-mail，郵送でも受け付けています。送り先，ご謝礼については一次試験情報と同様です。

〒＿＿＿＿＿＿＿＿　住所＿＿＿＿＿＿＿＿＿＿＿＿＿＿＿＿＿＿＿＿＿＿＿＿＿＿＿＿＿

氏名＿＿＿＿＿＿＿＿＿＿＿＿　TEL または E-mail アドレス＿＿＿＿＿＿＿＿＿＿＿＿＿

●**受験した試験名・試験区分**（県・市および上・中級の別も記入してください。例：○○県上級・行政）

＿＿＿＿＿＿＿＿＿＿＿＿＿＿＿＿＿　**結果：**合格・不合格・未定

●**二次試験日**　＿＿＿年＿＿＿月＿＿＿日

●**試験内容**（課された試験には ✓ 印を）

□論文＿＿＿分＿＿＿題＿＿＿字　課題＿＿＿＿＿＿＿＿＿＿＿＿＿＿＿＿＿＿＿＿＿

□人物試験　□個別面接（試験官＿＿＿人，時間＿＿＿分）

　　　　　　□集団面接（受験者＿＿＿人，試験官＿＿＿人，時間＿＿＿分）

□集団討論（受験者＿＿＿人，試験官＿＿＿人，時間＿＿＿分，面接会場＿＿＿＿＿＿＿）

□その他＿＿＿＿＿＿＿＿＿＿＿＿＿＿＿＿＿＿＿＿＿＿＿＿＿＿＿＿＿＿＿＿＿＿＿

（以下は官庁訪問の場合）

●**官庁訪問先**　＿＿＿＿＿＿＿＿　●**官庁訪問の回数**　＿＿＿回

●**官庁訪問１回目**

面接（訪問）日＿＿＿月＿＿＿日，面接会場＿＿＿＿，面接形態：個別・集団＿＿＿人

面接官＿＿＿＿＿＿＿＿＿人（例：大学 OB・1 人），面接時間＿＿＿分

●**官庁訪問２回目**

面接（訪問）日＿＿＿月＿＿＿日，面接会場＿＿＿＿，面接形態：個別・集団＿＿＿人

面接官＿＿＿＿＿＿＿＿＿人（例：人事担当・2 人），面接時間＿＿＿分　※第 3 回以降がある場合は同様に

●**人物試験・官庁訪問の内容**（個別面接・集団面接・集団討論・グループワーク・プレゼンテーション）

●**人物試験・官庁訪問の感想など**

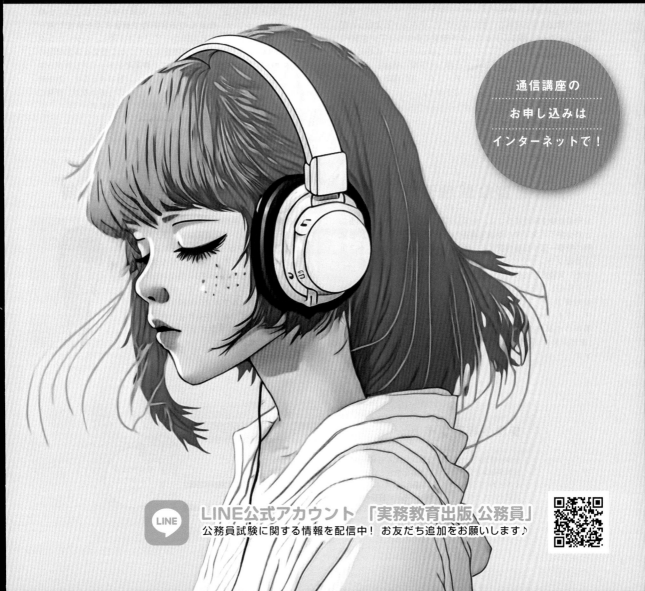

「公務員合格講座」の特徴

68年の伝統と実績

実務教育出版は、68年間および公務員試験の問題集・参考書・情報誌の発行や模擬試験の実施、全国の大学・専門学校などと連携した教室運営などの指導を行っています。その積み重ねをもとに作られた、確かな教材と個人学習を支える指導システムが「公務員合格講座」です。公務員として活躍する数多くの先輩たちも活用した伝統ある「公務員合格講座」です。

時間を有効活用

「公務員合格講座」なら、時間と場所に制約がある通学制のスクールとは違い、生活スタイルに合わせて、限られた時間を有効に活用できます。通勤時間や通学時間、授業の空き時間、会社の休憩時間など、今まで利用していなかったスキマ時間を有効に活用できる学習ツールです。

取り組みやすい教材

「公務員合格講座」の教材は、まずテキストで、テーマ別に整理された頻出事項を理解し、次にワークで、テキストと連動した問題を解くことで、解法のテクニックを確実に身につけていきます。初めて学ぶ科目も、基礎知識から詳しく丁寧に解説しているので、スムーズに理解することができます。

実戦力がつく学習システム

「公務員合格講座」では、習得した知識が実戦で役立つ「合格力」になるよう、数多くの演習問題で重要事項を何度も繰り返し学習できるシステムになっています。特に、eラーニング[Jトレプラス]は、実戦力養成のカギになる豊富な演習問題の中から学習進度に合わせ、テーマや難易度をチョイスしながら学習できるので、効率的に「解ける力」が身につきます。

eラーニング

［Jトレプラス］

豊富な試験情報

公務員試験を攻略するには、まず公務員試験のことをよく知ることが必要不可欠です。受講生専用の[Jトレプラス]では、各試験の概要一覧や出題内訳など、試験の全体像を把握でき、ベストな学習プランが立てられます。また、実務教育出版の情報収集力を結集し、最新試験情報や学習対策コンテンツなどを随時アップ！ さらに直前期には、最新の時事を詳しく解説した「直前対策ブック」もお届けします。

※KCMのみ

親切丁寧なサポート体制

受験に関する疑問や、学習の進め方や学科内容についての質問には、専門の指導スタッフが一人ひとりに親身になって丁寧にお答えします。模擬試験や添削課題では、客観的な視点からアドバイスをします。そして、受講生専用サイトやメルマガでの受講生限定の情報提供など、あらゆるサポートシステムであなたの学習を強力にバックアップしていきます。

受講生専用サイト

受講生専用サイトでは、公務員試験ガイドや最新の試験情報など公務員合格に必要な情報を利用しやすくまとめていますので、ぜひご活用ください。また、お問い合わせフォームからは、質問や書籍の割引購入などの手続きができるので、各種サービスを安心してご利用いただけます。

※サイトのデザインは変更する場合があります

受講生専用
メルマガも
配信中！！

志望職種別　講座対応表

各コースの教材構成をご確認ください。下の表で志望する試験区分に対応したコースを確認しましょう。

	教材構成			
	教養試験対策	専門試験対策	論文対策	面接対策
K 大卒程度 公務員総合コース［教養＋専門行政系］	●	●行政系	●	●
C 大卒程度 公務員総合コース［教養のみ］	●		●	●
L 大卒程度 公務員択一攻略セット［教養＋専門行政系］	●	●行政系		
D 大卒程度 公務員択一攻略セット［教養のみ］	●			
M 経験者採用試験コース	●		●	●
N 経験者採用試験［論文・面接試験対策］コース			●	●
R 市役所教養トレーニングセット［大卒程度］	●		●	●

		試験名［試験区分］	対応コース
国家公務員試験	国家一般職［大卒程度］	行政	教養＊3＋専門対策 → **K** **L**
		技術系区分	教養＊3対策 → **C** **D**
	国家専門職［大卒程度］	国税専門A（法文系）／財務専門官	教養＊3＋専門対策 → **K** **L** ＊4
		皇宮護衛官［大卒］／法務省専門職員（人間科学）／国税専門B（理工・デジタル系）／食品衛生監視員／労働基準監督官／航空管制官／海上保安官／外務省専門職員	教養＊3対策 → **C** **D**
	国家特別職［大卒程度］	防衛省 専門職員／裁判所 総合職・一般職［大卒］／国会図書館 総合職・一般職［大卒］／衆議院 総合職［大卒］・一般職［大卒］／参議院 総合職	教養＊3対策 → **C** **D**
	国立大学法人等職員		教養対策 → **C** **D**
地方公務員試験	都道府県 特別区（東京23区） 政令指定都市＊2 市役所［大卒程度］	事務（教養＋専門）	教養＋専門対策 → **K** **L**
		事務（教養のみ）	教養対策 → **C** **D** **R**
		技術系区分、獣医師 薬剤師 保健師など資格免許職	教養対策 → **C** **D** **R**
		経験者	教養＋論文＋面接対策 → **M** 論文＋面接対策 → **N**
	都道府県 政令指定都市＊2 市役所［短大卒程度］	事務（教養＋専門）	教養＋専門対策 → **K** **L**
		事務（教養のみ）	教養対策 → **C** **D**
	警察官	大卒程度	教養＋論文対策 → ＊5
	消防官（士）	大卒程度	教養＋論文対策 → ＊5

＊1 地方公務員試験の場合、自治体によっては試験の内容が対応表と異なる場合があります。
＊2 政令指定都市…札幌市、仙台市、さいたま市、千葉市、横浜市、川崎市、相模原市、新潟市、静岡市、浜松市、名古屋市、京都市、大阪市、堺市、神戸市、岡山市、広島市、北九州市、福岡市、熊本市。
＊3 国家公務員試験では、教養試験のことを基礎能力試験としている場合があります。
＊4 国税専門A（法文系）、財務専門官は **K**「大卒程度 公務員総合コース［教養＋専門行政系］」、**L**「大卒程度 公務員択一攻略セット［教養＋専門行政系］」に「新スーパー過去問ゼミ 会計学」（有料）をプラスすると試験対策ができます（ただし、商法は対応しません）。
＊5 警察官・消防官の教養＋論文対策は、「警察官 スーパー過去問セット［大卒程度］」「消防官 スーパー過去問セット［大卒程度］」をご利用ください（巻末広告参照）。

大卒程度 公務員総合コース

[教養＋専門行政系]

膨大な出題範囲の合格ポイントを的確にマスター！

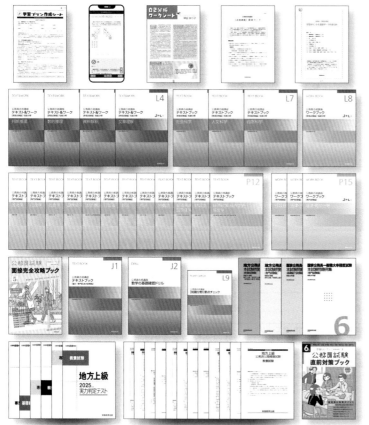

※表紙デザインは変更する場合があります

教材一覧

- ●受講ガイド（PDF）
- ●学習プラン作成シート
- ●テキスト＆ワーク［教養試験編］知能分野（4冊）
  判断推理、数的推理、資料解釈、文章理解
- ●テキストブック［教養試験編］知識分野（3冊）
  社会科学［政治、法律、経済、社会］
  人文科学［日本史、世界史、地理、文学・芸術、思想］
  自然科学［数学、物理、化学、生物、地学］
- ●ワークブック［教養試験編］知識分野
- ●数学の基礎確認ドリル
- ●［知識分野］要点チェック
- ●テキストブック［専門試験編］（12冊）
  政治学、行政学、社会学、国際関係、法学・憲法、行政法、
  民法、刑法、労働法、経済原論（経済学）・国際経済学、財政学、
  経済政策・経済学史・経営学
- ●ワークブック［専門試験編］（3冊）
  行政分野、法律分野、経済・商学分野
- ●テキストブック［論文・専門記述式試験編］
- ●6年度 面接完全攻略ブック
- ●実力判定テスト★（試験別 各1回）
  地方上級［教養試験、専門試験、論文・専門記述式試験（添削2回）］
  国家一般職大卒［基礎能力試験、専門試験、論文試験（添削2回）］
  市役所上級［教養試験、専門試験、論・作文試験（添削2回）］
  ＊教養、専門は自己採点　＊論文・専門記述式・作文は計6回添削
- ●［添削課題］面接カード（2回）
- ●自己分析ワークシート
- ●［時事・事情対策］学習ポイント＆重要テーマのまとめ（PDF）
- ●公開模擬試験★（試験別 各1回）※マークシート提出
  地方上級［教養試験、専門試験］
  国家一般職大卒［基礎能力試験、専門試験］
  市役所上級［教養試験、専門試験］
- ●本試験問題例集（試験別過去問1年分 全4冊）
  令和6年度 地方上級［教養試験編］★
  令和6年度 地方上級［専門試験編］★
  令和6年度 国家一般職大卒［基礎能力試験編］★
  令和6年度 国家一般職大卒［専門試験編］★
  ※平成27年度～令和6年度分は、［Jトレプラス］に収録
- ●7年度 直前対策ブック★
- ●eラーニング［Jトレプラス］

★印の教材は、発行時期に合わせて送付（詳細は受講後にお知らせします）。

教養・専門・論文・面接まで対応

行政系の大卒程度公務員試験に出題されるすべての教養科目と専門科目、さらに、論文・面接対策教材までを揃え、最終合格するために必要な知識とノウハウをモレなく身につけることができます。また、汎用性の高い教材構成ですから、複数試験の併願対策もスムーズに行うことができます。

出題傾向に沿った効率学習が可能

出題範囲をすべて学ぼうとすると、どれだけ時間があっても足りません。本コースでは過去数十年にわたる過去問研究の成果から、公務員試験で狙われるポイントだけをピックアップ。要点解説と問題演習をバランスよく構成した学習プログラムにより初学者でも着実に合格力を身につけることができます。

受講対象	大卒程度 一般行政系・事務系の教養試験（基礎能力試験）および専門試験対策 [都道府県、特別区（東京23区）、政令指定都市、市役所、国家一般職大卒など]	申込受付期間	2024年3月15日～2025年3月31日
		学習期間のめやす	6か月　学習期間のめやすです。個人のスケジュールに合わせて、長くも短くも調整することが可能です。試験本番までの期間を考慮し、自分に合った学習計画を立ててください。
受講料	93,500円 （本体85,000円＋税　教材費・指導費等を含む総額）※受講料は2024年4月1日現在のものです。	受講生有効期間	2026年10月31日まで

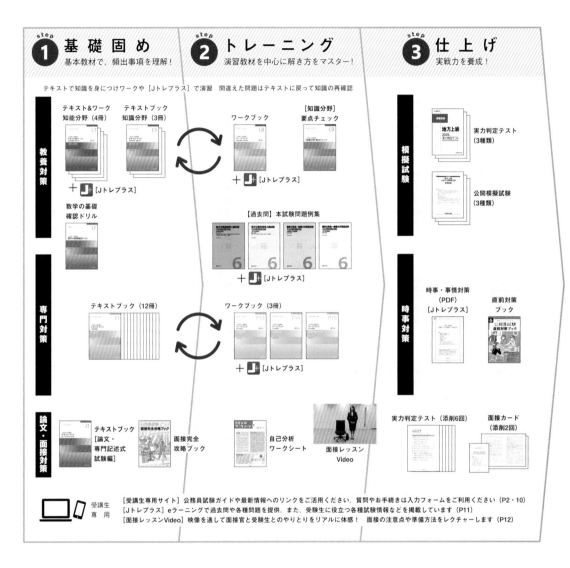

step 1 基礎固め
基本教材で、頻出事項を理解！

step 2 トレーニング
演習教材を中心に解き方をマスター！

step 3 仕上げ
実戦力を養成！

テキストで知識を身につけワークや［Jトレプラス］で演習　間違えた問題はテキストに戻って知識の再確認

教養対策

テキスト＆ワーク　知能分野（4冊）
テキストブック　知識分野（3冊）
＋ ［Jトレプラス］

数学の基礎確認ドリル

ワークブック
［知識分野］要点チェック
＋ ［Jトレプラス］

【過去問】本試験問題例集
6 6 6 6
＋ ［Jトレプラス］

模擬試験

実力判定テスト（3種類）

公開模擬試験（3種類）

専門対策

テキストブック（12冊）

ワークブック（3冊）
＋ ［Jトレプラス］

時事対策

時事・事情対策（PDF）［Jトレプラス］

直前対策ブック

論文・面接対策

テキストブック［論文・専門記述式試験編］

面接完全攻略ブック

自己分析ワークシート

面接レッスンVideo

実力判定テスト（添削6回）

面接カード（添削2回）

受講生専用
［受講生専用サイト］公務員試験ガイドや最新情報へのリンクをご活用ください。質問やお手続きは入力フォームをご利用ください（P2・10）
［Jトレプラス］eラーニングで過去問や各種問題を提供。また、受験生に役立つ各種試験情報などを掲載しています（P11）
［面接レッスンVideo］映像を通して面接官と受験生とのやりとりをリアルに体感！　面接の注意点や準備方法をレクチャーします（P12）

公務員合格！

---

success voice!!

通信講座を使い時間を有効的に活用すれば念願の合格も夢ではありません

奥村 雄司 さん
龍谷大学卒業

京都市 上級Ⅰ 一般事務職 合格

　私は医療関係の仕事をしており平日にまとまった時間を確保することが難しかったため、いつでも自分のペースで勉強を進められる通信講座を勉強法としました。その中でも「Jトレプラス」など場所を選ばず勉強ができる点に惹かれ、実務教育出版の通信講座を選びました。

　勉強は試験前年の12月から始め、判断推理・数的推理・憲法などの出題数の多い科目から取り組みました。特に数的推理は私自身が文系であり数字に苦手意識があるため、問題演習に苦戦しましたが、「Jトレプラス」を活用し外出先でも問題と正解を見比べ、問題を見たあとに正解を結びつけられるイメージを繰り返し、解ける問題を増やしていきました。

　ある程度基礎知識が身についたあとは、過去問集や本試験問題例集を活用し、実際に試験で解答する問題を常にイメージしながら問題演習を繰り返しました。回答でミスした問題も放置せず基本問題であればあるほど復習を忘れずに日々解けない問題を減らしていくことを積み重ねていきました。

　私のように一度就職活動中の公務員試験に失敗したとしても、通信講座を使い時間を有効的に活用すれば念願の合格も夢ではありません。試験直前も最後まであきらめず、落ちてしまったことがある方も、その経験を糧にぜひ頑張ってください。社会人から公務員へチャレンジされる全ての方を応援しています。

C 大卒程度 公務員総合コース

[教養のみ]

「教養」が得意になる、得点源にするための攻略コース！

受講対象	大卒程度 教養試験（基礎能力試験）対策 [一般行政系（事務系）、技術系、資格免許職を問わず、都道府県、特別区（東京23区）、政令指定都市、市役所、国家一般職大卒など]	申込受付期間	2024年3月15日～2025年3月31日	
		学習期間のめやす	**6か月**	学習期間のめやすです。個人のスケジュールに合わせて、長くも短くも調整することが可能です。試験本番までの期間を考慮し、ご自分に合った学習計画を立ててください。
受講料	**68,200円** （本体 62,000円＋税　教材費・指導費等を含む総額） ※受講料は、2024年4月1日現在のものです。	受講生有効期間	2026年10月31日まで	

※表紙デザインは変更する場合があります

教材一覧

- ●受講ガイド（PDF）
- ●学習プラン作成シート
- ●テキスト＆ワーク［教養試験編］知能分野（4冊）
  判断推理、数的推理、資料解釈、文章理解
- ●テキストブック［教養試験編］知識分野（3冊）
  社会科学［政治、法律、経済、社会］
  人文科学［日本史、世界史、地理、文学・芸術、思想］
  自然科学［数学、物理、化学、生物、地学］
- ●ワークブック［教養試験編］知識分野
- ●数学の基礎確認ドリル
- ●［知識分野］要点チェック
- ●テキストブック［論文・専門記述式試験編］
- ●6年度　面接完全攻略ブック
- ●実力判定テスト ★（試験別 各1回）
  地方上級［教養試験、論文試験（添削2回）］
  国家一般職大卒［基礎能力試験、論文試験（添削2回）］
  市役所上級［教養試験、論・作文試験（添削2回）］
  ＊教養は自己採点　＊論文・作文は計6回添削
- ●［添削課題］面接カード（2回）
- ●自己分析ワークシート
- ●［時事・事情対策］学習ポイント＆重要テーマのまとめ（PDF）
- ●公開模擬試験 ★（試験別 各1回）＊マークシート提出
  地方上級［教養試験］
  国家一般職大卒［基礎能力試験］
  市役所上級［教養試験］
- ●本試験問題例集（試験別過去問1年分 全2冊）
  令和6年度 地方上級［教養試験編］★
  令和6年度 国家一般職大卒［基礎能力試験編］★
  ※平成27年度～令和6年度分は、［Jトレプラス］に収録
- ●7年度　直前対策ブック★
- ●eラーニング［Jトレプラス］
  ★印の教材は、発行時期に合わせて送付します（詳細は受講後にお知らせします）

---

success voice!!

「Jトレプラス」では「面接レッスンVideo」と、直前期に「動画で学ぶ時事対策」を利用しました

伊藤 拓生さん
信州大学卒業

長野県 技術系 合格

　私が試験勉強を始めたのは大学院の修士1年の5月からでした。研究で忙しい中でも自分のペースで勉強ができることと、受講料が安価のため通信講座を選びました。

　まずは判断推理と数的推理から始め、テキスト&ワークで解法を確認しました。知識分野は得点になりそうな分野を選んでワークを繰り返し解き、頻出項目を覚えるようにしました。秋頃から市販の過去問を解き始め、実際の問題に慣れるようにしました。また直前期には「動画で学ぶ時事対策」を追加して利用しました。食事の時間などに、繰り返し視聴していました。

　2次試験対策は、「Jトレプラス」の「面接レッスンVideo」と、大学のキャリアセンターの模擬面接を利用

し受け答えを改良していきました。

　また、受講生専用サイトから質問ができることも大変助けになりました。私の周りには公務員試験を受けている人がほとんどいなかったため、試験の形式など気になったことを聞くことができてとてもよかったです。

　公務員試験は対策に時間がかかるため、継続的に進めることが大切です。何にどれくらいの時間をかけるのか計画を立てながら、必要なことをコツコツと行っていくのが必要だと感じました。そして1次試験だけでなく、2次試験対策も早い段階から少しずつ始めていくのがよいと思います。またずっと勉強をしていると気が滅入ってくるので、定期的に気分転換することがおすすめです。

大卒程度 公務員択一攻略セット

[教養＋専門行政系]

教養＋専門が効率よく攻略できる

受講対象	大卒程度 一般行政系・事務系の教養試験（基礎能力試験）および専門試験対策 ［都道府県、特別区（東京23区）、政令指定都市、市役所、国家一般職大卒など］
受講料	**62,700円** （本体 57,000円＋税　教材費・指導費等を含む総額） ※受講料は2024年4月1日現在のものです。
申込受付期間	**2024年3月15日〜2025年3月31日**
学習期間のめやす	**6か月** 学習期間のめやすです。個人のスケジュールに合わせて、長くも短くも調整することが可能です。試験本番までの期間を考慮し、ご自分に合った学習計画を立ててください。
受講生有効期間	2026年10月31日まで

教材一覧

- ●受講ガイド（PDF）
- ●テキスト＆ワーク［教養試験編］知能分野（4冊）
  判断推理、数的推理、資料解釈、文章理解
- ●テキストブック［教養試験編］知識分野（3冊）
  社会科学［政治、法律、経済、社会］
  人文科学［日本史、世界史、地理、文学・芸術、思想］
  自然科学［数学、物理、化学、生物、地学］
- ●ワークブック［教養試験編］知識分野
- ●数学の基礎確認ドリル
- ●[知識分野] 要点チェック
- ●テキストブック［専門試験編］（12冊）
  政治学、行政学、社会学、国際関係、法学・憲法、行政法、民法、刑法、労働法、経済原論（経済学）・国際経済学、財政学、経済政策・経済学史・経営学
- ●ワークブック［専門試験編］（3冊）
  行政分野、法律分野、経済・商学分野
- ●[時事・事情対策]学習ポイント&重要テーマのまとめ(PDF)
- ●過去問 ※平成27年度〜令和6年度 [Jトレプラス]に収録
- ●eラーニング［Jトレプラス］

教材は K コースと同じもので、面接・論文対策、模試がついていません。

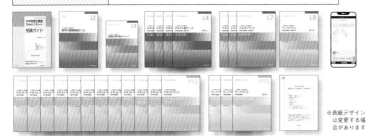

※表紙デザインは変更する場合があります

大卒程度 公務員択一攻略セット

[教養のみ]

教養のみ効率よく攻略できる

受講対象	大卒程度 教養試験（基礎能力試験）対策 ［一般行政系（事務系）、技術系、資格免許職を問わず、都道府県、政令指定都市、特別区（東京23区）、市役所など］
受講料	**46,200円** （本体 42,000円＋税　教材費・指導費等を含む総額） ※受講料は2024年4月1日現在のものです。
申込受付期間	**2024年3月15日〜2025年3月31日**
学習期間のめやす	**6か月** 学習期間のめやすです。個人のスケジュールに合わせて、長くも短くも調整することが可能です。試験本番までの期間を考慮し、ご自分に合った学習計画を立ててください。
受講生有効期間	2026年10月31日まで

教材一覧

- ●受講ガイド（PDF）
- ●テキスト＆ワーク［教養試験編］知能分野（4冊）
  判断推理、数的推理、資料解釈、文章理解
- ●テキストブック［教養試験編］知識分野（3冊）
  社会科学［政治、法律、経済、社会］
  人文科学［日本史、世界史、地理、文学・芸術、思想］
  自然科学［数学、物理、化学、生物、地学］
- ●ワークブック［教養試験編］知識分野
- ●数学の基礎確認ドリル
- ●[知識分野] 要点チェック
- ●[時事・事情対策]学習ポイント&重要テーマのまとめ(PDF)
- ●過去問 ※平成27年度〜令和6年度 [Jトレプラス]に収録
- ●eラーニング［Jトレプラス］

教材は C コースと同じもので、面接・論文対策、模試がついていません。

※表紙デザインは変更する場合があります

M 経験者採用試験コース

職務経験を活かして公務員転職を狙う教養・論文・面接対策コース！

POINT

広範囲の教養試験を頻出事項に絞って効率的な対策が可能！

8回の添削で論文力をレベルアップ
面接は、本番を想定した準備が可能！
面接レッスンVideoも活用しよう！

受講対象	民間企業等職務経験者・社会人採用試験対策
受講料	**79,200円** 〔本体 72,000円＋税　教材費・指導費等を含む総額〕 ※受講料は、2024年4月1日現在のものです。
申込受付期間	**2024年3月15日～2025年3月31日**
学習期間のめやす	**6か月** 学習期間のめやすです。個人のスケジュールに合わせて、長くも短くも調整することが可能です。試験本番までの期間を考慮し、ご自分に合った学習計画を立ててください。
受講生有効期間	2026年10月31日まで

※表紙デザインは変更する場合があります

教材一覧

- ●受講ガイド（PDF）
- ●学習プラン作成シート
- ●論文試験・集団討論試験等 実際出題例
- ●テキスト＆ワーク［論文試験編］
- ●テキスト＆ワーク［教養試験編］知能分野（4冊）
  判断推理、数的推理、資料解釈、文章理解
- ●テキストブック［教養試験編］知識分野（3冊）
  社会科学［政治、法律、経済、社会］
  人文科学［日本史、世界史、地理、文学・芸術、思想］
  自然科学［数学、物理、化学、生物、地学］
- ●ワークブック［教養試験編］知識分野
- ●数学の基礎確認ドリル
- ●［知識分野］要点チェック
- ●面接試験対策ブック
- ●提出課題1（全4回）
  ［添削課題］論文スキルアップ No.1（職務経験論文）
  ［添削課題］論文スキルアップ No.2, No.3, No.4（一般課題論文）
- ●提出課題2（以下は初回答案提出後発送 全4回）
  再トライ用［添削課題］論文スキルアップ No.1（職務経験論文）
  再トライ用［添削課題］論文スキルアップ No.2, No.3, No.4（一般課題論文）
- ●実力判定テスト［教養試験］★（1回）※自己採点
- ●［添削課題］面接カード（2回）
- ●［時事・事情対策］学習ポイント＆重要テーマのまとめ（PDF）
- ●本試験問題例集（試験別過去問1年分 全1冊）
  令和6年度 地方上級［教養試験編］★
  ※平成27年度～令和6年度分は、［Jトレプラス］に収録
- ●7年度 直前対策ブック★
- ●eラーニング［Jトレプラス］

★印の教材は、発行時期に合わせて送付します（詳細は受講後にお知らせします）

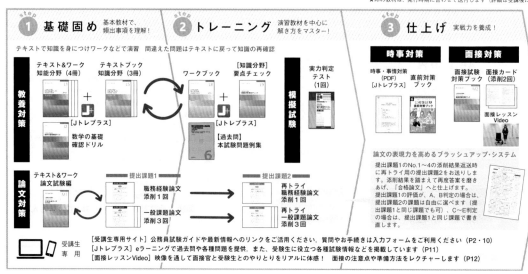

公務員合格！

step1 基礎固め 基本教材で、頻出事項を理解！

step2 トレーニング 演習教材を中心に解き方をマスター！

step3 仕上げ 実戦力を養成！

テキストで知識を身につけてワークなどで演習　間違えた問題はテキストに戻って知識の再確認

教養対策

テキスト＆ワーク知能分野（4冊）　テキストブック知識分野（3冊）　＋　［Jトレプラス］数学の基礎確認ドリル

ワークブック　＋　［知識分野］要点チェック　［Jトレプラス］［過去問］本試験問題例集

模擬試験 実力判定テスト（1回）

時事対策 時事・事情対策（PDF）［Jトレプラス］　直前対策ブック

面接対策 面接試験対策ブック　面接カード（添削2回）　面接レッスンVideo

論文の表現力を高めるブラッシュアップ・システム

提出課題1のNo.1～4の添削結果返送時に再トライ用の提出課題2をお送りします。添削結果を踏まえて再度答案を磨きあげ、「合格論文」へと仕上げます。
提出課題1の評価が、A、B判定の場合は、提出課題2の課題を自由に選べます（提出課題1と同じ課題でも可）。C～E判定の場合は、提出課題1と同じ課題で書き直します。

論文対策

テキスト＆ワーク論文試験編　提出課題1　職務経験論文添削1回　一般課題論文添削3回　提出課題2　再トライ職務経験論文添削1回　再トライ一般課題論文添削3回

受講生専用
［受講生専用サイト］公務員試験ガイドや最新情報へのリンクをご活用ください。質問やお手続きは入力フォームをご利用ください（P2・10）
［Jトレプラス］eラーニングで過去問や各種問題を提供。また、受験生に役立つ各種試験情報などを掲載しています（P11）
［面接レッスンVideo］映像を通して面接官と受験生とのやりとりをリアルに体感！　面接の注意点や準備方法をレクチャーします（P12）

N 経験者採用試験
［論文・面接試験対策］コース

経験者採用試験の論文・面接対策に絞って攻略！

POINT

8回の添削指導で
論文力をレベルアップ！

面接試験は、回答例を参考に
本番を想定した準備が可能！
面接レッスンVideoも活用しよう！

受講対象	民間企業等職務経験者・社会人採用試験対策
受講料	**39,600円**（本体36,000円＋税 教材費・指導費等を含む総額） ※受講料は、2024年4月1日現在のものです。
申込受付期間	**2024年3月15日～2025年3月31日**
学習期間のめやす	**4か月** 学習期間のめやすです。個人のスケジュールに合わせて、長くも短くも調整することが可能です。試験本番までの期間を考慮し、ご自分に合った学習計画を立ててください。
受講生有効期間	2026年10月31日まで

教材一覧
- ●受講のてびき
- ●論文試験・集団討論試験等 実際出題例
- ●テキスト＆ワーク［論文試験編］
- ●面接試験対策ブック
- ●提出課題1（全4回）
  - ［添削課題］論文スキルアップ No.1（職務経験論文）
  - ［添削課題］論文スキルアップ No.2,No.3,No.4（一般課題論文）
- ●提出課題2（以下は初回答案提出後発送 全4回）
  - 再トライ用［添削課題］論文スキルアップ No.1（職務経験論文）
  - 再トライ用［添削課題］論文スキルアップ No.2,No.3,No.4（一般課題論文）
- ●［添削課題］面接カード（2回）
- ●［時事・事情対策］学習ポイント＆重要テーマのまとめ（PDF）
- ●eラーニング［Jトレプラス］

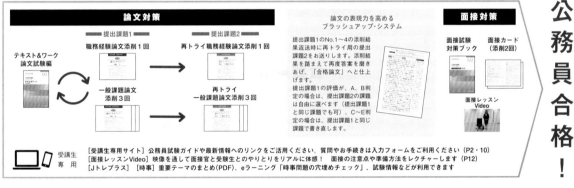

公務員合格！

受講生専用

- ［受講生専用サイト］公務員試験ガイドや最新情報へのリンクをご活用ください。質問やお手続きは入力フォームをご利用ください（P2・10）
- ［面接レッスンVideo］映像を通して面接官と受験生とのやりとりをリアルに体感！ 面接の注意点や準備方法をレクチャーします（P12）
- ［Jトレプラス］［時事］重要テーマのまとめ(PDF)、eラーニング「時事問題の穴埋めチェック」、試験情報などが利用できます

※『経験者採用試験コース』と『経験者採用試験［論文・面接試験対策］コース』の論文・面接対策教材は同じものです。
　両方のコースを申し込む必要はありません。どちらか一方をご受講ください。

success voice!!

通信講座のテキスト、添削のおかげで効率よく公務員試験に必要な情報を身につけることができました

小川 慎司 さん
南山大学卒業

**国家公務員中途採用者選考試験
（就職氷河期世代）合格**

　私が大学生の頃はいわゆる就職氷河期で、初めから公務員試験の合格は困難と思い、公務員試験に挑戦しませんでした。そのことが大学卒業後20年気にかかっていましたが、現在の年齢でも公務員試験を受験できる機会を知り、挑戦しようと思いました。

　通信講座を勉強方法として選んだ理由は、論文試験が苦手だったため、どこが悪いのかとどのように書けばよいのかを、客観的にみてもらいたいと思ったからです。

　添削は、案の定厳しい指摘をいただき、論文の基本的なことがわかっていないことを痛感しましたが、返却答案のコメントやテキストをみていくうちに、順を追って筋道立てて述べること、明確に根拠を示すことなど論文を書くポイントがわかってきました。すると

筆記試験に合格するようになりました。

　面接は、面接試験対策ブックが役に立ちました。よくある質問の趣旨、意図が書いてあり、面接官の問いたいことはなにかという視点で考えて、対応することができるようになりました。

　正職員として仕事をしながらの受験だったので、勉強時間をあまりとることができませんでしたが、通信講座のテキスト、添削のおかげで効率よく公務員試験に必要な情報を身につけることができました。

　ちょうどクリスマスイブに合格通知書が届きました。そのときとても幸せな気持ちになりました。40歳代後半での受験で合格は無理ではないかと何度もくじけそうになりましたが、あきらめず挑戦してよかったです。

2024年度試験対応
市役所教養トレーニングセット
[大卒程度]

大卒程度の市役所試験を徹底攻略！

受講対象	大卒程度 市役所 教養試験対策 一般行政系（事務系）、技術系、資格免許職を問わず、大卒程度 市役所	
受講料	**29,700円**	（本体 27,000 円＋税　教材費・指導費等を含む総額） ※受講料は 2024 年 4 月 1 日現在のものです。
申込受付期間	**2023 年 8 月 1 日～ 2024 年 7 月 31 日**	
学習期間のめやす	**3 か月**	学習期間のめやすです。個人のスケジュールに合わせて、長くも短 くも調整することが可能です。試験本番までの期間を考慮し、ご自 分に合った学習計画を立ててください。
受講生有効期間	2025 年 10 月 31 日まで	

教材一覧

- ●受講ガイド（PDF）
- ●学習のモデルプラン
- ●テキスト＆ワーク［教養試験編］知能分野（4 冊）
  判断推理、数的推理、資料解釈、文章理解
- ●テキストブック［教養試験編］知識分野（3 冊）
  社会科学［政治、法律、経済、社会］
  人文科学［日本史、世界史、地理、文学・芸術、思想］
  自然科学［数学、物理、化学、生物、地学］
- ●ワークブック［教養試験編］知識分野
- ●数学の基礎確認ドリル
- ●[知識分野] 要点チェック
- ●面接試験対策ブック
- ●実力判定テスト★　※教養は自己採点
  市役所上級［教養試験、論・作文試験（添削 2 回）］
- ●過去問（5 年分）
  ［J トレプラス］に収録　※令和元年度～ 5 年度
- ●eラーニング［J トレプラス］
★印の教材は、発行時期に合わせて送付（詳細は受講後にお知らせします）。

※表紙デザインは変更する場合があります

質問回答

学習上の疑問は、指導スタッフが解決！

マイペースで学習が進められる自宅学習ですが、疑問の解決に不安
を感じる方も多いはず。でも「公務員合格講座」なら、学習途上で
生じた疑問に、指導スタッフがわかりやすく丁寧に回答します。
手軽で便利な質問回答システムが、通信学習を強力にバックアップ
します！

質問の種類	**学科質問** 通信講座教材の内容について わからないこと	**一般質問** 志望先や学習計画に 関することなど
回数制限	**10 回まで無料** 11 回目以降は有料となります。 詳細は下記参照	**回数制限なし** 何度でも質問できます。
質問方法	受講生専用サイト、郵便、FAX で受け付けます。	受講生専用サイト、電話、郵便、 FAX で受け付けます。

受講生特典

受講後、実務教育出版の書籍を当社に
直接ご注文いただくとすべて 10%割引になります！！

公務員合格講座受講生の方は、当社へ直接ご注文いただく場合に限り、
実務教育出版発行の本すべてを 10% OFF でご購入いただけます。
書籍の注文方法は、受講生専用サイトでお知らせします。

いつでもどこでも学べる学習環境を提供！

e ラーニング

Jトレ+

[J ト レ プ ラ ス]

K C L D M R

Jトレプラス
の活用法が
ご覧いただけ
ます

時間や場所を選ばず学べます！

スマホで「いつでも・どこでも」学習できるツールを提供しています。本番形式の「五肢択一式」のほか、手軽な短答式で重要ポイントの確認・習得が効率的にできる「穴埋めチェック」や短時間でトライできる「ミニテスト」など、さまざまなシチュエーションで活用できるコンテンツをご用意しています。外出先などでも気軽に問題に触れることができ、習熟度がUPします。

ホーム	五肢択一式	穴埋めチェック	ミニテスト

スキマ時間で、問題を解く！　テキストで確認！

＼ 利用者の声 ／

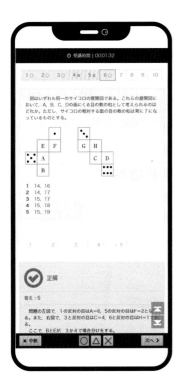

[Jトレプラス]をスマートフォンで利用し、ゲーム感覚で問題を解くことができたので、飽きることなく進められて良かったと思います。

ちょっとした合間に手軽に取り組める[J トレプラス]でより多くの問題に触れるようにしていました。

通学時間に利用した [J トレプラス]は時間が取りにくい理系学生にも強い味方となりました。

テキスト自体が初心者でもわかりやすい内容になっていたのでモチベーションを落とさず勉強が続けられました。

テキスト全冊をひととおり読み終えるのに苦労しましたが、一度読んでしまえば、再読するのにも時間はかからず、読み返すほどに理解が深まり、やりがいを感じました。勉強は苦痛ではなかったです。

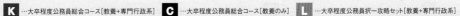

対応コースを記号で明記しています。　**K** …大卒程度公務員総合コース[教養＋専門行政系]　**C** …大卒程度公務員総合コース[教養のみ]　**L** …大卒程度公務員択一攻略セット[教養＋専門行政系]　**K** …大卒程度公務員択一攻略セット [教養のみ]　**M** …経験者採用試験コース　**N** …経験者採用試験 [論文・面接試験対策] コース　**R** …市役所教養トレーニングセット

11

面接のポイントが動画や添削でわかる！

面接レッスンVideo

面接試験をリアルに体感！

実際の面接試験がどのように行われるのか、自分のアピール点や志望動機をどう伝えたらよいのか？
面接レッスンVideoでは、映像を通して面接試験の緊張感や面接官とのやりとりを実感することができます。面接試験で大きなポイントとなる「第一印象」対策も、ベテラン指導者が実地で指南。対策が立てにくい集団討論やグループワークなども含め、準備方法や注意点をレクチャーしていきます。
また、動画内の面接官からの質問に対し声に出して回答し、その内容をさらにブラッシュアップする「実践編」では、「質問の意図」「回答の適切な長さ」などを理解し、本番をイメージしながらじっくり練習することができます。
[Jトレプラス]内で動画を配信していますので、何度も見て、自分なりの面接対策を進めましょう。

K C M N R

面接レッスンVideoの紹介動画公開中！

面接レッスンVideoの紹介動画を公開しています。
実務教育出版webサイト各コースページからもご覧いただけます。

紹介動画をご覧いただけます

（1）個人面接編
（2）集団討論編
（3）実践編

の3つを見ることができます！

実務教育出版

指導者 Profile

坪田まり子先生

有限会社コーディアル代表取締役、東京学芸大学特命教授、プロフェッショナル・キャリア・カウンセラー®。
自己分析、面接対策などの著書を多数執筆し、就職シーズンの講演実績多数。

森下一成先生

東京未来大学モチベーション行動科学部コミュニティ・デザイン研究室 教授。
特別区をはじめとする自治体と協働し、まちづくりの実践に学生を参画させながら、公務員や教員など、公共を担うキャリア開発に携わっている。

面接試験対策テキスト / 面接カード添削

K C M N

テキストと添削で自己アピール力を磨く！

面接試験対策テキストでは、面接試験の形式や評価のポイントを解説しています。テキストの「質問例＆回答のポイント」では、代表的な質問に対する回答のポイントをおさえ、事前に自分の言葉で的確な回答をまとめることができます。面接の基本を学習した後は「面接カード」による添削指導で、問題点を確認し、具体的な対策につなげます。2回分の提出用紙を、「1回目の添削結果を踏まえて2回目を提出」もしくは「2回目は1回目と異なる受験先用として提出」などニーズに応じて利用できます。

▲面接試験対策テキスト

▲面接カード・添削指導

対応コースを記号で明記しています。

K …大卒程度公務員総合コース[教養＋専門行政系]　**C** …大卒程度公務員総合コース[教養のみ]　**L** …大卒程度公務員択一攻略セット[教養＋専門行政系]
D …大卒程度公務員択一攻略セット[教養のみ]　**M** …経験者採用試験コース　**N** …経験者採用試験[論文・面接試験対策]コース　**R** …市役所教養トレーニングセット

お申し込み方法・受講料一覧

インターネット

実務教育出版ウェブサイトの「公務員合格講座 受講申込」ページへ進んでください。

● 受講申込についての説明をよくお読みになり【申込フォーム】に必要事項を入力の上［送信］してください。
●【申込フォーム】送信後、当社から［確認メール］を自動送信しますので、必ずメールアドレスを入力してください。

■お支払方法

コンビニ・郵便局で支払う
教材と同送の「払込取扱票」でお支払いください。
お支払い回数は「1回払い」のみです。

クレジットカードで支払う
インターネット上で決済できます。ご利用いただけるクレジットカードは、VISA、Master、JCB、AMEXです。お支払い回数は「1回払い」のみです。

※クレジット決済の詳細は、各カード会社にお問い合わせください。

■複数コース受講特典

コンビニ・郵便局で支払いの場合
以前、公務員合格講座の受講生だった方（現在受講中含む）、または今回複数コースを同時に申し込まれる場合は、受講料から3,000円を差し引いた金額を印字した「払込取扱票」をお送りします。
以前、受講生だった方は、以前の受講生番号を【申込フォーム】の該当欄に入力してください（ご本人様限定）。

クレジットカードで支払いの場合
以前、公務員合格講座の受講生だった方（現在受講中含む）、または今回複数コースを同時に申し込まれる場合は、後日当社より直接ご本人様宛にQUOカード3,000円分を進呈いたします。
以前、受講生だった方は、以前の受講生番号を【申込フォーム】の該当欄に入力してください（ご本人様限定）。

詳しくは、実務教育出版ウェブサイトをご覧ください。
「公務員合格講座 受講申込」

https://www.jitsumu.co.jp/contact/

教材のお届け

あなたからのお申し込みデータにもとづき受講生登録が完了したら、教材の発送手配をいたします。

※教材一式、受講生証などを発送します。　※通常は当社受付日の翌日に発送します。
※お申し込み内容に虚偽があった際は、教材の送付を中止させていただく場合があります。

受講料一覧［インターネットの場合］

コース記号	コース名	受講料	申込受付期間
K	大卒程度 公務員総合コース［教養＋専門行政系］	93,500円（本体85,000円＋税）	2024年3月15日〜2025年3月31日
C	大卒程度 公務員総合コース［教養のみ］	68,200円（本体62,000円＋税）	
L	大卒程度 公務員択一攻略セット［教養＋専門行政系］	62,700円（本体57,000円＋税）	
D	大卒程度 公務員択一攻略セット［教養のみ］	46,200円（本体42,000円＋税）	
M	経験者採用試験コース	79,200円（本体72,000円＋税）	
N	経験者採用試験［論文・面接試験対策］コース	39,600円（本体36,000円＋税）	
R	市役所教養トレーニングセット［大卒程度］	29,700円（本体27,000円＋税）	2023年8月1日〜2024年7月31日

※受講料には、教材費・指導費などが含まれております。　※お支払い方法は、一括払いのみです。　※受講料は、2024年4月1日現在の税込価格です。

【返品・解約について】

◇教材到着後、未使用の場合のみ2週間以内であれば、返品・解約ができます。
◇返品・解約される場合は、必ず事前に当社へ電話でご連絡ください（電話以外は不可）。
TEL：03-3355-1822（土日祝日を除く9：00～17：00）
◇返品・解約の際、お受け取りになった教材一式は、必ず実務教育出版あてにご返送ください。教材の返送料は、お客様のご負担となります。
◇2週間を過ぎてからの返品・解約はできません。また、2週間以内でも、お客様による折り目や書き込み、破損、汚れ、紛失等がある場合は、返品・解約ができませんのでご了承ください。
◇全国の取扱い店（大学生協・書店）にてお申し込みになった場合の返品・解約のご相談は、直接、生協窓口・書店へお願いいたします。

公務員受験生を応援するwebサイト

※サイトのデザインは変更する場合があります

実務教育出版は、68年の伝統を誇る公務員受験指導のパイオニアとして、常に新しい合格メソッドと学習スタイルを提供しています。最新の公務員試験情報や詳しい公務員試験ガイド、国の機関から地方自治体までを網羅した官公庁リンク集、さらに、受験生のバイブル・実務教育出版の公務員受験ブックスや通信講座など役立つ学習ツールを紹介したオリジナルコンテンツも見逃せません。お気軽にご利用ください。

公務員試験ガイド

【公務員試験ガイド】は、試験別に解説しています。試験区分・受験資格・試験日程・試験内容・各種データ、対応コースや関連書籍など、盛りだくさん！

あなたに合ったお仕事は？
公務員クイック検索！

【公務員クイック検索！】は、選択条件を設定するとあなたに合った公務員試験を検索することができます。

公務員合格講座に関するお問い合わせ　　　　　　　実務教育出版 公務員指導部

「どのコースを選べばよいか」、「公務員合格講座のシステムのここがわからない」など、公務員合格講座についてご不明な点は、電話かwebのお問い合わせフォームよりお気軽にご質問ください。公務員指導部スタッフがわかりやすくご説明いたします。

 ☎ **03-3355-1822** （土日祝日を除く 9：00〜17：00）
電話

 🖥 **https://www.jitsumu.co.jp/contact/inquiry/**
web　　　　　　　　　　　　　　　　　　　　　（お問い合わせフォーム）

実務教育出版
www.jitsumu.co.jp
〒163-8671　東京都新宿区新宿1-1-12 / TEL：03-3355-1822（土日祝日を除く 9：00〜17：00）

警察官・消防官 [大卒程度]
一次試験対策セット！

大卒程度の警察官・消防官の一次試験合格に必要な書籍、教材、模試をセット販売します。問題集を
フル活用することで合格力を身につけることができます。模試は自己採点でいつでも実施することがで
き、論文試験は対策に欠かせない添削指導を受けることができます。

警察官 スーパー過去問セット [大卒程度]

教材一覧

●大卒程度 警察官・消防官 スーパー過去問ゼミ[改訂第3版]
社会科学、人文科学、自然科学、判断推理、
数的推理、文章理解・資料解釈
●数学の基礎確認ドリル
●[知識分野] 要点チェック
●2025年度版 大卒警察官 教養試験 過去問350
●警察官・消防官[大卒程度] 公開模擬試験
＊問題、正答と解説（自己採点）、論文（添削付き）

セット価格	18,150円(税込)
申込受付期間	2023年10月25日～

消防官 スーパー過去問セット [大卒程度]

教材一覧

●大卒程度 警察官・消防官 スーパー過去問ゼミ[改訂第3版]
社会科学、人文科学、自然科学、判断推理、
数的推理、文章理解・資料解釈
●数学の基礎確認ドリル
●[知識分野] 要点チェック
●2025年度版 大卒・高卒消防官 教養試験 過去問350
●警察官・消防官[大卒程度] 公開模擬試験
＊問題、正答と解説（自己採点）、論文（添削付き）

セット価格	18,150円(税込)
申込受付期間	2024年1月12日～

動画で学ぶ
【公務員合格】シリーズ

公務員試験対策のプロから学べる動画講義
お得な価格で受験生を応援します！

「独学」合格のための
受験生を応援！

Check Point

動画で学ぶ【公務員合格】シリーズは
厳選されたポイントを
何度も見直すことができ
「独学」合格のための
確かなスタートダッシュが可能です

教養 ＋ 専門パック
SPI(非言語)+教養+時事+専門

これだけ揃って格安価格！

9,680円（税込）

◆動画時間：各90分

◆講義数：

SPI（非言語） 2コマ	憲法 10コマ
数的推理 4コマ	民法 15コマ
判断推理 4コマ	行政法 12コマ
時事対策 3コマ [2024年度]	ミクロ経済学 6コマ
	マクロ経済学 6コマ

◆視聴可能期間：1年間

教養パック
SPI(非言語)+教養+時事

頻出テーマ攻略で得点確保！

5,940円（税込）

◆動画時間：各90分

◆講義数：

SPI（非言語） 2コマ

数的推理 4コマ

判断推理 4コマ

時事対策 3コマ
[2024年度]

◆視聴可能期間：1年間

動画で学ぶ【公務員合格】時事対策 2024

2024年度試験 時事対策を徹底解説！

4,950円（税込）

◆動画時間：各90分

◆講義数：時事対策 [2024年度] 3コマ

◆視聴可能期間：1年間

産経公務員模擬テスト

バックナンバー自宅受験　ご案内

2024年度　第1・3回　地方上級／市役所上級／大卒警察官・消防官
第2・4回　国家一般職大卒
第 5 回　地方上級／市役所上級／大卒消防官

受験機会を逃した方に。実力試し（自宅受験）の再チャンス!

このたび、当模擬テストの本年度すでに実施済みの第1回〜第5回が、バックナンバーとして自宅受験できるようになりました。マークシートを返送すればもちろん、これまでの受験者全員の成績にあなたの成績を加えて判定した成績表をお送りします。ですから、あくまでも通常の模試を受けたと同じ条件で、ご自分の実力が分かります。前回受験できなかった方、これから公務員採用試験を目指す方も、ぜひこの機会をご活用ください。

第1回 バックナンバー	第2回 バックナンバー	第3回 バックナンバー	第4回 バックナンバー	第5回 バックナンバー
地方上級／市役所上級 大卒警察官・消防官	国家一般職大卒	地方上級／市役所上級 大卒警察官・消防官	国家一般職大卒	地方上級／市役所上級 大卒消防官
本試験重要テーマ攻略	本試験重要テーマ攻略	本試験予想	本試験予想	本試験直前予想
申込締切日 5月7日(火)	申込締切日 5月7日(火)	申込締切日 5月7日(火)	申込締切日 5月7日(火)	申込締切日 5月7日(火)

回	試 験 の 種 類	自 宅 受 験				受 験 科	
		申込締切日	問題発送日	返送締切日	結果発送日	教養＋専門	教養のみ
1	地上／市役所／警察・消防 (本試験重要テーマ攻略)	5月7日(火)	ネット受付入金確認後 3日以内 (土日祝日を除く)	5月31日(金) 【必着】	答案到着後 約2週間	6,900円	4,600円
2	国 家 一 般 職 大 卒 (本試験重要テーマ攻略)	5月7日(火)				6,900円	4,600円
3	地上／市役所／警察・消防 (本試験予想)	5月7日(火)				6,900円	4,600円
4	国 家 一 般 職 大 卒 (本試験予想)	5月7日(火)				6,900円	4,600円
5	地上／市役所／消防 (本試験直前予想)	5月7日(火)				6,900円	4,600円

＊申込締切日は当日深夜0時ネット受付終了、受験料は消費税込。
＊実施回によって同じ職種の試験対策でも問題が異なります。

お問い合わせ先・事務局

産經公務員テスト機構　www.sankei-koumuin.jp
〒100-8079　東京都千代田区大手町1-7-2　産經新聞社　コンベンション事業部内
電話：03-3241-4977（土日祝日を除く 10:00〜17:30）E-mail：koumuin@sankei.co.jp

主催＝ 産經新聞社・実務教育出版

試験の特色

- 実際の公務員採用試験に準拠して実施します。特に地方上級試験は、各自治体の出題内容に対応した型別出題システムで実施します。
- 元試験専門委員などのスタッフが過去の問題を徹底分析、それに今後予想される出題傾向をプラスして精度の高い問題を作成します。
- 解答方法の練習に役立つようマークシートの答案用紙を使用し、コンピュータで迅速に採点します。
- 客観的かつ全国レベルでの実力が分かります。また、細かく分析された成績表により、弱点分野の克服に役立ちます。
- 豊富なデータに基づく信頼性の高い合格可能度を判定します。
- 「正答と解説」には全問にポイントを押さえた解説付き。解法のポイントやテクニックが盛り込まれており、弱点補強に役立ちます。
- 「論文試験」添削指導(別途有料)が受けられます。(※論文試験のみのお申込みは受け付けておりません。)

試験の内容　(※出題される問題は各実施回ごとに異なります。)

●第1・3・5回　地方上級(行政系)
地方上級(各都府県・政令指定都市・特別区)の行政系に照準を合わせた問題です。**東京都・横浜市・相模原市・静岡市・神戸市および技術職を志望される方は「教養試験」のみを受験してください。**なお、北海道(札幌市を除く)・大阪府・和歌山県・大阪市・堺市を志望される方、および、京都府・広島県・広島市の「法律」「経済」区分を志望される方は、本模擬テストの対象外となります。

●第1・3・5回　市役所上級・大卒消防官
主に6月試験実施の、一部の比較的大きな市を対象として実施します。該当する自治体は右下の一覧表をご参照ください。**それ以外の自治体を志望される方は、試験の内容・レベルが異なりますので、あくまでも力試しとして受験してください。**なお、市役所上級の合格可能度判定は、各市役所ごとではなく、「市役所上級」として一本化した判定となります。

●第1・3回　大卒警察官
警視庁・道府県警察の大卒程度警察官(男性・女性)を対象として実施します。必ず「教養試験」のみを受験してください。

●第2・4回　国家一般職大卒(行政)
国家一般職大卒の行政に照準を合わせた問題です。技術職を志望される方は「教養試験(基礎能力試験)」のみを受験してください。

◎試験時間
(第1・3・5回)	教養試験：150分	
	専門試験：120分	
(第2・4回)	教養試験：110分	
	専門試験：180分	

◎出題科目
実際の採用試験に準じた科目で実施します。詳しい出題科目に関しましては、弊社ホームページをご覧ください。

◎成績資料
教養・専門試験の得点、判定、換算点、平均点、序列、問題別解答状況、分野別解答状況、合格可能度、昨年度本試験の実施結果、合格ラインの総合点

> **ご注意**　「教養試験のみ」の受験者については、成績判定の総合に関するもの、および合格可能度は判定されません。ただし、地方上級の東京都・横浜市・相模原市・静岡市・神戸市、および市役所上級、大卒警察官・消防官の志望者は例外となります。
> なお、詳しい出題内容等につきましては、弊社ホームページをご覧ください。
> http://www.sankei-koumuin.jp/about/detail/

試験の種別について(必ずお読みください。)

地方上級(第1・3・5回)
「専門試験」は〈行政系〉対応です。
技術職志望者は「教養のみ」を受験してください。ただし、〈行政系〉志望であっても、東京都・横浜市・相模原市・静岡市・神戸市の志望者は「教養のみ」を受験してください。
また、北海道(札幌市を除く)・大阪府・和歌山県・大阪市・堺市を志望される方、および、京都府・広島県・広島市の「法律」「経済」区分を志望される方は、本模擬テストの対象外となります。

国家一般職大卒(第2・4回)
「専門試験」は〈行政〉対応です。
技術職志望者は「教養のみ」を受験してください。

大卒警察官(第1・3回)
必ず「教養のみ」を受験してください。

市役所上級・大卒消防官(第1・3・5回)
志望自治体によって「教養＋専門」「教養のみ」の別が決まりますので、必ず下記の一覧表を参照の上、お申込みください。なお、市役所上級の「専門試験」は〈事務系〉対応です。技術職および大卒消防官のうち下記一覧にない自治体の志望者は「教養のみ」を受験してください。また、札幌市・消防官、堺市・消防官を志望される方は、本模擬テストの対象外、浜松市・消防官を志望される方は、試験制度改正により、第1回と第3回のみ実施、第5回は本模擬テストの対象外となります。
(ご注意)市役所上級の問題構成・採点は下記自治体別ではなく、一本化して実施します。

	教養＋専門	教養のみ
市役所上級	青森市、弘前市、八戸市、山形市、福島市、郡山市、いわき市、白河市、須賀川市、喜多方市、伊達市、船橋市、松戸市、柏市、流山市、飯山市、千曲市、安曇野市、岐阜市、富山市、金沢市、姫路市、和歌山市、呉市、丸亀市、東かがわ市	盛岡市、会津若松市、伊勢崎市、三郷市、東村山市、海老名市、須坂市、五泉市、高山市、黒部市、七尾市、小松市、坂井市、鳥取市、出雲市、安来市、雲南市、廿日市市、高知市
大卒消防官	広島市	仙台市、さいたま市、千葉市、東京消防庁、横浜市、川崎市、相模原市、新潟市、静岡市、浜松市(第1・3回のみ)、名古屋市、京都市、大阪市、神戸市、岡山市、北九州市、福岡市、熊本市、その他の市

> ※上記以外の自治体の志望者は、試験の内容・レベルが異なりますので、あくまでも力試しとして受験してください。その場合、択一式の専門試験の有無等、各自治体発表の採用試験情報をご自分でお調べの上、お申込みください。

お申込み方法

受験についてのご注意

産經公務員模擬テスト
バックナンバー自宅受験　ご案内

2024年度　**第1・3回**　地方上級／市役所上級／大卒警察官・消防官
　　　　　　　　第2・4回　国家一般職大卒
　　　　　　　　第 5 回　地方上級／市役所上級／大卒消防官

さあ本番。ラストスパートだ！
まだ間に合う、2024年度公務員採用試験を狙う腕試し。

産經公務員模擬テストだから

産經公務員模擬テストは、公務員受験指導で長年の実績と信頼を持つ実務教育出版と我が国屈指のマスメディアグループであるフジサンケイグループの組織力が結び付いた、全国レベル・最大規模の公開模擬試験として数々の特長を持っています。

★バックナンバーは自宅で受験。都合の良い日時にできるので、自分の計画が立てやすい。

★全国主要7都市で実施した会場受験に加え、北は北海道から南は沖縄までを自宅受験でカバー、様々な大学・専門学校等でも学内団体受験を実施、まさに全国規模の模擬試験となっています。

★すでに実施済みの会場および自宅受験者はもとより学校単位で実施している団体受験者など、これまでの受験者全員の成績にあなたの採点をプラス、今までの受験者全体の中であなたの成績を判定するので「バックナンバーだから…」とか「受験者数が少ないのでは…」といった不安は無用です。

★産經公務員模擬テストの受験者は全国規模、数でも最大級。ということは、より正確で客観的な成績判断をお届けできます。豊富なデータから信頼性の高い合格可能性を判定し、細かく分析された成績表はあなたの弱点分野を指摘してくれます。

★地方上級模試は、各自治体の出題内容に即した型別出題システムを採用し、自分の志望する自治体に対応した問題を選んで解答します。また、国家一般職大卒模試は本試験の形式、科目選択解答制に対応しています。本番さながらの出題形式で、自分のチャレンジする本試験科目の問題に沿った受験対策ができます。

★産經公務員模擬テストは、過去に出題された問題を徹底分析。それに今後予想される出題傾向をプラスして、元試験専門委員などのベテランスタッフによって作成されています。

★各問題については、受験者全員にお渡しする「正答と解説」のなかで1問1問に詳しい解説をつけています。解法のポイントやテクニックが盛り込まれており、弱点補強に活用できます。また、最新の情報をまとめた「公務員試験情報」を受験者全員にさしあげます。（成績表に同封）

詳しい内容・お申込みは下記ホームページで!!

www.sankei-koumuin.jp

※右のQRコードをご利用いただくか、インターネットで《公務員テスト》を検索！

主催＝産経新聞社・実務教育出版

公務員受験 *BOOKS* のご案内

2024年2月現在

公務員受験BOOKSにはここに掲載している他にも、基礎固めから実戦演習まで役に立つ、さまざまな参考書や問題集をご用意しています。
あなたの学習計画に適した書籍をぜひ、ご活用ください。

一般知識分野を効率的に学習するための要点整理集！

上・中級公務員試験

新・光速マスター シリーズ

資格試験研究会編
定価：各1,320円

社会科学 [改訂第2版]
[政治 / 経済 / 社会]

人文科学 [改訂第2版]
[日本史 / 世界史 / 地理 / 思想 / 文学・芸術]

自然科学 [改訂第2版]
[物理 / 化学 / 生物 / 地学 / 数学]

基礎レベルの過去問演習書！ 学習スタート期に最適！

公務員試験

集中講義 シリーズ

定価：各1,650円

数的推理の過去問
資格試験研究会編／永野龍彦 執筆

判断推理の過去問
資格試験研究会編／結城順平 執筆

文章理解の過去問
資格試験研究会編／饗庭　悟 執筆

資料解釈の過去問
資格試験研究会編／結城順平 執筆

図形・空間把握の過去問
資格試験研究会編／永野龍彦 執筆

憲法の過去問
資格試験研究会編／鶴田秀樹 執筆

行政法の過去問
資格試験研究会編／吉田としひろ 執筆

民法Ⅰの過去問
資格試験研究会編／鶴田秀樹 執筆

民法Ⅱの過去問
資格試験研究会編／鶴田秀樹 執筆

政治学・行政学の過去問
資格試験研究会編／近　裕一 執筆

国際関係の過去問
資格試験研究会編／高瀬淳一 執筆

ミクロ経済学の過去問
資格試験研究会編／村尾英俊 執筆

マクロ経済学の過去問
資格試験研究会編／村尾英俊 執筆

公務員受験者必読の定番書籍です！

受験ジャーナル増刊号

受験ジャーナル編集部編

6年度試験対応　公務員試験
学習スタートブック
●定価：1,760円

6年度試験対応
公務員の仕事入門ブック
●定価：1,760円

6年度
国立大学法人等職員採用試験攻略ブック
●定価：2,200円

6年度　公務員試験
直前対策ブック
●定価：1,870円

6年度　公務員試験
面接完全攻略ブック
●定価：1,870円

6年度　公務員試験
直前予想問題
●定価：1,870円

公務員受験 BOOKS 取扱い書店一覧

公務員受験BOOKSは、掲載書店以外の書店・大学生協でも取扱っております。
書店で品切れの場合は、店頭での注文により、取り寄せることができます。

●北海道　紀伊國屋書店（札幌本店・厚別店）／MARUZEN＆ジュンク堂書店札幌店／三省堂書店札幌店／コーチャンフォー（美しが丘店・ミュンヘン大橋店・新川通り店・釧路店・旭川店・北見店）／喜久屋書店小樽店／宮脇書店帯広店／函館蔦屋書店／ジュンク堂書店旭川店／リラィアブルブックス運動公園通り店／くまざわ書店アリオ札幌店／江別 蔦屋書店

●青森県　ジュンク堂書店弘前中三店／宮脇書店青森本店／成田本店しんまち店

●秋田県　ジュンク堂書店秋田店／未来屋書店秋田店／宮脇書店秋田本店／スーパーブックス八橋店

●岩手県　さわや書店フェザン店／ジュンク堂書店盛岡店／エムズ エクスポ盛岡店／東山堂イオンモール盛岡南店／MORIOKA TSUTAYA

●山形県　八文字屋（本店・北店・鶴岡店）／こまつ書店（寿町本店・堀川町店）／戸田書店（三川店・山形店）／TENDO八文字屋

●宮城県　八文字屋（泉店・セルバ店）／紀伊國屋書店仙台店／丸善書店仙台アエル店／あゆみBOOKS仙台一番町店／ヤマト屋書店（仙台八幡店・仙台三越店・東仙台店）／未来屋書店名取店／蔦屋書店仙台泉店／くまざわ書店（エスパル仙台店・アリオ仙台泉店）

●福島県　岩瀬書店（福島駅西口店・富久山店）／鹿島ブックセンター／ヤマニ書房本店／みどり書房（イオンタウン店・桑野店・福島南店）／ジュンク堂書店郡山店／くまざわ書店（福島エスパル店・会津若松店）

●茨城県　ACADEMIAイーアスつくば店／コーチャンフォーつくば店／川又書店（県庁店・エクセル店）／WonderGOOつくば店／未来屋書店（水戸内原店・土浦店・つくば店）／蔦屋書店（ひたちなか店・龍ヶ崎店）／ブックエース茨大前店／くまざわ書店取手店／リブロトナリエキュートつくば店

●栃木県　喜久屋書店宇都宮店／落合書店（イトーヨーカドー店・宝木店・トナリエ店）／うさぎや（自治医大店・栃木城内店）／くまざわ書店（宇都宮インターパーク店・宇都宮店）／TSUTAYA小山ロブレ店／ビッグワンTSUTAYA（佐野店・さくら店）

●群馬県　戸田書店高崎店／ブックマンズアカデミー（高崎店・太田店）／喜久屋書店太田店／紀伊國屋書店前橋店／くまざわ書店高崎店／蔦屋書店前橋みなみモール店／未来屋書店高崎店

●埼玉県　須原屋（本店・コルソ店・武蔵浦和店・川口前川店）／三省堂書店大宮店／ジュンク堂書店大宮高島屋店／紀伊國屋書店（川越店・さいたま新都心店・浦和パルコ店）／東京旭屋書店（新越谷店・志木店・イオンモール浦和美園店）／ブックファーストルミネ川越店／くまざわ書店（アズセカンド店・宮原店）／蔦屋書店フォレオ菖蒲店／ACADEMIA菖蒲店／文教堂書店川口駅店／未来屋書店レイクタウン店／明文堂書店TSUTAYA戸田／TSUTAYAレイクタウン／丸善書店桶川店／蔦屋書店フォレオ菖蒲店／ら・ら・ぽーと富士見店・ラ ガーデン春日部店）／ツタヤブックストアグランエミオ所沢

●千葉県　三省堂書店（千葉そごう店・カルチャーステーション千葉店）／東京旭屋書店船橋店／丸善書店津田沼店／堀江良文堂書店松戸店／くまざわ書店（松戸店・津田沼店・ペリエ千葉本店・柏выс店／流山おおたかの森店・セブンパークアリオ柏店）／喜久屋書店（千葉ニュータウン店・松戸店）／未来屋書店イオン成田店／精文館書店（木更津店・市原五井店）／蔦屋書店（幕張新都心店・茂原店）／ジュンク堂書店（南船橋店・柏モディ店）／丸善ユニモちはら台店／ツタヤブックストアテラスモール松戸／有隣堂ニッケコルトンプラザ店

●神奈川県　有隣堂（横浜駅西口店・ルミネ横浜店・戸塚モディ店・本店・藤沢店・厚木店・たまプラーザテラス店・新百合ヶ丘エルミロード店・ミウィ橋本店・テラスモール湘南店・ら・ら・ぽーとと海老名店・ら・ら・ぽーとと湘南平塚店・キュービックプラザ新横浜店）／三省堂書店海老名店／文教堂書店（溝ノ口本店・横須賀MORE'S店）／八重洲B.C京急上大岡店／ブックファースト（青葉台店・ボーノ相模大野店）／紀伊國屋書店（横浜店・ら・ら・ぽーとと横浜店・武蔵小杉店）／丸善書店ラゾーナ川崎店／丸善日吉東急アベニュー店／ジュンク堂書店藤沢店／くまざわ書店（相模大野店・本厚木店・横須賀店）／ACADEMIAくまざわ書店橋本店／ACADEMIA港北店

●東京都　くまざわ書店（八王子店・錦糸町店・桜ケ丘店・武蔵小金井北口店・調布店・アリオ北砂店）／丸善書店（丸の内本店・日本橋店・お茶の水店・多摩センター店）／オリオン書房（ノルテ店・ノルテ店・イオンモールむさし村山店）／有隣堂（町田モディ店・アトレ目黒店・アトレ恵比寿店・グランデュオ蒲田店）／久美堂本店／三省堂書店（神保町本店・池袋本店・有楽町店・成城店・東京ソラマチ店・経堂店）／紀伊國屋書店（新宿本店・玉川高島屋店・国分寺店・小田急町田店・アリオ亀有店）／東京旭屋書店池袋店／書泉芳林堂書店高田馬場店／啓文堂書店（府中本店・多摩センター店・渋谷店）／文教堂書店（二子玉川店・赤羽店・市ヶ谷店）／ジュンク堂書店（池袋本店・吉祥寺店・大泉学園店・立川高島屋店）／ブックファースト（新宿店・アトレ大森店・レミイ五反田店・ルミネ北千住店・中野店）／コーチャンフォー若葉台店／喜久屋書店府中店

●新潟県　紀伊國屋書店新潟店／ジュンク堂書店新潟店／戸田書店長岡店／知遊堂（三条店・亀貝店・上越国府店）／蔦屋書店（新通店・新発田店）／未来屋書店新潟南店

●富山県　文苑堂（福田本店・富山豊田店・藤の木店）／BOOKSなかだ本店／喜久屋書店高岡店／明文堂書店富山新庄経堂店／紀伊國屋書店富山店／くまざわ書店富山マルート店

●石川県　うつのみや金沢香林坊店／金沢ビーンズ明文堂書店／明文堂書店TSUTAYA（野々市店・KOMATSU店）／未来屋書店杜の里店

●長野県　平安堂（新長野店・上田店・東和田店）／宮脇書店松本店／MARUZEN松本店

●福井県　紀伊國屋書店福井店／Super KaBoS（新二の宮店・大和田店・敦賀店）

●山梨県　朗月堂本店／ブックセンターよむよむフレスポ甲府東店／BOOKS KATOH都留店／くまざわ書店双葉店／未来屋書店甲府昭和店

●静岡県　谷島屋（新流通店・浜松本店・浜松松菱都店・ら・ら・ぽーとと磐田店・マークイズ静岡店）／未来屋書店浜松市野店／マルサン仲見世店／戸田書店（江尻台店・藤枝東店）／MARUZEN＆ジュンク堂書店新静岡店

●岐阜県　丸善書店岐阜店／カルコス（本店・穂積店）／未来屋書店各務原店／ACADEMIA大垣店／三省堂書店岐阜店／三洋堂書店アクロスプラザ恵那店

●三重県　宮脇書店四日市本店／本の王国文化センター前店／MARUZEN四日市店／コメリ書房鈴鹿店／TSUTAYAミタス伊勢店

●愛知県　三洋堂書店いりなか店／三省堂書店名古屋本店／星野書店近鉄パッセ店／精文館書店（本店・新豊田店）／ジュンク堂書店（名古屋店・名古屋栄店）／らくだ書店本店／MARUZEN名古屋本店／丸善書店（ヒルズウォーク徳重店・イオンタウン千種店）／未来屋書店（ナゴヤドーム店・大高店）／夢書店長久手店／TSUTAYA（春日井店・瀬戸店・ウィングタウン岡崎店・ら・ら・ぽーとと愛知東郷）／紀伊國屋書店（名古屋空港店・mozoワンダーシティ店）／カルコス小牧店

●滋賀県　ジュンク堂書店滋賀草津店／ブックハウスひらがきAスクエア店／大垣書店フォレオ大津一里山店／喜久屋書店草津店／サンミュージック（ハイパーブックス彦根店・ハイパーブックスかがやき通り店）

●京都府　丸善書店京都本店／大垣書店（烏丸三条店・イオンモールKYOTO・イオンモール京都桂川店・京都ヨドバシ店・イオンモール北大路店・京都本店・二条駅店）／未来屋書店高の原店

●奈良県　啓林堂書店奈良店／喜久屋書店（大和郡山店・橿原店）／三洋堂書店香芝店／ジュンク堂書店奈良店／WAY店TSUTAYA天理店

●和歌山県　TSUTAYA WAY（ガーデンパーク和歌山店・岩出店・田辺東山店）／くまざわ書店和歌山ミオ店／宮脇書店ロイネット和歌山店／未来屋書店和歌山店

●兵庫県　喜久屋書店（北神戸店・須磨パティオ店）／ジュンク堂書店（三宮店・三宮駅前店・西宮店・姫路店・神戸住吉店・明石店）／紀伊國屋書店（加古川店・川西店）／ブックファースト阪急西宮ガーデンズ店／大垣書店神戸ハーバーランドumie店／未来屋書店伊丹店／メトロ書店神戸御影店／旭屋書店ら・ら・ぽーとと甲子園店

●大阪府　旭屋書店なんばCity店／紀伊國屋書店（梅田本店・グランフロント大阪店・泉北店・堺北花田店・京橋店・天王寺店・アリオ鳳店）／ジュンク堂書店（大阪本店・難波店・天満橋店・近鉄あべのハルカス店・松坂屋高槻店）／喜久屋書店阿倍野店／田村書店千里中央店／大垣書店高槻店／MARUZEN＆ジュンク堂書店梅田店／未来屋書店（大日店・りんくう泉南店・茨木店）／TSUTAYAららぽーとEXPOCITY／梅田蔦屋書店／丸善（八尾アリオ店・セブンパーク天美店）／水嶋書店くずはモール店／枚方蔦屋書店

●鳥取県　本の学校 今井ブックセンター／今井書店（湖山店・吉成店・錦町店）／宮脇書店鳥取店

●島根県　ブックセンタージャスト浜田店／今井書店（グループセンター店・学園通り店・出雲店・AERA店）／宮脇書店イオンモール出雲店

●岡山県　丸善（岡山シンフォニービル店・さんすて岡山店）／紀伊國屋書店（クレド岡山店・エブリィ津高店）／宮脇書店岡山本店／喜久屋書店倉敷店／TSUTAYA津島モール店／啓文社岡山本店／未来屋書店岡山店／TSUTAYA BOOKSTORE岡山駅前

●広島県　紀伊國屋書店（広島店・ゆめタウン広島店・ゆめタウン廿日市店）／廣文館広島駅ビル店／フタバ図書（TERA広島府中店・MEGA・アルティアルパーク北棟店・アルティ福山本店）／啓文社ポートプラザ店／ジュンク堂書店広島駅前店／MARUZEN広島店／TSUTAYA（東広島店・フジグラン緑井店）／広島蔦屋書店／エディオン蔦屋家電

●山口県　文榮堂（本店・山大前店）／宮脇書店（宇部店・徳山店）／明屋書店（南岩国店・MEGA大内店・MEGA新下関店）／くまざわ書店下関店／幸太郎本舗TSUTAYA宇部店／紀伊國屋書店ゆめタウン下松店

●香川県　宮脇書店（本店・南本店・総本店・丸亀店・高松天満屋店・丸亀店）／紀伊國屋書店丸亀店／くまざわ書店高松店／ジュンク堂書店高松店

●徳島県　紀伊國屋書店（徳島店・ゆめタウン徳島店）／附家書店（松茂店・国府店）／BookCity平惣徳島店／未来屋書店徳島店

●愛媛県　明屋書店（中央通店・MEGA平田店・石井店）／ジュンク堂書店松山三越店／TSUTAYA（エミフルMASAKI店・BOOKSTORE 重信・フジグラン松山店）／紀伊國屋書店いよてつ高島屋店

●高知県　TSUTAYA中万々店／喜久屋書店高須店／金高堂／金高堂朝倉ブックセンター／高知 蔦屋書店／未来屋書店高知店

●福岡県　ジュンク堂書店福岡店／紀伊國屋書店（福岡本店・ゆめタウン博多店・久留米店）／福岡金文堂金山店／ブックセンタークエスト（小倉本店・エマックス久留米店）／丸善書店博多店／喜久屋書店小倉店／フタバ図書（TERA福岡店・GIGA春日店）／くまざわ書店（小倉店・福岡西新店・ら・ら・ぽーとと福岡店）／蔦屋書店イオンモール筑紫野／黒木書店七隈店（福津店・直方店）／六本松蔦屋書店／TSUTAYA和白店／ツタヤブックストアマークイズ福岡ももち店

●佐賀県　積文館書店佐大通り店／くまざわ書店佐賀店／紀伊國屋書店佐賀店／TSUTAYA鳥栖店

●長崎県　紀伊國屋書店長崎店／メトロ書店本店／くまざわ書店佐世保店／ツタヤブックストアさせぼ五番街店／TSUTAYA長崎COCOWALK

●熊本県　金龍堂まるぶん店／紀伊國屋書店（熊本光の森店・熊本はません店・あらおシティモール店）／蔦屋書店（熊本三年坂店・嘉島店・小川町店）／明林堂書店（長嶺店・白山店）／メトロ書店熊本本店

●大分県　明林堂書店（別府本店・大分本店）／リブロ大分わさだ店／紀伊國屋書店アミュプラザおおいた店／くまざわ書店大分明野店

●宮崎県　田中書店妻ケ丘本店／蔦屋書店宮崎高千穂通り店／くまざわ書店延岡ニューシティ店／未来屋書店イオンモール宮崎店／紀伊國屋書店アミュプラザみやざき店／ツタヤブックストア宮交シティ

●鹿児島県　ブックスミスミ（オプシア店・鹿屋店）／ジュンク堂書店鹿児島店／紀伊國屋書店鹿児島店／MARUZEN天文館店／TSUTAYA BOOKSTORE霧島

●沖縄県　宮脇書店（太陽書房宜野湾店・太陽書房美里店・南風原店・うるま店・大山店・イオン名護店・宮脇書店）／TSUTAYA那覇新都心店／球陽堂書房（那覇メインプレイス店・西原店）／くまざわ書店那覇店／リウボウブックセンター店／ジュンク堂書店那覇店／未来屋書店ライカム店／HMV＆BOOKS OKINAWA

（2023年12月現在）

公務員 公開模擬試験

2024年度試験対応

web限定申込

主催：実務教育出版

自宅で受けられる模擬試験！直前期の最終チェックにぜひご活用ください！

▼日程・受験料

試験名	申込締切日 ※	問題発送日 当社発送日	答案締切日 当日消印有効	結果発送日 当社発送日	受験料（税込）	受験料[教養のみ]（税込）
地方上級 公務員	2/26	3/13	3/26	4/16	5,390 円 教養+専門	3,960 円 教養のみ
国家一般職大卒	2/26				5,390 円 基礎能力+専門	3,960 円 基礎能力のみ
[大卒程度] 警察官・消防官	2/26	3/13	3/26	4/16	4,840 円 教養+論文添削	
市役所上級 公務員	4/4	4/19	5/7	5/24	4,840 円 教養+専門	3,960 円 教養のみ
高卒・短大卒程度 公務員	6/6	6/24	7/12	8/1	3,850 円 教養+適性+作文添削	
[高卒・短大卒程度] 警察官・消防官	6/6	6/24	7/12	8/1	3,850 円 教養+作文添削	

申込受付は終了しました

※申込締切日後は【自己採点セット】を販売予定。詳細は4月上旬以降に実務教育出版webサイトをご覧ください。　　＊自宅受験のみになります。

▼試験構成・対象

試験名	試験時間・問題数	対象
地方上級 公務員 ＊問題は2種類から選択	教養 [択一式/2時間30分/全問：50題 or 選択：55題中45題] 専門(行政系) [択一式/2時間/全問：40題 or 選択：50題中40題]	都道府県・政令指定都市・特別区(東京23区)の大卒程度一般行政系
国家一般職大卒	基礎能力試験 [択一式/1時間50分/30題] 専門(行政系) [択一式/3時間/16科目(80題) 中 8科目(40題)]	行政
[大卒程度] 警察官・消防官	教養 [択一式/2時間/50題] 論文 [記述式/60分/警察官 or 消防官 いずれか1題] ＊添削付き	大卒程度 警察官・消防官(男性・女性)
市役所上級 公務員	教養 [択一式/2時間/40題] 専門(行政系) [択一式/2時間/40題]	政令指定都市以外の市役所の大卒程度一般行政系(事務系)
高卒・短大卒程度 公務員	教養 [択一式/1時間40分/45題]　適性 [択一式/15分/120題] 作文 [記述式/50分/1題] ＊添削付き	都道府県・市区町村、国家一般職(高卒者、社会人)事務、国家専門職(高卒程度、社会人)、国家特別職(高卒程度)など高卒・短大卒程度試験
[高卒・短大卒程度] 警察官・消防官	教養 [択一式/2時間/50題] 作文 [記述式/60分/警察官 or 消防官 いずれか1題] ＊添削付き	高卒・短大卒程度 警察官・消防官(男性・女性)

実務教育出版webサイトからお申し込みください
https://www.jitsumu.co.jp/

■模擬試験の特徴

●2024年度（令和6年度）試験対応の予想問題を用いた、実戦形式の試験です！

試験構成、出題数、試験時間など実際の試験と同形式です。マークシートの解答方法はもちろん時間配分に慣れることができ、本試験直前期に的確な最終チェックが可能です。

●自宅で本番さながらの実戦練習ができます！

全国規模の実施ですので、実力を客観的に把握できます。「正答と解説」には、詳しい説明が記述されていますので、周辺知識までが身につき、一層の実力アップがはかれます。

●全国レベルの実力がわかる、客観的な判定資料をお届けします！

マークシートご提出後に、個人成績表をお送りいたします。精度の高い合格可能度判定をはじめ、得点、偏差値、正答率などの成績データにより、学習の成果を確認できます。

▼ 個人成績表

▼ マークシート

▼ 教養試験・専門試験

▼ 正答と解説

■申込方法

公開模擬試験は、実務教育出版webサイトの公開模擬試験申込フォームからお申し込みください。

1. 受験料のお支払いは、クレジット決済、コンビニ決済の2つの方法から選べます。

2. コンビニ決済の場合、ご利用のコンビニを選択すると、お申込情報（金額や払込票番号など）とお支払い方法が表示されます。その指示に従い指定期日（ネット上でのお申込み手続き完了日から6日目の23時59分59秒）までにコンビニのカウンターにて受験料をお支払いください。この期限を過ぎますと、お申込み自体が無効となりますので、十分ご注意ください。

スマホから
簡単アクセス

【ご注意】決済後の受験内容の変更・キャンセル等、受験料の返金を伴うご要望には一切応じることができませんのでご了承ください。
　　　　氏名は、必ず受験者ご本人様のお名前で、入力をお願いいたします。

◆公開模擬試験についてのお問い合わせ先

問題発送日より1週間経っても問題が届かない場合、下記「公開模擬試験」係までお問い合わせください。

実務教育出版　「公開模擬試験」係　TEL：03-3355-1822（土日祝日を除く9：00～17：00）

当社 2024 年度 通信講座受講生 は下記の該当試験を無料で受験できます。

申込手続きは不要です。問題発送日になりましたら、自動的に問題、正答と解説をご自宅に発送します。
＊無料受験対象以外の試験をご希望の方は、当サイトの公開模擬試験申込フォームからお申し込みください。

▼各コースの無料受験できる公開模擬試験は下記のとおりです。

あなたが受講している通信講座のコース名	無料受験できる公開模擬試験
大卒程度公務員総合コース [教養＋専門行政系]	地方上級（教養＋専門）　国家一般職大卒（基礎能力＋専門） 市役所上級（教養＋専門）
大卒程度公務員総合コース [教養のみ]	地方上級（教養のみ）　国家一般職大卒（基礎能力のみ） 市役所上級（教養のみ）

【実力判定テスト】もあります！

詳細は、実務教育出版webサイトをご覧ください。